负利率

销金时代与货币狂潮

王广宇◎著

中信出版集团｜北京

图书在版编目（CIP）数据

负利率 / 王广宇著. -- 北京：中信出版社，
2020.4（2020.6重印）
ISBN 978-7-5217-1623-8

Ⅰ.①负… Ⅱ.①王… Ⅲ.①货币政策—研究—世界
Ⅳ.① F821.0

中国版本图书馆 CIP 数据核字（2020）第 032397 号

负利率

著　者：王广宇
出版发行：中信出版集团股份有限公司
　　　　（北京市朝阳区惠新东街甲 4 号富盛大厦 2 座　邮编　100029）
承 印 者：北京诚信伟业印刷有限公司

开　　本：787mm×1092mm　1/16　　印　张：18.25　　字　数：230 千字
版　　次：2020 年 4 月第 1 版　　　　印　次：2020 年 6 月第 2 次印刷
广告经营许可证：京朝工商广字第 8087 号
书　　号：ISBN 978-7-5217-1623-8
定　　价：65.00 元

版权所有·侵权必究
如有印刷、装订问题，本公司负责调换。
服务热线：400-600-8099
投稿邮箱：author@citicpub.com

目 录

序 言　负利率的未来——巨债、通胀与增长的平衡 / 007

第一篇　本质与认知

第一章　旁瞻负利率
　　一、亘古未有之奇观 / 005
　　二、货币利率的决定 / 009
　　　　（一）货币价值理论 / 010
　　　　（二）利率决定理论 / 012
　　　　（三）利率期限与构成 / 018
　　三、负利率浪潮：机遇或陷阱 / 023

第二章　反思负利率
　　一、传统货币政策：重新剖析 / 031
　　　　（一）货币理论：数量、均衡与理性预期 / 031
　　　　（二）货币政策规范：相机抉择与规则 / 036
　　二、非传统货币政策：应运而现 / 038
　　　　（一）非传统政策：流动性宽松 / 038
　　　　（二）极端货币政策：突破零下限 / 042
　　三、"央行崇拜"：冰川解冻 / 045

　　　　（一）负利率政策：水涨陆沉 / 045
　　　　（二）如何看待负利率的实际效用 / 047

第三章　负利率与储蓄
　　一、储蓄行为及理论 / 053
　　　　（一）货币贮藏职能 / 053
　　　　（二）储蓄理论与影响因素 / 054
　　二、储蓄、投资与过剩 / 059
　　　　（一）储蓄与经济发展 / 059
　　　　（一）实物增长理论与新古典增长理论 / 060
　　　　（三）全球储蓄过剩与低增长悖论 / 062
　　三、负利率与储蓄决策 / 066
　　　　（一）行为金融学的解释 / 066
　　　　（二）非对称储蓄行为 / 068
　　　　（三）负利率年代还要存款吗 / 069

第四章　负利率与增长
　　一、金融约束的挑战 / 073
　　　　（一）金融与经济增长 / 073
　　　　（二）金融压抑、深化与约束 / 074
　　　　（三）间接融资与直接融资 / 075
　　二、负利率的经济中性 / 076
　　　　（一）短期刺激经济总量 / 077
　　　　（二）长期抑制经济质量 / 081
　　　　（三）效应与国情相关：总体中性 / 083
　　三、负利率在各国的实效 / 084
　　　　（一）欧元区：增长缓慢 / 084
　　　　（二）瑞典：成效未显 / 086

目 录

（三）丹麦：回升有力 / 087

（四）日本：低位稳定 / 090

（五）美国：扩张强劲 / 093

第二篇　影响与透视

第五章　负利率与消费

一、消费变化与财富效应 / 101

　　（一）负利率改变消费行为 / 101

　　（二）财富效应的两面性 / 102

二、消费决策与通胀预期 / 103

　　（一）货币持有也有成本 / 103

　　（二）贬值可否转化为消费 / 104

三、消费者的双向选择 / 106

　　（一）成本提升刺激消费 / 107

　　（二）预期悲观抑制消费 / 108

　　（三）长期消费水平提高是关键 / 109

第六章　负利率与资产价格

一、影响资产价格 / 113

　　（一）刺激股票上扬 / 114

　　（二）加剧房地产价格波动 / 118

　　（三）带动大宗商品价格上涨 / 122

二、扭曲通胀目标 / 125

　　（一）推升价格形成泡沫 / 125

　　（二）低利率伴生低通胀 / 126

第七章 负利率与投资

一、负利率与金融投资 / 131

（一）债券市场 / 131

（二）商业银行 / 136

（三）股权投资 / 143

二、负利率与社会投资 / 143

（一）企业投资 / 143

（二）公众投资 / 144

三、投资周期与主题转向 / 145

第八章 负利率与汇率

一、利率调节与汇率变动 / 151

（一）汇率理论的演进 / 151

（二）利率与汇率"互搏" / 153

（三）货币政策的不可能三角 / 155

二、负利率与资本自由流动 / 156

（一）强势美元溢出 / 157

（二）资本自由流动的挑战 / 159

（三）国家是否应操纵汇率 / 160

三、负利率能否稳汇率 / 162

（一）丹麦：成功稳定 / 163

（二）欧元区：宽松维稳 / 165

（三）瑞士、日本：试验失败 / 166

第九章 负利率与社会平等

一、负利率加剧社会不公 / 173

（一）造成存量资产缩水 / 174

（二）影响通胀和收入预期 / 177
　　（三）干扰社会财富再分配 / 178
二、负利率撼动社会保障基础 / 178
　　（一）拉低养老金回报 / 178
　　（二）强化垄断部门利益 / 181
三、负利率扩大贫富差距 / 185
　　（一）三大通道扩大差距 / 185
　　（二）贫富悬殊不可持续 / 186
　　（三）负利率时代更需重视公平 / 188

第三篇　前景与选择

第十章　负利率经济体的未来
一、"正增长"的三大挑战 / 195
　　（一）经济整体增速放缓 / 195
　　（二）利率持续低位运行 / 196
　　（三）货币升值压力凸显 / 196
二、迈出困境需内外施策 / 197
　　（一）解决内部结构性矛盾 / 198
　　（二）应对外部不确定性冲击 / 204

第十一章　全球负利率时代的新考题
一、质疑货币中性 / 211
二、制约利率调控 / 213
三、潜存金融隐患 / 214
四、弱化财政政策 / 218

五、冲击新兴市场 / 220

六、负收益债券风行 / 221

七、国际竞争以邻为壑 / 224

八、从"穷途末路"到"另辟蹊径" / 225

第十二章　中国如何应对负利率

一、负利率离中国并不遥远 / 229

（一）触碰实际负利率 / 230

（二）转向负利率有动因 / 232

（三）负利率或在门口长期徘徊 / 234

二、利率政策组合与机制抉择 / 235

（一）利率调节空间和汇率形成 / 235

（二）构建调控走廊及政策工具箱 / 238

（三）完善利率传导和基准体系 / 240

（四）均衡组合适应国际新环境 / 244

三、供给改革、开放共赢 / 246

（一）提高货币导向效能 / 247

（二）开放金融支持转型 / 249

（三）丰富资本市场和权益金融 / 251

（四）促进普惠防控风险 / 252

（五）大力发展新实体经济 / 253

（六）培育增长新动能 / 262

参考文献 / 265

后　记　销金时代与货币狂潮 / 271

序　言

负利率的未来——
巨债、通胀与增长的平衡

近段时间，中美两国金融领域重要人士的有关表态，引发了市场对负利率问题的进一步关注和讨论。

2019年10月31日，美联储主席鲍威尔公开表示，目前美国的货币政策是宽松的，实际上联邦基金利率"可能略低于零"。

11月21日北京举办的"从危机到稳定：应对下一次金融危机"分论坛上，中国人民银行原行长周小川发言称："中国还是可以尽量避免快速地进入到负利率时代，如果能够管理好微观货币政策，可以不用那么依赖非常规的货币政策。"

易纲行长则在近日发表署名文章称："即使世界主要经济体的货币政策向零利率方向趋近，我们不搞竞争性的零利率或者量化宽松政策，始终坚守好货币政策维护币值稳定和保护最广大人民群众福祉的初心使命。"

从全球范围来看，当前主要工业化国家整体性出现了负利率的趋势，这是从来没有遇到过的政策挑战。利率是货币资金的价格。千百年来，占用资金、支付利息已在经济活动中被视为常识，因此，谈到负利率——让渡了资金的使用权反而减少了本金，相当于借款方被奖赏而出资方被惩罚，似乎违背常理，直觉上显得荒诞，操作中显得滑稽。但是近年在国际金融市场中，从零利率到负利率的现象不断出现，备受争议的负利率实践被列入越来越多国家的货币政策考虑范围之中，不由得发人深思。

利率的演变以工商业的发展为背景，利率的高低正负也受到工商业生存条件，特别是全社会经济状况的约束。面对低迷的经济环境、脆弱的企业和悲观的消费者，负利率似乎是让社会商业系统得以持续运转的"一剂猛药"。利率的形式很多，美联储前主席格林斯潘甚至提出，利率只是一个符号，不存在零下限的约束。

当前金融市场热议的"负利率"，主要针对商业银行存放在央行的超额准备金，有时也会涉及国债负利率和商业银行基准利率为负等，而后再向下传导至整个金融市场。在负利率情况下，其影响经济活动的传导机制和正利率环境下的机制是否存在差别？随着负利率的增加，银行的利差下降可能导致信贷供给减少，人们可能担心与稳定经济增长的初衷相违背。另外，现金零利率隐含的套利机会，是否随着负利率的增加而变成现实？假使监管机构和银行设置大规模提现的障碍，由此增加的交易成本，也是对现代经济运行和金融市场交易的重要不确定因素。这些都表明，负利率这一特殊现象及其未来走向，将决定市场的流动性水平，对金融市场的重要性也不言而喻。

一、负利率与低增长：能否为经济注入强心剂

"负利率"经济眼下已涉及全球几十亿人口，不再是小实验：2009年8月，瑞典中央银行对银行存款首次突破"零利率"下限，实施名义负利率，被认为"从此进入了一片未知领域"；2014年，丹麦与瑞士央行先后跟进实施负利率；2016年初，日本央行以5∶4的多数票赞成通过了负利率政策，自此"负利率"经济体已接近全球经济总量的1/4。部分负利率经济体货币政策概要见表0.1。

序　言

美联储在 2016 年对大型银行开展压力测试时，把国债负利率作为测试情景，这被认为是美联储将负利率视为可行选项的明确信号；2019 年以来，美联储接连三次调低基准利率，引发多国央行跟进，持续降息预示着美国即将迎来负利率时代；2019 年 10 月，美联储主席鲍威尔表态，目前联邦基金利率"可能略低于零"。

表 0.1　部分负利率经济体货币政策概要

各央行	目标	负利率标的	首次实施负利率时间	负利率水平 首次	负利率水平 当前（2019.7）
丹麦银行	防止本币升值	7 天存单利率	2012 年 7 月	-0.20%	-0.65%
欧洲央行	2% 通胀水平	隔夜存款利率	2014 年 6 月	-0.10%	0.49%
瑞士央行	2% 通胀水平，防止本币升值	超过上限的隔夜活期存款利率	2014 年 12 月	-0.25%	-0.75%
瑞典银行	2% 通胀水平	7 天回购利率	2015 年 2 月	-0.10%	-0.25%
日本央行	2% 通胀水平	部分超额准备金	2016 年 2 月	-0.10%	-0.10%

资料来源：各大央行。

负利率得以实施的大背景，是全球主要经济体增长疲软。美国次贷危机和欧债危机以后，有关政府发现对短期名义利率、准备金率等传统货币市场工具进行简单微调，已经难以产生明显效果，一些非传统的货币政策，如量化宽松（QE）和负利率应运而生。从一个角度观察，如果说政府推动量化宽松是把更多的钱发到人们手上（"直升机撒钱"），负利率就是逼迫人们把这些钱花掉。对欧元区和日本等大型经济体而言，采取负利率将直接刺激信贷，继而承担起刺激投资、提高就业的使命；对于瑞典、瑞士、丹麦等对外部环境敏感的较小规模经济体而言，采取负利率主要是为了稳定本币汇率，对经济增长的作用有限。

长期观察发现，一国经济增速与利率之间确实存在趋势上的对应关系，这反映出经济增速与投资回报率的内在联系。但短期来看，经济增速趋缓与利率中枢下降未必完全对应。经验表明，不少经济体在其潜在经济增速下行的过程中，利率中枢都呈现同步下降态势；但更值得关注的是该对应关系发生的时间段，在不同经济体之间存在着显著差异。同样，面对短期经济下行的挑战，那些"不幸"遭遇成本冲击而呈现出结构性通胀的经济体，其利率中枢不但不下降，反而往往出现阶段性抬升。

利率与经济增速的同步性特征，大概是在"滞胀"矛盾消退之后才出现的。"任何货币政策长期来看都是财政政策"，利率作为资金价格发挥的作用毕竟有限，社会和企业只有找到真正的内生动力、不断革新生产效率和技术，才能在低迷增长中突围——负利率不过是为这场"突围战"争取到多一点时间和空间。

二、负利率与巨额债务："不能抉择"的时代选择？

根据 IIF（国际金融协会）的统计数据，截至 2019 年底，全球债务总额将增至 255 万亿美元，全人类在坚定不移地迈入"巨债"时代。尽管债务事实上由主要国家政府、企业和居民部门共同承担，但对全球 70 亿人口而言，人均负债 3.25 万美元的数字仍然令人瞠目结舌。过去十年间，全球债务增加了 70 多万亿美元，IIF 认为这主要是由政府和非金融企业推动的。美银美林的一份研报指出，自雷曼兄弟破产以来，全球债务增加方面，政府增加了 30 万亿美元，企业借了 25 万亿美元，家庭借了 9 万亿美元。

对成熟市场而言，债务增长主要来自一般政府债务；对新兴市场而言，增长则主要来自非金融企业债务，其中超过一半来自国有企业。

序 言

美国财政部数据显示，截至2019年9月末，美国国债总额为22.7万亿美元，为历史新高，而且这一趋势没有收敛的迹象。新兴市场债务总额创纪录达到71.4万亿美元，超过其GDP（国内生产总值）的2倍，累积速度未见放缓。另外，IIF指出，全球债券市场快速发展是债务水平上升的原因之一。截至2019年年中，全球债券规模已升至逾115万亿美元，较十年前增长约32%；其中新兴市场债券近28万亿美元，较十年前增长逾64%；当然，最引人注目的是约有16万亿美元的债券资产处于负利率区间。

政府债务的根源是税收，在税收不可能持续增加的情形下，通过负利率实现债务平衡和规模可控，哪怕是暂时举措，都不失为一项不算坏的选择。一般而言，政府的资产是有限的，现在各国财政赤字已经是常态，财政赤字只能发债，解决财政问题似乎要用负利率这样的金融工具。美联储主席鲍威尔在国会做证时警告称，提高预算赤字，更高的债务负担从长期来看是不可持续的，因为这会抑制决策者在经济下行时支撑经济活动的意愿或能力；更重要的是，高额的、不断上涨的联邦债务，久而久之将拖累私人投资，从而降低产出。

在负利率环境下，财政扩张的逻辑不需要高深的理论，当国债利率显著低于名义经济增长时，任何政府债务规模都可持续，因为债务/GDP的比例是收敛的。当可以发行零利率乃至负利率长期国债时，为什么政府不增加赤字，通过减税和扩支增加经济增长和就业？当国债利率接近零时，财政的负债和央行的负债（基础货币）又有何区别？确实，在居民消费和企业投资扩张乏力的情况下，政府扩大债务能够填补购买力——当然政策的拐点，在于政府的债务扩张能不能有实质性的进展，包括结构上和总量上的调整。

三、负利率与货币中性：通胀预期需要调整？

负利率是"低增长＋低通胀"的产物。较长的低通胀及温和的物价水平，进一步降低了人们的通胀预期，全球货币宽松又使人们对币值存疑，从而加大了对保值资产的追逐和竞争。在资产价格上涨阶段，通过财富效应，激励人们扩大消费，最终传导至一般性商品价格上涨；但资产泡沫一旦破灭，社会财富大量缩水，会造成贷款损失和债务通缩循环，产生的通缩效应往往比单纯的一般性商品通缩更为剧烈。资产的泡沫起伏，还具有社会财富再分配的效果，在国际资本自由流动的背景之下，又兼具国别间财富再分配的效果——这都意味着在经济停滞期，负利率的选择可能进一步强化低通胀的水平。

国际货币基金组织在 2016 年的一份报告中，肯定了负利率在提振需求和支撑物价稳定方面的作用。而更多研究者则持批评态度，认为商业银行难以把央行的负利率传递到储户端，加之潜在的挤兑压力（日本颁布负利率政策后一个月内，保险箱热卖甚至断货，表明挤兑之忧并非多余），使商业银行成为最受冲击的一方，可能损害金融系统的稳定。另外，居民和企业也会因为负利率这种"末路政策"形成悲观预期，反而可能减少消费，收缩投资，削减就业岗位，与政策制定方的期待背道而驰。

尽管通胀目标一直被多数央行视为首要的货币政策目标，但当金融市场动荡时，央行会在利率决议上是否"唯通胀目标"实际已发生重大改变。就实施效果而言，负利率对影响通胀和汇率有一定的作用，但需要较长时间才能体现出来。负利率在瑞典帮助政府实现了对抗通缩和避免汇率大规模升值，在丹麦也实现了防止本币升值的预定政策目标，欧元区、瑞士、日本采取负利率后，通胀率都有一定幅度的上升。美国通胀率在曲折中上升到 2% 的目标位置，另一些重要经济体的通胀率目标的实现则相对缓慢。

发达经济体的央行致力于实现通胀目标,背后有着深刻的理论基础和现实需要。在凯恩斯主义货币政策框架中,菲利普斯曲线诠释了通胀率与失业率的反向关系,认为央行一旦实现其一则自动实现其二。后期货币主义与理性预期学派将微观个体决策机制,特别是预期概念引入宏观理论,认为央行只盯住通胀目标而无法控制经济增长。尽管菲利普斯曲线在过去半个多世纪时而有效、时而失灵,但经过不断修正,其仍在央行货币政策决策中占有重要地位。在新凯恩斯主义理论指导下,实践中全球大多数央行都会将物价稳定作为目标之一。无论是采用通胀单一目标制还是设定通胀目标的国家,都会选择盯住某个通胀率点目标或区间目标。目前主要发达国家的通胀目标值在2%附近波动,设定一个正值通胀目标主要是为应对零利率下限的约束,而这一选择在近期则可能面临重大调整。

发达经济体的主流货币政策框架,长期以来有四个特征。一是以控制通胀[CPI(消费者物价指数)上涨率]为主要目标,政府给央行定了一个明确目标,要把通胀控制在低水平,同时给予央行货币政策操作的独立性。二是货币与金融市场联结,但与财政分开。主流思维强调区分财政与货币(包括央行与金融),而不是货币(包括央行与财政)与金融。三是从数量型(货币信贷总量)调控转变为价格(利率)型调控。央行调控短期利率,通过市场套利传导至中长期利率、资产价格、银行信贷等,进而影响总需求和物价。四是浮动汇率制成为主流,由市场供求决定的汇率可以避免国际收支持续的失衡。这一框架近年来被反复争议和辩论,如MMT(现代货币理论)就是强调财政和央行同属政府的特征,认为在央行印钞能力的支持下,货币主权国家的本币债务不会违约,在通胀可控的前提下,财政就有扩张的空间。

传统货币理论认为,货币的本质是商品或一般等价物,所有国家的货币都是信用货币。熊彼特总结为，信用是货币的创造者。传统商品货币论则认为，货币作为通用的支付手段是在市场竞争中形成的，任何货币（包括政府发行的本位币）超发，最终都会在竞争中被淘汰，所以政府也面临财务约束，政府财政类似私人部门，也有违约的风险。MMT是凯恩斯和明斯基货币理论的延伸，其倡导者挑战了过去主流的政策思维，对货币政策目标和财政再平衡都从基本理念层展开辩论，可以说，对利率、汇率等问题在短期内达成共识的难度较大。

负利率进一步引发对货币中性假设的反思。主流经济学认为，中长期来讲货币是中性的，不影响实体资源配置的效率，自然利率由基本面因素如人口、技术进步等决定，货币扩张带来的唯一危害是通胀，只要通胀可以控制，央行引导利率下行以促进经济增长就是合理的。全球金融危机后，人们反思货币在中长期是不是中性的，货币和金融的波动实质性影响到实体资源配置，自然利率不仅受实体基本面驱动，也受货币金融市场的影响。按此逻辑，利率对货币政策来讲并非外生变量，可能存在央行引导市场利率下行，导致自然利率本身下降，由此甚至形成恶性循环，这表明货币政策可能缺少自我稳定的机制。

四、负利率的未来：能否从"走向末路"转为"另辟蹊径"

对研究者来说，简单评价负利率政策"好"或"坏"为时过早，亦不应成为讨论之终极目的——重要的是推敲负利率政策及实施细节，分析其逻辑，观察其影响，以对后续经济形势做出客观判断。在低增长和低通胀的新时代背景下，科技进步、人口老化、资金流动、收入差距等深刻影响着全球一般性商品与服务的供给与需求，当过往这些能够促进物价稳定的深层次因素发生变化时，就会影响央行政策的制定与实现。选择负利率以实现经济增长和物价稳定，既是货币政策的全新实验，也是全球经济深层次变革的必然结果。

理性展望，企业和居民部门在负利率形势下如何应对？企业因为对未来增长的预期不乐观，将进一步收缩其债务规模，降低负债率；资本的边际产出率不断下降，实业投资的信心有很大问题。居民和消费者将同样因负利率趋于保守，储蓄不划算但过度消费可能破产——负利率有可能提振持有住房和长期耐用消费品等需求，但对弹性较大的消费行为完全会趋于收敛。在全球总需求不足和低通胀预期之下，消费和投资本身在负利率因素调节中难言乐观。

机构投资者的资产配置在负利率时代可能出现以下趋势。一是资产泡沫现象可能整体更为严重。负利率伴随的流动性泛滥，将在世界范围内进一步抬升资产价格，美国与欧元区资产可能因此得到进一步追捧。二是优质资产进一步被抢购，所谓"越白越贵"的趋势可能得到强化。如美国硅谷和中国消费互联网资产（以苹果和阿里巴巴为例），可能超出预期地实现大规模快速增长，稳定其盈利能力与资产价格，也进一步拉开与行业竞争者的差距，受到投资者青睐。三是另类投资可能显著分化，优质不动产、贵金属等避险资产有机会稳定甚至增长，但风险投资和私募股权投资可能整体性进入休眠期。

负利率对下一阶段的货币形态发展带来新的不确定性，也许为"另辟蹊径"提供了某些启示。随着信息技术和互联网的发展，货币及其价值传递方式出现了根本性的转变，以信用卡、网银和移动支付为代表的电子货币，以及数字货币、区块链和加密资产等都在快速发展。特别是以脸书推出的Libra（天秤座虚拟加密货币）为代表，其目标是发展成为一种"不企求对美元汇率稳定而追求实际购买力稳定"的加密数字货币，这引发了全球对未来数字货币的重要性、演化形态和利率价格等的关注。与此同时，中国央行主导的主权数字货币DCEP已有实质进展，欧洲央行也开始考虑发行公共数字货币的多种方案。数字化相当程度上加速了全球资金流动，可以部分解释利率下行原因，但负利率是否会影响未来数字货币的信用或可计算交易体系，更值得深入探索。

中国正处于经济结构调整、深化改革和社会转型的关键时期。面对低利率、低通胀的环境，我们需要尽力避免在危机前货币政策就触及零利率下限。

毋庸置疑，随着潜在经济增速下行，我国利率长期趋势有望下降，为促进经济稳健发展，需要实行稳中适度从紧的货币政策，延缓负利率时代的到来。要综合运用货币政策措施，进一步加强流动性管理；要保持货币信贷合理增长，适当加大差别化政策引导力度，提示商业银行高度重视风险，积极采取措施合理控制信贷投放，服务和催生新实体经济；同时要充分发挥价格杠杆工具的调控作用，稳定通货膨胀预期，加强利率和汇率政策的协调配合。

借鉴多国实施负利率的经验教训，我国货币政策工具箱的选择更受到去杠杆、化解金融风险的掣肘，长期负利率的运用将相对审慎；短期在可能遭遇"滞胀"困扰时，利率会波动下坠但不会显著下行。在"稳增长、稳就业、稳投资"的目标下，维持信用扩张和适度通胀更是当务之急，流动性政策选择将致力于控制短期金融泡沫、保持就业稳定和通过中长期科技创新提高技术进步。在复杂的国际环境和经济变局中，在激烈的产业变迁和消费升级大潮下，能否将负利率这一"末路政策"，转变为对可持续增长真正有效的新路，需要政产学研商各界共同努力。

（本文发表于 2019 年 12 月 19 日《第一财经日报》，是为代序）

第一篇

本质与认知

第一章

旁瞻负利率

钱蔑视人所崇拜的一切神,并把一切神都变成商品。

——马克思(德国哲学家)

负利率是近年世界经济和金融市场出现的新鲜事物。一般而言，本书讨论的负利率特指名义利率为负。而实际利率是名义利率与通货膨胀率之差，实际利率为负的情况亦不鲜见。

千百年来，借钱还本付息，意味着利率的存在即让渡资金使用权而获取收益，负利率的出现与人们的常识似乎相悖。为厘清名义负利率的由来，首先需要弄清利率的本质，并进一步考察其决定机制，从而评判负利率政策以及其对经济与社会带来的一系列影响，为政府、企业和广大投资者提供决策参考。

一、亘古未有之奇观

从全球范围来看，当前主要工业化国家整体性出现了负利率趋势，这一大规模现象是历史上从来没有遇到过的经济挑战。21世纪以来，在国际金融市场中，从零利率到负利率的现象不断出现，备受争议的负利率政策措施被列入越来越多国家的货币政策考虑范围之中，发人深思。

自2008年全球金融危机及接踵而至的欧债危机以来，金融机构亏损严重，导致商业银行不敢贸然扩张信贷。市场利率逼近零下限，经济陷入流动性陷阱，没有进一步的降息空间，或利率政策传导机制严重受阻，致使实体经济投资下滑，通货紧缩成为常态，整体经济增长乏力。在此背景下，为了摆脱经济困境，刺激经济复苏，各央行纷纷采用一系列非常规货币政策，其中丹麦、瑞士、瑞典、日本和匈牙利的央行及欧洲央行先后采取了负利率政策。

各央行的负利率主要调整的是利率走廊的下限，即商业银行在中央银行的存款利率。发达经济体已经实现了利率市场化，所以日本、丹麦、瑞典、瑞士、匈牙利的央行及欧洲央行并不能直接控制零售市场的存贷款利率，只能通过用利率走廊调控政策设定央行与商业银行存贷款利率上下限的方式来调控银行间同业拆借市场的利率。通过利率管制措施，结合市场机制，中央银行可以有效地将市场利率控制在目标水平之内。

事实上，商业银行存放在中央银行的准备金分为法定准备金和超额准备金。根据存放时间的不同，分为隔夜资金和7天资金。目前，六大央行负利率政策的实施，比较典型的有两种情况。

第一，对所有存放在央行的超额准备金统一实施负利率。其代表有欧洲央行、瑞典央行和匈牙利央行。2014年6月，欧洲央行首次将存款工具利率（隔夜存款利率）由此前持续两年的零利率调降至-0.1%；瑞典央行则在2015年2月将7天回购利率降至-0.1%；2016年3月，匈牙利央行宣布下调隔夜存款利率15个基点至-0.05%，并将隔夜借贷利率从2.1%大幅下调至1.45%。

第二，对部分超额准备金实施负利率。丹麦、瑞士和日本都采用分级利率制，即将商业银行存放的准备金划分为不同的层级。2012年7月，丹麦央行分别对金融机构隔夜和7天存款实行零利率和-0.2%的利率，并且对隔夜存款设立限额，超过限额则被认为是7天存款而利率判为负。2015年1月，瑞士央行对超过一定限额的活期存款实行-0.75%的利率，针对有无必要准备金要求的金融机构限额不同，如对无必要准备金要求的金融机构超过1 000万瑞士法郎则执行负利率。2016年2月，日本央行调整各家银行在央行的存款利率，由0.1%调整到-0.1%，日本的"三级利率体系"由此建立起来。"三级利率体系"实质上是针对不同性质的准备金账户执行不同利率。第一级基本账户总额约210万亿日元，这部分实施0.1%的正利率，以防止商业银行利润过度下滑。第二级宏观附加余额约40万亿日元，是金融机构法定准备金和受央行扶持的贷款带来准备金的增加，这部分执行0%的利率。第三级政策利率余额是除前两级以外的商业银行新增准备金，对商业银行另增加的超额准备金处以"罚金"，目的是鼓励其积极贷出资金，扩大信贷规模，刺激经济。

表1.1展示了六大央行负利率政策具体实施情况及目标。

表1.1 六大央行的利率走廊

各央行	利率走廊，由左至右从下限到上限		
欧元区	**存款工具利率***（隔夜存款利率）	主要再融资利率（常规流动性）	边际贷款工具利率（隔夜贷款利率）
瑞典	**存款利率（隔夜）**	回购利率（7天）*	贷款利率（隔夜）
丹麦	**存单利率（7天）***	活期存款利率	贷款利率（7天）
瑞士	3个月Libor目标区间下限*	即期存款利率	3个月Libor目标区间上限*
匈牙利	**隔夜存款利率***	央行基准利率	隔夜抵押贷款利率
日本	隔夜补充存款利率	无抵押隔夜拆借利率	贷款基准利率

资料来源：欧洲央行，瑞士银行，丹麦国家银行，瑞典央行，匈牙利央行。

注：黑体加"*"标记表示负值。Libor表示伦敦银行间同业拆借利率。地板系统中，央行设定目标利率是准备金存款利率。虽然欧元区和日本货币政策实施框架已转为地板系统，但准备金存款利率仍是央行政策利率的目标。

各央行政策利率按月变动，进行数据回归分析（针对丹麦2015年1月三次利率调整的唯一特例，取最后一次调整作为当月利率水平值）。综观六大央行的政策，目标都是扩大信贷、刺激经济通胀、促进经济增长和稳定汇率，通过考察这些指标的变动情况，可以对负利率政策实施效果做出整体评估。

负利率

六大央行的负利率政策具体举措及目标见表 1.2。

表 1.2　六大央行的负利率政策具体举措及目标

各央行 （政策利率）	宣布时间	利率	补充措施	政策目标
欧元区 （隔夜存款利率）	2014.6	-0.1	为期 2 年定向长期再融资操作，宣布准备资产支持证券购买计划	促进信贷"脱虚入实"，刺激消费和投资，一定程度上压低欧元汇率。旨在解决市场失灵问题，减少欧元区各国企业和家庭在融资条件上的差异
	2014.9	-0.20	资产支持证券购买计划启动	
	2015.12	-0.30	扩大资产购买计划延长 6 个月。扩大可购买资产范围（每月的数量没有增加）	
	2016.3	-0.4	扩大量化宽松计划规模由每月 600 亿欧元增至 800 亿欧元，直到 2017 年 3 月。可购买资产新增非金融债券，为期 2 年定向长期再融资操作	
	2019.9	-0.50	重启 QE，从 11 月 1 日起每月净购买 200 亿欧元债券；对符合条件的银行，下调新一轮定向长期再融资操作（TLTRO-Ⅲ）利率，并将期限从 2 年延长至 3 年；推出分层利率体系，银行的部分资金将免受负利率影响	
瑞典 （7 天回购利率）	2015.2	-0.10	前瞻性指导，100 亿瑞典克朗政府债券购买	对抗经济增速放缓，刺激通胀
	2015.3	-0.25	扩大政府债券购买至 300 亿瑞典克朗	
	2015.7	-0.35	扩大政府债券购买至 750 亿瑞典克朗	
	2016.2	-0.50	到期政府债券资金用于再投资扩大债券购买规模	
	2018.12	-0.25		

续表

各央行 （政策利率）	宣布时间	利率	补充措施	政策目标
丹麦 （7天存单存款 利率）	2012.7 2014.9 2015.1 2015.1 2015.1 2015.2 2016.1 2019.9	−0.20 −0.05 −0.20 −0.35 −0.50 −0.75 −0.65 −0.75	暂停发行新债券	抑制本币汇率上升 压力
瑞士 （隔夜活期存款 利率）	2014.12 2015.1	−0.25 −0.75	重申捍卫欧元/瑞士法郎汇率下限 实施欧元/瑞士法郎汇率下限将不再合理，承诺如有必要仍将积极干预汇率	维持汇率低水平 稳定
匈牙利 （隔夜存款利率）	2016.3 2017.9 2019.3	−0.05 −0.15 −0.05	—	对抗经济增速放缓，缓解货币升值压力
日本 （超额准备金 利率）	2016.1	−0.10	确立三级利率体系，维持当前质化、量化宽松政策不变	实现通胀目标，刺激信贷和经济增长，推动货币贬值

资料来源：欧洲央行，瑞士银行，丹麦国家银行，瑞典央行，匈牙利央行。
注：丹麦央行也进行汇率干预以保持与欧元挂钩。

二、货币利率的决定

利率即利息率，是指货币借贷期满形成的利息总额与借贷本金的比率。换言之，货币是衡量商品和服务价值的指标，而利率则是这一指标（货币）本身的价格。因此，负利率如同代表了当货币商品成为"垃圾品"或者"烫手的山芋"时，减少（负）消费反而能获得（正）效用——人们不情愿持有它并愿意为处理（如存储或贷出）它而支付一定报酬。然而,根据人们的直觉,当钱的价格为零时,把钱藏在床底下和拿来放贷没什么区别,因为持有或借贷现金没有成本。但货币价格怎么会是零呢?世界的运转离不开货币,利率又怎么可能变为负呢?

(一)货币价值理论

货币必须为社会认同的可以充当一般等价物的商品,因此它在交易中的价值等于其作为商品的消费价值。现代货币的主要形式是纸币,这种没有任何价值基础的纸币又是如何在现代经济社会中获得其自身价值的呢?

瓦尔斯(1998)认为,有三种常见的将货币引入一般均衡模型的方法。第一种,直接将货币转换成可以跨期、跨地转移价值的资产形式。这种方法强调的是货币的价值储藏功能。第二种,假定货币可以产生直接效用,那么将实际货币余额用作效用函数的自变量,当消费者的效用达到最大时,对应的货币量就为均衡货币量。在这里,货币起到了衡量消费者效用的作用。第三种,假定任何资产间的交易都是有成本的,而货币的存在可以降低交易成本,或者假定在某些特定形式的交易中货币的使用是必需的,于是货币的需求就产生了。这正是货币的交易媒介职能发挥了作用。货币能够带来以上三个方面的正效用,从而诞生了正向需求。根据消费者需求理论,商品的需求价格是指消费者在一定时期内对一定量的某种商品所愿意支付的最高价格。这样一来,以信用为价值基础的现代货币(纸币)就拥有了正的价格。

在第一种方法中,萨缪尔森(1958)构造了简单形式的OLG(代际交叠)模型,这是最早将货币放在社会结构中研究的现代处理方法。在两期模型中,每个人年轻时可获得一单位无法储存的消费品,年老时个体没有收获。人们总是希望在生命周期都有正的消费,货币的储藏功能则可以解决这一矛盾。它使年轻人在当期将自己收获的一个固定比例提供给老年人，并且此后年轻人都照此办理，每个人生命的每一期的正消费得以实现。货币的引入使整个社会存在帕累托改进，因而产生了正效用。正如华莱士（1981）指出的，萨缪尔森的 OLG 模型是唯一的明确指明货币使用原理的模型。

针对第二种方法，斯德奥斯基（1967）构建的 MIU 模型（效用函数中的货币模型）直接将人均实际货币余额引用到消费者的效用函数，保证了均衡时产生对于货币的正需求，从而使货币有了正的价格。但是这种方法并没有回答为什么货币可以产生效用，也没有回答为什么被称为"钱"的那些纸片可以产生效用，而其他纸片则不能。对于 MIU 模型的常见批评认为，纸币本身是无用的，它仅是通过在使用过程中便利了交易从而产生价值，因此对于货币需求的探查应从货币的交易功能入手。

第三种方法探究作为交易媒介的货币的起源。原始的物物交换要求交易对象的相对需求正好一致，即每个参与交易的个人所得到的物品都是他准备用来消费的，而不是为了更进一步的交易。这种相对需求一致性的要求，使大部分交易无法达成。直接交易的这种无效率虽然可以通过间接交易来改善，但会产生交易费用更高的问题。这很容易导致交易费用（如运输成本）较低的物品通常被选择为交易媒介，于是作为交易媒介的一般等价物出现了。一般等价物的引入并不是克服直接交易无效率的唯一方式，另一种替代方案则是采用完全信用制度，即个人可以通过从银行得到的信贷（不一定通过货币的形式，如信用积分）来购买自己需要的物品，不需要先卖出自己手中的物品。完全信用制度与货币制度相比，需要更多关于贷款者的信息，但可以减少货币携带的成本。

货币或信用的使用环境是如何决定的？克洛尔（1967）认为，"货币购买商品，商品购买货币，但是商品不能直接购买商品"，其假定货币必须用于特定形式的交易，引入CIA（现金优先）约束。根据CIA模型，消费的边际效用等于财富边际效用加上利息成本，而货币的现值等于它在将来各期产生的边际效用的贴现总和。该方法的问题在于循环论证，即首先假设消费品必须用现金来购买，消费成本在计算中包括财富减少带来的边际效用损失，还包括由于获得现金带来的流动性服务而面临的利息成本。当名义利息率是正的，消费行为将同时包括消耗财富和获得流动性服务时，消费的边际效用就会超过财富的边际效用。因此，在CIA模型中，名义利率的作用好像消费税，提高了消费的价格。

前文未涉及货币最重要的职能——价值尺度，是因为它对应着消费品、资本品的借贷利息而非货币本身的使用价格。虽然上述三个模型并不完美，但它们仍可以揭示出货币价格变为负（负利率）的可能来源：第一，就货币的价值储藏功能而言，为满足跨期消费而引入的货币已经饱和，再由央行外生强制扩大流动性的行为带来的货币边际效用递减至负值；第二，就货币的交易媒介作用而言，货币本身除能提供流动性服务外，还具有流通成本（如银行耗损电力、计算机、人力等成本），因而在市场流动性过剩时将会导致流动性服务的增加效用不明显而成本却大大提升，进而导致货币变成一种低效用乃至负效用的商品。

货币价值的来源确定后还需要解决的问题是：围绕价值波动的价格受哪些因素的影响？在怎样的情况下价格会变成负值？按照西方经济学的研究，这需要从成本收益、供给需求和一般均衡等理论出发，阐明利率的决定机制。

（二）利率决定理论

利率水平是怎样决定的？有哪些因素会影响它的变化？各经济学

派对利息决定理论有着不同的阐述。马克思政治经济学的利率决定论是以剩余价值在不同部门资本家间的分配为起点，在剩余价值转化为平均利润后，贷出资金的资本家从借入资金的资本家那里分割的一部分剩余价值便称为利息。根据这一理论，利息通常大于等于零，否则有闲置资本的资本家就不会将资本贷出。而对于利息率出现负数的情况，则并未提及。

古典主义经济学学派认为，投资和储蓄只与利率有关，投资量会因利率的提高而减少，储蓄量因利率的提高而增加，当二者达到均衡时，利率便可确定。这种理论强调非货币的实际因素在利率决定中发挥了至关重要的作用，因此又被称为实际利率理论。

凯恩斯的流动性偏好理论对于短期利率的确定更具有说服力。他认为储蓄是收入的函数，而收入又取决于投资。因此投资和储蓄具有联动性，不能将它们看作决定利率的独立变量。他从非实际因素的货币理论出发，认为利率由货币市场的供求决定。货币的需求由人们的交易需求、预防性动机和投机需求产生（前两者与收入有关，后者与利率水平有关），而货币供给则完全受控于中央银行。后来，以托宾为代表的学者扩展了凯恩斯理论，认为托宾效应、资产负债表效应和财富效应会对投资需求产生影响。托宾效应是指通货膨胀使人们持有货币的机会成本上升，从而去寻求增加资本在资产组合中的比重。

新古典主义经济学派的可贷资金理论则综合了货币因素和实际经济因素（投资、储蓄）。该理论认为，人们对货币具有时间偏好，未来时期等值消费的价值不如今天。当利率高于时间偏好，则放弃消费将其贷出，与货币供给量共同作为资金的供给方。该学派中，利率常作为外生变量，并协同技术创新、产业革命一起，对劳动力与资本的供需关系起到决定性作用。尤其是利率作为影响均衡边际回报率的决定因素，在整体经济环境中有着无可替代的作用。而新古典经济学则把货币存量作为决定利率的主要因素，从另一个方面解读了利率市场化的观点。

根据上述理论，分析某一经济体采取负利率政策的背景：表明可贷资金需求方已接近饱和，如企业和居民没有借贷额度，或企业预期盈利下行而不愿借贷，经济持续下行，居民收入减少，从而使存款和通货需求不可能再上升……主要供给方中央银行为刺激经济增长等目的，而实施了一系列特殊的货币政策。根据凯恩斯著名的"流动性陷阱"理论，当利率极低时，人们预期暂时利率不大可能下降，资产价格可能跌落，不管怎样增加货币供给，人们都执意于储存。负利率政策正是在这种常规货币及非常规货币政策有效性极差的背景下应运而生的。经济学中假设理性人会在利率为零或为负值的情况下放弃货币"贮藏价值"的作用，转而进行消费和投资以减少货币持有量，因此该政策短期内会对经济复苏起到积极作用。

除此之外，还有两个重要因素——风险溢价和管制，通过直接作用而对利率水平产生影响。事实上，在现代经济运行中，存在着成百上千种利率，例如居民存款利率、企业贷款利率、国债利率、企业债利率、银行间拆借利率、商业银行在中央银行存放存款准备金的利率等。在纷繁冗杂的利率系统中，最关键的是"基准利率"，其变化决定了整个利率体系的变动。基准利率是市场机制自发形成的无风险利率，由于任何投资都存在一定风险，因此其利率由基准利率加风险溢价得出。

风险溢价的成因大致有通货膨胀风险、违约风险、流动性风险以及偿还期限风险。第一，通货膨胀会使名义利率大于实际利率，未预期到的高通胀将使债务人到期时能以更低的实际利率清偿债务，或者说从债权人到债务人之间发生转移支付，因此债权人需要承担一定的通胀风险。相反，未预期到的通货紧缩使债务人承担了更多风险。第二，在市场运行中，各资质情况不佳——比如信誉较差的贷款人——

会使债权人蒙受更大的违约风险,因此风险溢价补偿更高。例如政府和国企往往比民营企业的信用要高,因此政府债券的利率比一般公司债券利率要低,国有企业常常能够比民营企业更容易获得大额贷款,产生所谓"小微企业融资难"和"资本寒冬"等问题。第三,清偿期限越长,债权人资金面临的不确定性越大,出现损失的可能性也就越大,因此需要更高的风险溢价补偿。

在多数发展中国家,为了将不充裕的资本集中起来发展经济、控制通胀等,常对利率实行管制措施。如中国利率政策主要是对各年限存贷款基准利率调整的措施。新古典主义考察供给方中央银行的不同货币政策,可以分为数量型和价格型两类。这两种货币政策均对利率起到调控作用。

数量型货币政策是指侧重于直接调控货币供给量的工具。我国主要包括公开市场操作(中央银行票据的发行与回购)和准备金率的调整,常备借贷便利(SLF)、中期借贷便利(MLF),以及临时流动性便利(TLF)与2019年8月最新设立的贷款市场报价利率(LPR)。凯恩斯主义提出的货币政策的传导机制为 M→r→I→E→Y,即数量型货币(M)政策的调整,首先引导利率(r)的升降,然后是投资(I),最后使总支出(E)、总产出(Y)发生变动。从1996年到2019年10月,瑞典、丹麦、瑞士、匈牙利、日本的央行及欧洲央行共调整存款准备金率55次,利率33次。由于许多发达国家放弃或慎用法定存款准备金制度,该政策有效性一度令人质疑。基于对2006—2011年国债期限利差的数据研究发现,短期内的国债期限利差会因存款准备金率的上调而显著减小,这直接证明了该政策的短期有效性。虽然承担了促增长、稳通胀、调结构、管控金融风险等多重目标的我国央行更偏爱数量型货币政策,但越来越多的学者认为,高存款准备金率会一定程度地弱化和扭曲政策到利率的传导,削弱利率政策对实体经济的影响。截至2019年10月,我国大型金融机构的存款准备金率达13.0%。近年来,我国央行不断下调金融机构存款准备金率。2019年1月4日央行宣布降准1%,实施后一方面刺激了股市的上涨,另一方面也促使市场利率降低,比如房贷利率在2019年上半年是一路走低的。2019年第二次降准是9月6日,央行宣布全面降准0.5%,定向降准1%,这缓解了市场的资金紧张局面,并为之提供了流动性,可以看出是央行在有意引导利率的降低,降准决定宣布的当月,1年期LPR相比8月的4.25%降低到了4.20%。进入2020年,央行先后在1月和3月两次降准,进一步释放流动性。降准其实是增加资金的供给,以此来达到降低市场利率的目的,也就是说达到资金价格降价的目的。随着未来我国商业银行自主定价能力不断提高,微观主体对价格敏感性不断加强,间接调控的市场基础将不断完善。同时,货币市场的广度和深度不断发展,也会导致货币流通速度和货币需求函数不稳定,数量型调控手段应积极向价格型手段转变。

价格型货币政策是指侧重于间接调控的工具——利率政策和汇率政策。与上述利率决定理论传导机制相反,它通常借助于长短端利率期限结构反过来影响市场预期和经济个体行为,也由此导致金融市场价格的波动,进一步影响家庭消费和企业投资。20世纪90年代以来,欧美发达国家的中央银行以对商业银行发放贷款的利率为上限,以商业银行在央行的存款利率为下限,为控制银行间拆借市场利率逼近目标利率,形成了一个新的货币政策实施与流动性管理方法——利率走廊。与传统数量型货币政策相比,利率政策和流动性政策有相对独立的独特优势。自金融危机以来,美联储等央行正是利用了这一优势,在向市场注入大量流动性的同时,依然能将银行间拆借市场利率稳定在目标区域,从而成功实施了量化宽松等非常规货币政策。2019年8月,为深化利率市场化改革,提高利率传导效率,推动降低实体经济融资成本，中国人民银行决定改革完善贷款市场报价利率形成机制。经过多年来利率市场化改革持续推进，目前我国的贷款利率的上下限已经放开，但仍保留存贷款基准利率，处于贷款基准利率和市场利率并存的"利率双轨"状态。银行发放贷款时，大多仍参照贷款基准利率定价，特别是个别银行通过协同行为以贷款基准利率的一定倍数（如 0.9 倍）设定隐性下限，对市场利率向实体经济传导形成了阻碍，这是市场利率下行明显但实体经济感受不足的一个重要原因，也是当前利率市场化改革需要迫切解决的核心问题。这次改革的主要措施是完善贷款市场报价利率形成机制，提高 LPR 的市场化程度，发挥好 LPR 对贷款利率的引导作用，促进贷款利率"两轨合一轨"，提高利率传导效率，推动降低实体经济融资成本。1998—2019 年主要货币政策工具使用汇总见表 1.3。

表 1.3 1998—2019 年主要货币政策工具使用汇总

时间	利率	存款准备金率
1998—2002 年	↓5 次	↓2 次
2003—2007 年	↑9 次	↑15 次
2008—2009 年	↓5 次	↑5 次；↓4 次
2010—2011 年	↑5 次	↑12 次；↓1 次
2012 年	↓2 次	↓2 次
2013 年	无	无
2014 年	↓1 次	↓2 次
2015 年	↓5 次	↓5 次
2016 年	无	↓1 次
2017 年	无	↓1 次
2018 年	无	↓3 次
2019 年	↓1 次	↓2 次

资料来源：中国人民银行。
注：箭头代表调控方向。

（三）利率期限与构成

1. 利率期限结构的定性分析

在多种多样的利率构成系统中，最受关注的利率期限结构是指，对应长短不同的期限而高低不同的利率结构（如图 1.1 为美国政府债券收益率曲线）。中国目前尚未形成公允的基准利率收益率曲线，也就是中国尚未形成对基准利率期限结构的图形描述。

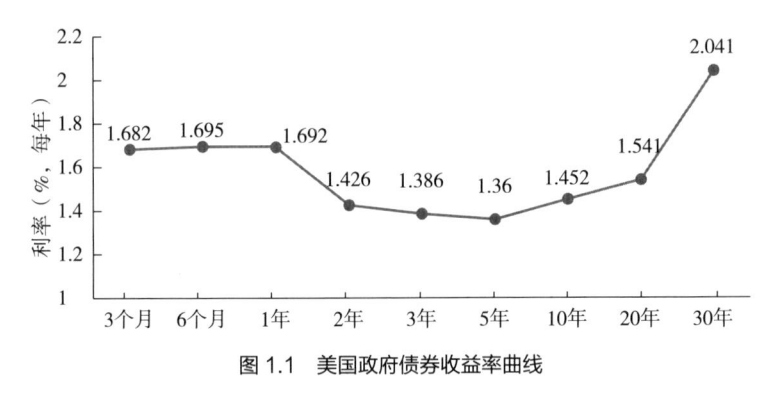

图 1.1 美国政府债券收益率曲线

期限	3个月	6个月	1年	2年	3年	5年	10年	20年	30年
利率（%，每年）	1.682	1.695	1.692	1.426	1.386	1.36	1.452	1.541	2.041

资料来源：美联储网站（2019/10/09）。

金融学的基本假设是，资金具有时间价值，时间偏好是形成利率（期限结构）的充分必要条件。具体来说，主要有三种理论解释了利率期限结构的影响因素：预期理论、市场分割理论和流动性偏好理论。

预期理论包括最早的纯预期理论与合理预期理论等，共同的特点是对远期利率的形成有共同的假设：长期利率应该反映期望的未来短期利率。二者之间有些不同的是：前者认为未来特定时间的远期利率等于对未来这一段时间即期利率的期望，利率期限结构的形状和变化都只受预期的影响；后者在假设投资者对未来有合理的预期外，还强调长期利率与短期利率的区别更在于需要加上不随时间变化的风险溢价。希勒（1990）随后用美国的利率期限数据的实证研究否定了时间不变性，发展了随时间变化的期限风险溢价。后来的学者总结利率期限结构的影响因素主要包括投资者对未来利率的预期、风险溢价和债券的凸性等。但在应用中国回购债券利率结构数据进行检验时发现，利率期限结构的变化更多来源于风险溢价的变化而非对未来的预期（朱世武、陈建恒，2004），应用 SHIBOR（上海银行间同业拆放利率）日数据实证分析发现，预期理论分别适用于短端和长端系统利率期限结构，但不能完全解释 SHIBOR 市场的整体利率期限结构，SHIBOR 短端主要参考债券回购利率，而长端则参考央行票据的发行利率。

市场分割理论认为，资金在不同期限的市场之间不能任意流动，进行投机套利，因而产生分割市场，并且拥有不同的利率水平和不同形态的收益率曲线。不流动的原因在于，不同的微观主体金融机构拥有不同的资金期限需求。该理论的局限性在于，没有进一步讨论不同市场的利率期限结构变化规律，即什么样的部门利率水平更高，收益率曲线有何不同，背后的原因是什么等问题。

流动性偏好理论在纯预期理论的基础上，提出债券的流动性偏好，使期限越短从而流动性越好的债券，需要增加越多的风险补偿。相比于预期理论，它将风险溢价因素引入了分析框架中。

通货膨胀、违约、流动性等风险都与偿还期限有关，因而风险溢价因素是利率期限结构普遍形成的主要因素，当它通过市场参与者预期发生作用后，才有预期理论能分别解释 SHIBOR 利率的长端、短端两个子系统。利率期限结构的形成还依赖于微观个体金融机构的专业分工产生的市场分割。

2. 利率期限结构的经验分析

政策利率对利率期限结构先通过影响短期市场无风险利率，使风险溢价发生改变，从而通过金融市场参与者的预期变化，最终使利率期限结构也随之改变。长期债券收益率是长期市场利率最重要的衡量指标。从 EIU Countrydata（综合数据库）获得九个经济体 2007—2014 年月度数据，对九个经济体政策利率与长期债券收益率做线性回归处理并得到 OLS（普通最小二乘法），如图 1.2 所示。

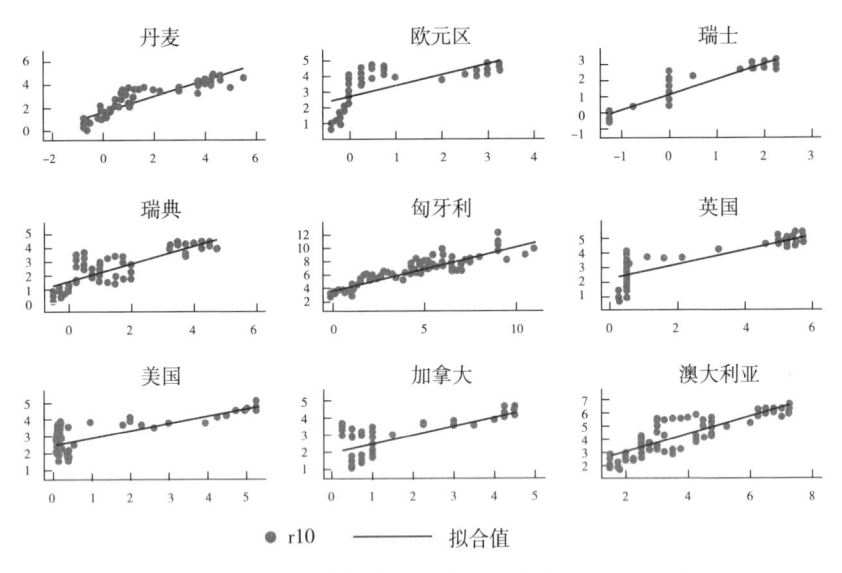

图 1.2 九个经济体政策利率与长期市场利率线性回归和 OLS 拟合图

注：长期市场利率以 10 年期政府债券收益率代理（加拿大只公布分时段收益率如 1~3 年和 3~5 年、5~10 年和 10 年以上，故选择 10 年以上指标），数据来自 EIU Countrydata 和欧元区、美国、瑞士及匈牙利央行，经作者整理获得。

根据观察不难发现：欧元区、英国、美国和加拿大可能存在与预期不符的风险，而其他地区的表现较符合最小二乘拟合估值的表现，即政策利率与短期市场利率存在线性正相关。而对于线性相关系数存在系统误差的欧元区、英国、美国以及加拿大，考虑其存在较为明显的风险溢价，从而影响短期市场利率与政策利率存在些许偏离，但不影响线性正相关的结论。三大经济体政策利率和短期市场利率相关系数与 P 值见表 1.4。

表 1.4　三大经济体政策利率和短期市场利率相关系数与 P 值

经济体	相关系数	P 值
欧元区	0.6283	0.0000
美国	0.7418	0.0000
加拿大	0.6490	0.0000

同时为检验负利率政策对利率期限结构的特殊影响，同样根据上文设置的当政策利率为零或负、其值为 1 的虚拟变量（dummy variable），分别对负利率五个经济体做线性回归和 OLS 两阶段拟合图。图 1.3 展示了负利率五个经济体线性政策利率与市场利率线性回归和 OLS 拟合图。

实证结果表明，负利率政策出台后，政策利率对长期利率的影响变得更加显著，体现在线性回归和 OLS 拟合图中拟合线变得更加陡峭（其中匈牙利因为 2016 年 3 月才实行负利率，只有 10 个不变的政策利率观测值，因而相关系数在政策节点前后并无二致）。

为进一步确保实证结果的正确性，当虚拟变量为 1 或 0 时分别对负利率四个经济体（匈牙利观测值无变化，不包含任何信息量，无法进行检验）及总体进行线性回归 OLS 检验，用 dummy=1 表示零利率和负利率政策出台后样本检验情况，dummy=0 表示正利率情况，结果如表 1.5 所示。

负利率

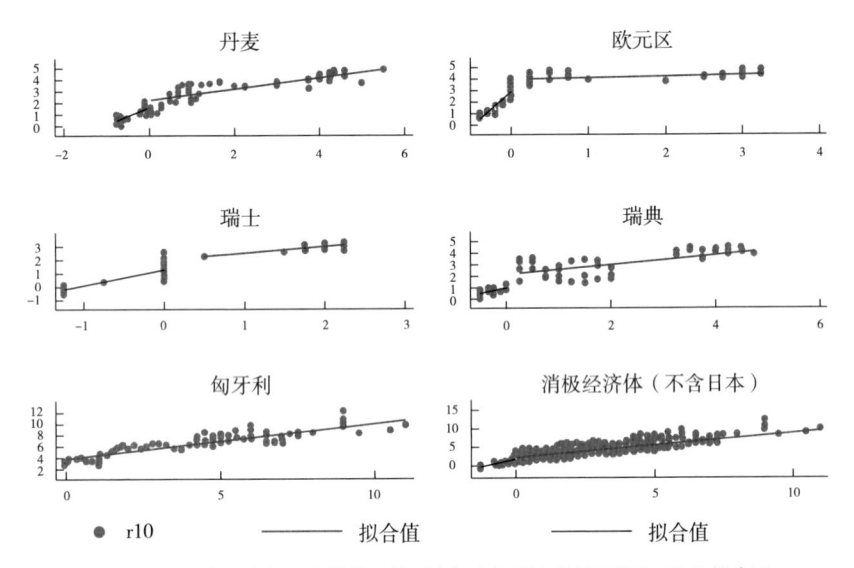

图1.3 负利率五个经济体线性政策利率与市场利率线性回归和OLS拟合图

表1.5 负利率四个经济体政策利率和长期市场利率分段检验相关系数与P值

经济体	回归系数 （虚拟变量=1）	P值 （虚拟变量=1）	回归系数 （虚拟变量=0）	P值 （虚拟变量=0）
丹麦	1.60	0.0000	0.49	0.0000
欧元区	5.92	0.0000	0.14	0.0000
瑞士	1.21	0.0000	0.49	0.0000
瑞典	0.97	0.0001	0.43	0.0000
总体	0.67	0.0000	0.66	0.0000

从回归的结果可以看出：在丹麦、瑞士、瑞典以及欧元区，利率政策对长期市场利率也存在较明显的导向作用。可以认为，这几个地区实施的利率政策是长期有效的。同时，结合前文中利率政策在欧元区对短期市场利率的显著影响，也证明了欧元区的利率政策具有及时影响并长期作用于其市场利率的功能，即利率政策是调节欧元区利率的高效工具。

政策利率对利率期限结构的影响既有文献已经研究得比较充分，主要观点是，通过影响短期市场无风险利率使风险溢价发生改变，从而通过金融市场参与者的预期变化最终影响长期利率，进而利率期限结构也随之改变。

三、负利率浪潮：机遇或陷阱

"负利率"实践已经涉及全球几十亿人口，不再是小实验。回顾近年国际经济实践，负利率出现了两次浪潮，分别在2009—2016年，以及2019年至今。2009年8月，瑞典中央银行对银行存款首次突破"零利率"下限，实施名义负利率，被认为"从此进入了一片未知领域"；2014年，丹麦与瑞士央行先后跟进实施负利率；2016年初，日本央行以5∶4的多数票赞成通过了负利率政策，自此"负利率"经济体已接近全球经济总量的1/4。美联储在2016年对大型银行开展压力测试时，把国债负利率作为测试情景，这被认为是美联储将负利率视为可行选项的明确信号。2017—2018年，国际金融市场一度对负利率争议严重，部分政策研究者认为这一政策无法持续，只是昙花一现。但进入2019年以来，美联储接连三次调低基准利率，引发多国央行跟进，持续降息预示美国即将迎来负利率时代；2019年10月，美联储主席鲍威尔则称目前联邦基金利率"可能略低于零"。这标志着负利率的经济实践正在进入新的阶段。

负利率政策不可回避的矛盾，在于其与人们天经地义的直觉——信贷还本付息相冲突，这需要将央行政策实践与货币创造的源头结合才可解释。首先，在现实负利率政策实施过程中，虽然有真实发生的突破传统货币政策零下限的情况，但是负利率政策的主要标的是商业银行在中央银行的超额准备金利率，银行出于自身经营考虑，往往不会对居民和小企业存款征收负利率。以欧洲央行为例，负利率政策只是构筑利率走廊下限突破负值，利率走廊乃至整个市场利率通道并非负值。其次，即使抛开货币的价值尺度功能不谈，货币本身还因为提供流动性便利和价值储藏的功能而有了理论上的正价值。因此，传统理论认为"原始存款"来源的央行供给对应现实中商业银行从央行取得贷款的利率，而六大负利率"俱乐部"成员中，除瑞士利率走廊上限也为负之外，都与理论一致。最后，对商业银行在央行超额准备金实行"惩罚性"负利率，并未违背利率的本质理论。因为货币创造过程的起点是基础货币的发行，而这有赖于市场主体从商业银行（存款创造银行）取得信贷，从而有了"原始存款"，才通过乘数效应创造大量广义货币。所以，超额准备金其实是"趴在账面"上不动的无效供给，因而也就谈不上借贷（在央行存款）出的钱竟然能取得利息的情形。

以G10（十国集团）、欧元区、瑞士、丹麦、瑞典、匈牙利和澳大利亚等10个经济体作为总体考察对象，表1.6展示了这些经济体非常规货币政策的实施细节。

表 1.6 非常规货币政策的实施细节

政策类别	实施经济体
前瞻性指导	欧元区、瑞典、日本、美国、英国、澳大利亚
资产购买、量化宽松	欧元区、瑞典、日本、美国、英国
负利率	丹麦、欧元区、瑞士、瑞典、日本、匈牙利

资料来源：欧洲央行、瑞士银行、丹麦国家银行、瑞典央行、匈牙利央行、澳洲联储等央行及作者整理。

近年利率水平逼近零或突破零点的发达经济体之间存在相似性（如图1.4）。

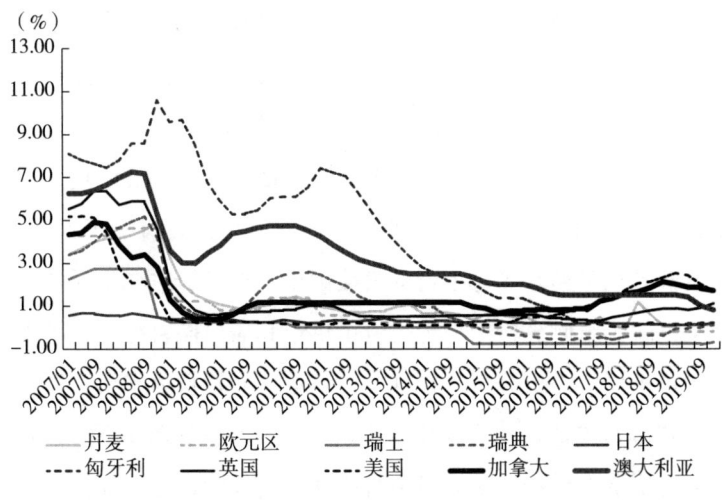

图1.4 2007—2019年"负利率"经济体市场利率月度时序图

资料来源：EIU Countrydata。

注：上述经济体以3个月主要公司票面利率、3个月STIBOR（斯德哥尔摩银行同业拆借利率）、3个月瑞士法郎LIBOR、3个月BUBOR（布达佩斯银行同业拆借利率）和3个月EURIBOR（欧元银行同业拆借利率）等作为市场利率。

2009—2017年欧洲央行的政策利率见图1.5。

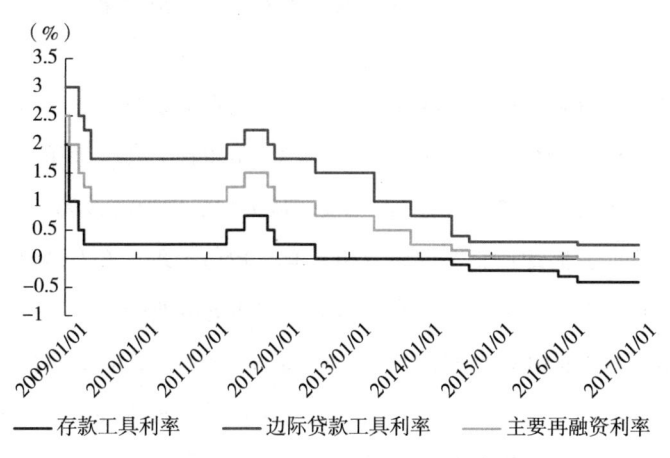

图1.5 2009—2017年欧洲央行的政策利率

资料来源：欧洲中央银行。

负利率

考察负利率政策的具体形成过程，以日本为例。日本经济"失落的二十年"人们耳熟能详，其经济长期停滞的一些典型特征：一是名义上和实际上 GDP 增速大幅下降，二是持续二十多年的通货紧缩，三是投资萎靡不振，四是家庭财产和工资收入下降。GDP 增长的三驾马车，私人部门的消费长期停滞但并没有减少，政府购买不断上升，因此投资需求萎缩是经济下行的直接因素。参考新古典学派的利率决定理论，就供给侧分析中央银行货币供给和居民储蓄行为，需求端则主要侧重于投资需求分析。在日本，就居民储蓄行为来看，结合凯恩斯认为储蓄其实是收入的函数，储蓄随着收入的下降而下降，降低了市场上可贷资金供给，从而对央行施加了更大的投放流动性压力。投资需求以凯恩斯主义托宾 Q 理论、财富效应、资产负债表效应和托宾效应为分析框架——长期经济下行导致资本边际报酬减少，投资意愿下降——通过这几大理论效应的传导，使利率随之下行。长期的通货紧缩和经济下行更进一步倒逼中央银行提振投资，促进通胀，从而拉升经济进入上行通道。这几个方面共同推动日本从量化宽松政策，发展到质化量化宽松政策，在这些政策效果不彰的情况下加入了负利率"俱乐部"。

在名义负利率尤其是现实负利率政策的形成过程中，一大理论困境来源于瑞士银行货币政策将利率走廊上限也设为负，使整个利率走廊处于负区间。按之前所言，商业银行从央行的借贷应该属于"有效"货币创造，为何却违背了原始货币具有正价值的理论？有两种可能的解释，它们都未超出前文所述的利率本质和决定理论。

第一，根据新古典宏观经济学的实际经济周期理论，近年经济下行是因为旧的技术将消化殆尽，新的经济增长点还未显现。在有效需求不足的背景下，即使央行不遗余力地注入海量流动性，甚至用"惩罚性"负利率鼓励和迫使商业银行增发信贷，但企业心有余而力不足，对未来利润回报没有信心和缺乏好的投资标的导致信贷额度已达瓶颈，从而市场事实上流动性过剩，新增的流动性不再具备满足流动性需求的功能。作为价值储藏作用的货币也已充足，持有货币余额直接增加的效用也因边际递减而至零甚至突破零下限。

第二，瑞士是一个对外依存度和开放度极高的国家。自欧债危机爆发后，欧元区各国银行发生挤兑的风险显著上升，各国富人都愿意把钱存入瑞士银行这一传统的资金避风港。在全球经济衰退的今天，各国资金流入上升的态势给瑞士法郎难以想象的压力，并由此传导给它的钟表、制药等企业，使其成本大幅上升，同时其旅游业也遭受重创。因此，稳定汇率是瑞士银行降低利率至负值的重要原因。针对商业银行从中央银行贷款利率为负的情况，可能意味着瑞士甚至愿意为了进一步降低利率，保持瑞士法郎免受大幅升值压力而给予市场借贷者一定补偿，从根本上并未违背利率正价值理论。

如果说政府推动量化宽松是把更多的钱发到人们手上，负利率就是逼迫人们把这些钱花掉。第二波浪潮的兴起，说明对美国、欧元区和日本等大型经济体而言，采取负利率将直接刺激信贷，继而承担起刺激投资、提高就业的使命；对于瑞典、瑞士、丹麦等对外部环境敏感的较小规模经济体而言，则主要是为了稳定本币汇率——负利率是否长期影响经济增长和人民福祉，对未来是机遇还是陷阱，还需要拭目以待。

第二章

反思负利率

信用的作用恰像一个强有力的滑车,加速了货币的流通。

——维克塞尔(瑞典经济学家)

货币是衡量商品和服务价值的指标，利率的本质就是货币资金的价格，负利率政策本质上属于一种宽松、非传统货币政策，有其产生的独特背景。本章将介绍货币政策的理论发展过程，以探究各国央行采取非传统货币政策背后的根源，进一步探讨负利率政策产生的根本原因。

一、传统货币政策：重新剖析

（一）货币理论：数量、均衡与理性预期

1. 货币数量论

古典经济学派以"两分法"将传统经济理论分为货币理论与实体经济理论，两者相互独立发展。在货币理论的研究中完全不涉及货币与产品生产、经济运行的关系，只考虑货币与商品价格水平的关系。正如萨伊所说："在以产品换钱、钱换产品的两道交换过程中，货币只一瞬间起作用。当交易最后结束时，我们将发觉交易总是以一种货物交换另一种货物。"古典学派的经济学家普遍认为，货币只是商品交换的媒介，本身并没有价值。在对货币理论的研究过程中，货币数量论作为一种解释货币数量与物价水平之间因果关系的学说，被广泛接受。到20世纪初，经济学界大多承认物价水平是货币供应的函数，两者之间存在一种严格的比例关系。传统货币数量论的代表人物是欧

文·费雪,他在自己 1911 年的著作《货币的购买力》中对传统货币数量论做出了系统清晰的阐述。书中提出的交易方程式考察了货币总量(货币供给)与经济体生产出来的最终产品和劳务的总支出 P×Y 之间的联系,方程式为,

$$M \times V = P \times Y$$

其中,M 代表货币数量,V 代表货币流通速度,P 代表物价水平,Y 代表总产出(收入)。

费雪的货币数量论认为,货币流通速度在短期内保持稳定,而基于古典经济学假设工资和价格具有完全弹性,古典经济学家认为总产出 Y 总是可以维持在充分就业的水平上,所以说短期内可以认为 Y 也是稳定的。因此货币数量论表明,在短期内 V 和 Y 保持不变,P 随着 M 的变化而变化,即物价水平的变动仅仅取决于货币数量的变动。

2. 维克塞尔的货币理论

维克塞尔的货币理论是在传统货币数量论的基础上建立起来的,但是他对传统货币数量论的肯定仅建立在简单商品经济的前提条件下,在发达商品经济条件下,他认为传统货币数量论对于货币流通速度不变的假定是错误的,原因在于信用制度的变化对实际流通速度产生了重要影响。"信用的作用恰像一个强有力的滑车,加速了货币的流通"(维克塞尔,1982)。

维克塞尔对传统货币数量论的突破,还体现在对"货币面纱观"提出质疑。一方面,他认为将货币视为覆盖于实物经济上的面纱这一看法是肤浅的,"货币的使用或滥用实际上可以积极地影响实物交换和资本交易,滥用货币会破坏大量的实物资本并使社会的整个经济生活陷于绝望的混乱。另一方面,通过货币的合理使用,实际上可能积极地促进实物资本的积累和一般生产的增加。"

维克塞尔对货币理论的另一重大贡献，是提出了利率影响的累积过程理论。他将货币因素引入均衡分析（这里的均衡区别于以萨伊法则为基础的瓦尔拉斯一般均衡），认为货币均衡的实现对经济均衡起着决定作用。当实现货币均衡时，商品供求相等，价格稳定，储蓄投资相等，实现充分就业。而实现货币均衡的条件则是货币利率与自然利率相等，货币利率是金融市场上的市场利率，可以认为是资金使用成本，自然利率可以认为是新形成资本的预期收益率。当自然利率高于货币利率时，企业家有利可图，于是竞相增加投资，扩大生产，促使原材料、土地、劳动力价格上涨，其所有者货币收入增加，而市场利率较低，因而货币收入不会用于储蓄而是用于消费，促使消费品价格上涨，从而对资本品需求增加，价格上涨，市场利率上升。若货币利率高于自然利率时则反向发展。维克塞尔认为，只要货币利率与自然利率存在差异，这个循环就不会停止，直到两者相等，实现物价稳定的均衡状态，在这个过程中利率对价格水平的影响是累积的。他据此提出的货币政策主张是，银行利息率应该随着物价的变动而变动，使货币利率与自然利率始终保持一致。

维克塞尔在西方经济学发展中的重要地位，也正体现在他是反对萨伊法则，质疑资本主义经济制度能够自动实现均衡的先驱。他主张调节利息率，实现经济均衡，这些主张是西方经济学从自由放任主义向国家干预转变的里程碑。

3. 凯恩斯的货币理论

凯恩斯在其著作《就业、利息和货币通论》中承袭了部分维克塞尔关于货币利率的观点，强调"货币利率的重要性，是由三种特征联合产生的"。一是货币的生产弹性几近为零，供给稳定；二是货币的替代弹性几近为零，需求稳定；三是货币满足灵活性偏好。凯恩斯的货币理论正是建立在其灵活性偏好理论的基础上,以收入支出法替代了传统的价格分析法,用以分析人们获得收入之后的消费储蓄抉择。在分析过程中,凯恩斯发现人们持有货币主要出于三种动机,即交易动机、预防动机和投机动机。交易动机即此货币是为了日常交易活动而持有,凯恩斯认为这一需求与收入成正比;预防动机即此货币是为了意料之外的需求而持有,这一需求也与收入成正比;投机动机指人们根据自己对利率变化的预期而产生对持有货币和债券需求的变化。凯恩斯假设社会只存在两种金融产品:货币和长期债券。债券价格和利率成反比,当人们预期利率下跌时(即债券价格将上升),会选择购买更多债券而减少货币持有;反之利率上升时,人们会倾向抛售债券,持有货币避免资产减值。因此凯恩斯认为,出于投机动机,对货币的持有直接取决于利率的变化,与利率负相关,与收入无关。

凯恩斯的货币理论摒弃了传统货币数量论中关于货币流通速度为常量的设定,考虑了货币数量与投资、消费、收入、产量和价格的关系,他认为在货币数量对价格和产量影响的传导过程中,利率起到了至关重要的作用。

第二次世界大战后凯恩斯理论得到了进一步发展,以威廉·鲍莫尔和詹姆斯·托宾为代表的经济学家更深入地研究了利率对货币需求的作用,对货币的交易、预防以及投机需求做出了更精确严谨的阐释,认为货币的交易和预防需求也与利率有着负相关的关系。

4. 弗里德曼的现代货币数量论

弗里德曼的货币理论承袭了芝加哥学派的传统:坚持自由主义思想以及重视货币理论的研究。弗里德曼沿用并发展了剑桥方程式,还借助了货币数量论来分析解释经济现象。但是他对货币需求的学说却更接近凯恩斯的观点,其货币理论的一个重要发展就是受凯恩斯流动偏好理论的影响。弗里德曼进一步发展了凯恩斯货币资产的观点，建立了货币需求函数，从而得出结论：货币需求函数非常稳定，不会发生难以预料的变化；货币需求与货币供应的影响因素相互独立，因此货币供应是影响经济波动的主要原因。据此，弗里德曼提出应以货币存量或增长率作为货币政策的操作指标，政府只需完成固定的货币供应增长目标，其余的任务交给市场机制进行调节，经济就能平稳协调发展。

弗里德曼与凯恩斯的货币理论主要有两个方面的差异：一个是利率方面，凯恩斯认为利率是影响货币需求的重要因素，弗里德曼则认为利率对货币需求几乎没有影响；另一个是关于货币需求函数的稳定性，与凯恩斯相反，弗里德曼认为货币需求函数是稳定的，因而可以通过函数对货币需求进行预测。

弗里德曼最终得出的结论认为，货币流通速度可以预测，货币数量是决定总产出的重要因素，这与传统货币数量论的观点相契合。

5. 理性预期理论

从20世纪70年代开始，以卢卡斯为代表的经济学家将理性预期理论引入宏观经济模型，对经济政策有效性进行评估。卢卡斯在其著作《计量经济学的政策评价：一个批判》中，对传统模型评估政策的有效性提出质疑，并指出公众对于政策的预期也会极大地影响政策的实施效果。

理性预期的引入，对传统经济学模型产生了重要的影响。新古典宏观经济学模型在理性预期的前提下模拟了意料之外和预期之中的政策的短期影响，得出了政策无效的结论，即预期之中的政策对经济周期没有任何影响，只有意料之外的政策才会影响总产出。

新凯恩斯主义模型则再一次采取了传统经济学模型和新古典宏观

经济学模型的折中立场。它认为预期之中的政策能够影响总产出，但是它又与意料之外的政策效果有区别，因此并不否定相机抉择的稳定性作用。

（二）货币政策规范：相机抉择与规则

货币政策是中央银行通过控制货币供给改善国内经济状况的一种策略，其主要目标是维持物价稳定，也可以直观地理解为控制通货膨胀长期维持在较低水平的策略。另外，实现高就业，经济增长，金融市场稳定，利率稳定以及外汇市场稳定也是货币政策的目标。中央银行制定和实施货币政策时，通常会遵循某种准则或模式，这种模式被称作货币政策规范。货币政策规范对一国货币政策的有效性有重要影响。货币政策规范大致有两种类型：相机抉择型和规则型。

相机抉择和规则之间的争议，从20世纪中期的凯恩斯主义货币理论就已经开始，至今已有一百多年的历史。以凯恩斯主义学派为代表的经济学家主张政府干预货币政策，支持"逆经济风向"而动的相机抉择。他们认为，当经济出现未预料到的波动时，指望经济通过工资和物价水平自我调整而实现均衡，是一个非常缓慢且无效率的过程，会遭受巨大的产出损失。而以弗里德曼为代表的货币政策规则支持者，则主张中央银行在制定与执行货币政策时，应依照事先确定的操作政策工具的程序和原则来运行，会自动实现充分就业，消除通货膨胀；政府相机抉择的干预反而会对经济复苏造成负面影响。

货币政策规则又可以分为两大类。一类是目标规则与工具规则。目标规则有赖于经济模型的设定，通过求解模型最优化问题而得出。该最优化问题是以通货膨胀、产出缺口和名义利率为自变量的目标函数，可以实现中央银行的损失最小化目标。另一类是通货膨胀目标制，就是现在比较常见的一种目标规则：央行以实现一定的通货膨胀率为目标,并向外界公布这个通货膨胀率;并且,央行可以自由地选择货币政策工具来实现其目标。以通货膨胀为目标,能够为货币政策提供一个明确的名义锚,体现了规则性和灵活性的高度统一。通货膨胀目标制还是一种有效的承诺机制,它以一个固定的通货膨胀区间作为货币政策的目标,能够有效地稳定市场预期;而市场预期恰恰是决定货币政策实现目标能力的关键因素。工具规则一般是根据特定的货币政策工具设计的,最为著名的工具规则是泰勒1993年着眼于短期利率提出的泰勒规则。泰勒规则描述了短期利率针对通货膨胀和产出变化而进行调整的规则:当产出缺口为正且通胀缺口超过目标值时,应该提高实际利率,反之则相反。如果央行采用了泰勒规则,实际上是为货币政策的抉择提供了预承诺机制,这样就能有效解决货币政策抉择中的时间不一致问题。

1. 相机抉择

相机抉择的优点主要在于其灵活性。面对时刻处于波动之中的经济局面,相机抉择可以及时做出决策,逆经济风向而行,采取有效的货币政策调整供求关系,稳定物价。特别是在面对诸如20世纪80年代美国严重的流动性危机之类的突发事件时,固定的货币政策规则就更加显得力不从心了。但是相机抉择的劣势也非常明显,货币政策生效时滞的存在,使针对当前经济形势所做出的政策生效时,经济态势已经发生了重大的变化,之前的货币政策可能非但无法稳定经济,反而会引起新的问题。正如弗里德曼认为的,相机抉择的反周期政策不仅不能起到稳定作用,甚至其本身就是导致经济不稳定的一个原因。另外,在引入预期因素后,相机抉择的另一个问题,还体现在其随机性导致缺乏公信力。公众对规则的信任往往比规则本身更重要,政策不能在公众中形成确定的预期,会大大降低政策的有效性。

2. 规则

由于按规则行事的预期成本可能会抵销其收益，直到1983年中央银行都未主动采取这种非积极的政策。与相机抉择的优点相对应，货币政策规则的缺点主要体现在缺乏灵活性，政策失误可能造成较大的交易成本，恢复过程漫长，难以应对突发经济波动等方面。而货币政策规则最主要的优点体现在其稳定性，规则模式有助于稳定公众预期，提升中央银行的信誉，这对货币政策的有效性有积极影响。高登（1983）和巴罗（1986）在克兰德、布雷斯科特（1977）的基础上发展了货币政策中的"动态不一致"问题，认为理性个体能够预期到政府有制造短期通胀的激励，则他们会调整自己的通胀预期，进而产生通胀偏差的纳什均衡结果。巴罗认为，只有实施货币政策规则，提高政府信誉，才能解决通胀偏差问题。"动态不一致"问题是认为货币政策规则优于相机抉择的重要依据。

二、非传统货币政策：应运而现

在2008年金融危机前，除日本以外，世界主要经济体运用的货币政策工具都比较单一，方式也基本趋同，主要是对短期名义利率进行微调。而在金融危机后，全球面临流动性缺乏和需求不振问题，许多国家出现不同程度的通货紧缩问题。在面对名义利率下限约束的情况下，各种非传统货币政策应运而生。

（一）非传统政策：流动性宽松

非传统货币政策，在某种程度上可以认为是在名义利率接近于零的情况下，货币当局希望进一步降低利率的替代性措施，以央行资产负债表调整为核心。在金融危机后，这个政策被美国、欧盟等发达经济体广泛使用并不断发展，主要包括流动性操作、量化宽松、前瞻指引、负利率等（见表2.1）。

表2.1 金融危机期间各经济体央行采取非传统货币政策总结

政策		加拿大	英格兰	日本	欧洲	美联储	瑞典	瑞士
流动性操作	扩大合格抵押品范围	√	√	√	√	√	√	√
	扩大对手方	√	√		√	√	√	
	展期		√		√	√		
	足额分配				√			
	货币互换	√	√	√	√	√		√
量化宽松	购买政府债券		√	√	√	√		
	购买私人债券		√	√	√	√		
前瞻指引	利率指引	√			√	√		
	量宽指引			√		√		
临时信贷刺激计划								
外汇干预								√
政策利率走廊管理		√	√		√	√		
存款便利负利率				√	√		√	√

资料来源：OECD（经济合作与发展组织）。

1. 流动性操作

为了缓解金融机构的流动性压力，各经济体央行纷纷增加对流动性工具的使用，并创设了新的流动性工具，这可以说是对公开市场操作的改进。2008年9月，美国、日本、英国和欧洲央行都大规模启动了非传统的宽松货币政策，推出多种流动性工具，扩大了金融机构合格抵押品范围，同时延长了债券平均期限，扩大了交易对手范围。美联储还引入了短期拍卖工具（TAF）、一级交易商信贷工具（PDCF）、定期证券贷款工具（TSLF）等。有些央行还签署了临时性双边货币互换协议，以满足不断增加的流动性需求，其中加拿大银行、英格兰银行、日本银行、欧洲央行、瑞士银行和美联储之间的货币互换临时

039

安排，在 2013 年 10 月转变为常设安排。

2. 量化宽松

量化宽松表现为央行通过公开市场操作向市场注入超大规模的基础货币，提高经济环境中的货币供应量。有条件的低利率承诺以及政策承诺有时候无法获得市场的信任，政策效果有限。此时，直接向银行系统注入远超传统货币政策手段的基础货币，能够对资产价格和利率产生影响，进一步影响实际产出。量化宽松的手段，通常包括从商业银行等金融机构购入国债等债券，大量购入私人债券，扩大央行信贷提供范围，向市场提供直接信贷等。在金融危机前的 2001 年 3 月至 2006 年 3 月，日本就率先实施了第一轮量化宽松政策。在金融危机爆发后，美国、英国、欧盟等经济体也相继实施了量化宽松政策，以应对危机后不同程度的紧缩问题。

美国前后共推出四轮量化宽松政策。2008 年 9 月雷曼兄弟倒闭后，美联储迅速推出量化宽松救市。在随后的三个月中，美联储主要贷给附属机构大量储备，然后通过直接购买抵押贷款支持证券，创造了超过 1 万亿美元的超额储备，标志着第一轮 QE 的开始。此时商业银行愿意持有这些储备，一是因为当时利率还比较高，银行有利可图。2008 年 10 月法定准备金利率为 1.4%，超额准备金率也有 0.75%。二是在社会恐慌弥漫的情况下，向公众和监管者表明，它们有充足的准备金来弥补损失贷款或其他流动资金需求。

2010 年 3 月，美联储第一轮 QE 结束，累计购买包括 1.25 万亿美元抵押贷款支持证券（MBS）、1 750 亿美元机构债券和 3 000 亿美元长期国债，共 1.725 万亿美元资产。由于 2010 年 4 月经济数据开始令人失望，当年 8 月 27 日，伯南克在美联储年会的演讲中释放了第二轮 QE 政策的信号。11 月 3 日，美联储宣布将于 2011 年第二季度前购买 6 000 亿美元长期国债，每月购债 750 亿美元的大规模资产购买计划于 2011 年 6 月结束。

面对股市惨淡、政府财务债务高企、通缩风险蔓延、经济增长失速等昭示经济复苏滞缓的情形，美联储不得不祭出第三轮 QE。2012 年 9 月 14 日联储利率决议结束后，美联储宣布启动第三轮 QE，每月 400 亿美元规模购入机构 MBS，到年底结束共买入 4 000 亿美元国债。第四轮 QE 于 2012 年 12 月接踵而至，以每月采购 450 亿美元国债替代"扭曲操作"，加上第三轮 QE，每月购债规模共计 850 亿美元。

美联储这四轮 QE 政策，一方面通过大量购买长期美国国债，提高长期债券价格，引导中长期利率预期，维持低市场利率，增强投资者信心，刺激经济；另一方面通过大量购买美国国债、抵押支持证券等资产直接向市场注入超额资金，维持低利率和创造新的流动性。美联储 QE 政策取得不错的效果，欧洲央行和日本央行虽然也多次实施 QE 甚至 QQE（质化量化宽松）政策，但是效果不显，从"宽货币"到"宽信贷"的传导机制始终不畅。

3. 前瞻指引

前瞻指引是货币当局对未来货币政策的一种承诺，也是对公众期望的一种引导。央行希望通过对家庭、企业、投资者做出未来货币政策的说明引导公众产生未来利率将维持在较低水平的预期，从而维持稳定的通胀预期，避免利率产生对市场不利的波动。伍德福特（1999）等经济学家认为，总需求更大程度上取决于对长期利率的期望，而长期利率则取决于对短期利率的预期。因此，当实施量化宽松政策后，公众会产生高的通货膨胀预期，此时前瞻指引可以给公众一种短期内仍会保持较低利率的预期，从而影响短期经济表现。前瞻指引若能充分发挥作用则会是一种良好的沟通手段，但是其前提条件是央行的承诺具有公信力，能够有效引导大众对经济前景的预期，否则会适得其反。

前瞻指引在金融危机后被更为广泛地使用，经历了几个阶段的演进，从不设定时间只做定性描述的开放性指引（比如日本），到特定日期的指引（比如加拿大），再到现在的经济门槛条件式指引（即经济状况达到某个水平前维持一定利率不变，比如现在的美联储）。

（二）极端货币政策：突破零下限

以美联储以及欧洲央行为代表的经济体，通过实施极度宽松的货币政策增加流动性，希望以此刺激金融危机后持续疲软的经济。虽然极端的非传统货币政策可以突破传统货币政策零利率下限的限制，短期内对经济产生更强有力的刺激，但是持续的超低利率和极度宽松的货币政策长期来说可能破坏金融稳定，引起政府道德风险问题，给经济发展积累更多隐患。

英格兰首席经济学家霍尔丹在其文章中总结了三种缓解利率下限约束的货币政策：提高通胀目标、实施非传统货币政策和对现金征税。作为对现金征税的替代措施，负利率在全球的适用范围越来越广，并且有进一步扩大的趋势。丹麦是全球第一个实施负利率的国家，它在2012年率先将其金融机构存款利率降至-0.75%，之后欧洲央行、瑞士央行、瑞典央行、日本央行相继实施了负利率政策，这些经济体在实施负利率政策的同时几乎都辅以量化宽松、外汇干预等措施进行配合。不同经济体实施负利率的动机有所不同，就欧洲和日本这样的大经济体来说，负利率的作用主要体现在刺激消费与投资并提高通胀率方面。总的来说，负利率政策的主要目的有两个：一个是抑制通货紧缩，增加流动性，刺激投资和消费，从而促进经济发展；另一个是减缓本币升值压力，提升出口竞争力。

第二章　反思负利率

负利率作为极端货币政策的一个典型，其本质相当于对流动性征税。国际货币基金组织的报告也认为，负利率政策存在一定的安全隐患。然而，随着欧洲央行和日本不断延长的负利率期限以及还在不断降低的利率，负利率很可能在全球范围内被更普遍地使用。长期维持负利率和量化宽松等极端的货币政策会产生如下问题。一是极端货币政策的实施可能减损政府的公信力，会被认为是在消耗未来动用政策的空间，也会被认为央行在刺激经济复苏的手段方面已经弹尽粮绝。二是持续降低的利率可能会增加资本的风险偏好，同量化宽松政策带来的资产价格泡沫一起进一步破坏金融系统的稳定性。三是利率作为资金的价格，本来应该促使资金流向利用效率更高的主体，但是人为地将利率调控至负数会让资金利用效率低的投资主体有机可乘，降低资本配置效率。四是一国或地区极端的货币政策可能造成"以邻为壑"的问题，即本身没有受到危机冲击的国家会因为各主要经济体的负利率政策而面临本币汇率升值的压力，继而选择在短期采取不适合自身的低利率政策，却在长期造成经济失衡。同时，当全球市场形成极端货币政策的惯性时，对其进行校准，回归至均衡态势的变革将越发艰难。五是银行的利润空间收窄，保险公司与养老金将受到冲击，可能导致金融风险，负利率下的高风险偏好投资还可能进一步引发系统性风险。

随着2008年金融危机后美联储实施量化宽松，美国经济开始呈现复苏态势。从2013年12月伯南克宣布缩减美联储购债规模开始，美联储逐步部署其退出量化宽松的政策。然而不难想象，实施货币政策时采取的手段越极端，回归正常化的道路就越崎岖。美联储宽松货币政策的退出，在历史上曾引发多次经济危机，每次紧随超宽松货币政策而来的加息，都带来了金融市场的剧烈波动（见表2.2）。

负利率

表 2.2 美国联邦基金利率变化及危机情况

升息周期	实际利率变化	其间发生危机
1974 年 12 月—1982 年 3 月	-8.22%~9.9%	1982 年拉美主权债务危机及随后长期慢性发作的美国储蓄与贷款协会危机
1993 年 4 月—1998 年 6 月	-0.6%~5.44%	1994 年底墨西哥金融危机 1997—1998 年东南亚金融危机、俄罗斯债务危机
2004 年 3 月—2006 年 10 月	-1.88%~3.90%	2007 年美国次贷危机及随后演变为国际金融危机

资料来源：管涛，陈之平.美联储退出量化宽松货币政策与金融稳定[J].国际经济评论，2014（06）.

美国退出量化宽松对本国的风险表现如下。第一，美国退出量化宽松会对本国的产出造成直接影响。比如，利率上升会减少外商在美国的投资和借贷，降低国内产出，影响国内就业；再如，汇率上升会减少美国的出口，降低美国的经济竞争力，进一步影响产出和就业。第二，退出量化宽松将影响美国经济复苏。美国经济正处于缓慢复苏阶段，增长基础不稳，无法确定其是否建立在资产价格上涨的财富效应之上，在未确定经济基本面向好的时候激进加息，可能会对本就缓慢的经济复苏造成二次打击。

美国退出量化宽松对其他国家的风险表现如下。对新兴经济体来说，强势美元的再度出现，会使新兴经济体货币大幅贬值，资本从新兴市场国家抽离，流入美国。同时以美元计价的大宗商品价格也将下降，这对以出口初级产品为主的发展中国家来说更是重大打击。对主要发达国家来说，美国率先退出量化宽松会造成各国经济周期步调差异的进一步扩大，欧洲和日本仍在继续实施宽松的货币政策对抗通缩，美联储的加息会对其他国家宽松货币政策的效果产生影响，欧洲、日本的货币政策也会对美联储的紧缩政策产生一定影响，使各国利率汇率的变化更加难以预料，增加全球金融市场的不稳定性。

三、"央行崇拜"：冰川解冻

多次出现的金融危机，让市场越来越相信中央银行刺激经济增长的调控能力。长期以来，市场对"央行崇拜"的状态一直存在，主要是指中央银行在极端情况下可以通过无限增发货币干预债券市场，从而盯住长期利率，直至就业和经济增长达到理想水平。这样一种对于货币政策的过度依赖，以及对于发达国家央行的盲目崇拜，使以负利率为代表的极端货币政策在全球受到更多的关注。但沉迷于极端货币政策带来的暂时繁荣，只会让人更加忽视实体经济中存在的结构性问题，无异于饮鸩止渴。因此，需要谨慎采用极端货币政策，需要对本国的经济发展问题以及国际环境进行全面的考虑和衡量。

（一）负利率政策：水涨陆沉

央行通过调整利率来调节货币资金的供求，以实现促进经济增长、增加就业、稳定物价、保持国际收支平衡等四大目标。各国实施负利率政策的目标，也不外乎刺激总需求、实现通胀目标等方面。央行希望通过降低利率鼓励银行放贷，促进企业投资，鼓励借贷，刺激居民消费。这在理论上是成立的，在实施中也是有可行性的。但是，央行的政策目标能否通过利率传导机制在现实中达成呢？

负利率政策传导的有效性主要依赖于以下两点。第一，中央银行通过对（超额）准备金收息扩大商业银行的流动性，从而间接扩大经济流动性供给。但是出于防范挤兑和对银行信誉、竞争力等方面的考虑，商业银行往往不愿意将负利率传导至储户和企业等经济个体。因此，以商业银行为中介的流动性输出目的就很难通过负利率政策得以实现。第二，中央银行直接购买政府、企业和家庭的资产，直接对企业和投资者提供贷款，实现向市场提供流动性的目标。只是这样的货币政策只能决定货币的供给端，对于需求端则有些有心而无力，若企业没有增加投资的意愿，消费者没有增加消费的意愿，政策目标就难以实现。

目前出现负利率政策的时间还不长，效果还没有完全显现，各方对于负利率政策的有效性态度不一。国际货币基金组织在2016年4月的报告中肯定了负利率在提振需求和支撑物价稳定方面的作用，尽管负利率会带来银行盈利能力下滑，增加金融市场未知变数等问题，但是其扩大的需求会让银行从更高质量的信贷中获益，总体来说负利率政策利大于弊。而国际清算银行则传达了不同的声音，在其2016年第一季度的报告中，对当时实施负利率政策的四个国家的动机、方式以及政策的传导机制等问题进行了分析，认为负利率难以传导至零售存款，因而难以对市场产生有效作用，反而会损害银行业的盈利；长期实施负利率政策，还会对债务周期较长的保险公司和养老金造成更剧烈的冲击。

就政策的现实操作效果来看，由于各个国家的政策目标不尽相同，因此对于它们实施效果的评价，各自也有所侧重（吴秀波，2016）。丹麦和瑞士的目标主要是保持本币汇率稳定。丹麦在2012年首推负利率后，在2015年一个月内四次降息，使资本流入趋于平稳，成功保持了汇率稳定，同时较大幅度提升了通货膨胀水平。而对外依存度很高的瑞士，则没能利用负利率保持汇率的稳定。瑞士曾在2011年设置了欧元兑瑞士法郎1∶1.2的下限，阻止瑞士法郎升值，然而在2014年欧洲央行实施负利率和量化宽松政策后，面对大量涌入的欧元，瑞士央行最终不得不取消汇率管制，瑞士法郎兑欧元立刻大涨，超过20%。

瑞典和欧洲的主要目标是提振物价水平，瑞典成功利用负利率和量化宽松政策使物价平稳上涨，但是欧洲央行却没能做到——欧洲的通货紧缩和银行借贷问题的根源在于其经济增长的结构性问题，难以通过激进的货币政策解决。但是，得益于美联储宣布退出量化宽松和其加息预期，欧洲央行在稳定汇率方面较为成功。

日本的需求较多，既想实现物价上涨，又要压低日元汇率。同时，日本的经济情况也很复杂，正陷入低利率、低通胀、低增长的"流动性陷阱"。2001年以来，日本已实施了十多轮量化宽松，但是都收效甚微，其精心设计的"三级利率体系"也无法将其汇率和物价拉出泥淖，日元兑美元汇率不降反升，2016年第一季度涨幅达到11%。并且，日本股市也依旧低迷，债市波动率却屡创新高。

（二）如何看待负利率的实际效用

从理论上来说，负利率能够起到降低市场利率、增加市场流动性、提升资产价格、缓解政府债务负担的作用。但是从欧元区和日本央行实行的负利率政策效果来看，它对于提振经济的作用似乎并没有达到政策制定者的预期。所以，应该更加清醒地看待负利率作为一种非常规货币政策对不同经济体的作用，做到"对症下药"。

首先，不能盲目依赖和滥用货币政策。以量化宽松为例，在经济危机后，美国、欧洲和日本都实施了量化宽松政策，但是效果却迥然不同，现在看来美国的效果远远好于日本和欧洲，这不仅源于美联储对于经济危机和全球金融市场的精准把握，更因为其对本国经济结构有深刻了解，所以美国能够适时地推出和退出量化宽松提振经济。美国的几轮量化宽松具有明晰的政策逻辑。按照伯南克的表述，就是通过量化宽松降低长端利率，从而激励投资者从高等级债券市场转向权益和房地产市场，提升后者的资产价格，进而增加居民财富和消费，提振经济（冯明，2016）。在基本实现其提升物价、刺激消费、改善就业的目标后，美国于2014年10月29日及时停止了量化宽松计划。相比之下，日本自2001年以来，实施了十多轮的量化宽松，不仅始终不见成效，反而越来越深陷极端货币政策无法自拔。究其原因，就在于美国的经济自身是存在弹性的，使用宽松的货币政策可以给经济复苏创造时间和环境。而制约日本经济发展的主要障碍是结构性问题——缺乏创新能力、找不到经济增长点、企业僵化、人口老龄化等——这些当然不是单靠货币政策就能解决的。

其次，负利率等货币政策能否对经济产生有效影响的关键，在于其传导机制能否将资金带入实体经济。从实体经济回报率角度来看，由于欧洲和日本的实体经济回报率过低，因此在央行释放大量流动性进入市场后，流动性并未进入信贷渠道，而是重新回到央行账户，沉淀为超额准备金/存款便利（孙彬彬，2016）。从市场融资体系来看，美国以直接融资为主的发达融资市场，可以使宽松货币政策提供的流动性更容易传导到不同风险构成的资产上，企业也可以及时找到风险偏好相符的投资者，资本配置效率很高。相比之下，日本和欧洲的企业对外融资主要通过银行等中介机构贷款。根据欧洲央行的数据，欧洲企业融资总量中，银行等间接融资占80%以上，股票、公司债券等直接融资仅占10%（余华莘，2016）。

再次，经济复苏的重点还在于结构性改革。就像麻药只能暂时抑制或短时缓解疼痛一样，宽松的货币政策只能对经济危机起到缓解作用，只能短时间内抑制危机的爆发，它的作用应该是为结构性改革赢得更多的缓冲时间。当市场过度关注货币政策时，往往会忽略实体经济真正应该解决的问题——如何通过结构性改革提高经济增长率和生产率。同时，货币政策的边际效用递减，将极端货币政策常态化，不仅减弱了对经济刺激的作用，而且货币政策本身还会带来很多问题，

第二章　反思负利率

极端货币政策的弊端也非常明显。

应该更加理性地看待近年来方兴未艾的负利率、量化宽松等货币政策。在借助它们对于经济的刺激作用时，应该视各国经济结构而定，不能盲目跟从发达国家央行的政策主张。同时应该认识到，尽管负利率政策对于短期金融危机有一定的化解能力，但是长期经济增长只能依靠经济本身的活力，因此结构性改革至关重要。

第三章

负利率与储蓄

理性人的储蓄量应该与利率成正比。

——亚当·斯密(英国经济学家)

货币除了拥有价值尺度的职能之外，其贮藏职能与经济增长息息相关。从发展经济学角度看，储蓄是经济增长的重要原因，出人意料的是，在一些实施负利率政策的经济体中，储蓄不减反增。因此，需要结合行为金融学相关理论，对负利率条件下的非对称储蓄行为进行研究和解释。

一、储蓄行为及理论

（一）货币贮藏职能

货币的职能是货币本质的体现，它是在商品交换过程中被创造出来服务于商品经济的，并且在这个过程中不断被完善、被赋予新的职能。货币有五项主要职能，即价值尺度、流通手段、贮藏手段、支付手段和世界货币。其中，贮藏手段是在价值尺度和流通手段这两个基本职能的基础上衍生出来的。

货币的产生使买卖可以不同时进行，而正是买卖时间的分离，给货币退出流通领域、成为贮藏手段提供了基础。货币的贮藏手段相当于为经济提供了一个蓄水池：当流通中需要的货币量过多时，多余的货币会自动退出流通，成为贮藏货币；当流通中的货币量不足时，贮藏货币会自发地进入流通领域。这样，贮藏货币维持了商品流通中货币供求的平衡。因此，贮藏货币的第一个必要条件是具有流通性。货币之所以能够具有贮藏功能，是因为货币是一般财富的代表，持有货币相当于持有一般购买力,因此作为贮藏手段的货币购买力必须保持稳定,这是第二个必要条件。

除了金属货币以及纸币等传统流通货币外,股票、债券之类的信用货币也可以承担贮藏的职能。但这些有价票券与货币相比,信用货币流动性略逊,并且有流动成本,价值稳定性也较差。因此作为贮藏手段,它们具有较大的风险性。同时,信用货币作为贮藏手段时,无法调节货币流通和物价实现自动均衡:在金属货币作为主要流通货币时,人们面对物价上涨会选择囤积货币等待物价回落,并且对于金属货币的"囤积"确实能减少流通中的货币数量,因此物价会回落;而在信用货币作为主要流通货币时,人们面对上涨的物价,会尽可能多地购买商品,减少货币持有。即使"囤积"货币,也会选择银行存款或各种形式的股票债券,这反而会增加流通中的货币。因此其自我平衡的机制就无法实现,这时就需要货币当局进行宏观调控。

(二)储蓄理论与影响因素

西方储蓄理论的发展都是围绕当时的经济问题展开的,以凯恩斯对储蓄理论的"革命"为分界点,分为早期储蓄理论和近代储蓄理论。

1. 早期储蓄理论

18 世纪初,资本主义国家开始了产业革命,当时面临的主要问题是资本稀缺。因此,以亚当·斯密、马尔萨斯为代表的经济学家辩论的焦点集中在"节俭是非论",即增加储蓄能否促进资本积累。亚当·斯密在《国富论》中指出,节俭有益于经济增长。他的储蓄理论着眼于收入在多大程度上能转化为储蓄,而没有考虑到储蓄转化为投资的过程。马尔萨斯认为,储蓄的性质是"储蓄部分收入来增加资本"。他认为储蓄应该控制在一个合理的限度之内，过度的储蓄会限制需求。19世纪初，出现了资本品和消费品过剩的问题，从而将储蓄理论的探讨焦点集中在了储蓄数量问题上。最开始是曼德维尔提出了过度储蓄论，在其充满争议的著作《蜜蜂的寓言》中提出，"私人的恶德即公共的利益"。他认为国家的繁荣只有顺应人们利己的本性才能够实现，过度储蓄或者节俭对于个人是美德，但对于国家却是灾难。霍布森在《帝国主义》一书中以过度储蓄的负面影响为突破口，分析了经济危机产生的原因和解决的办法，随后是马尔萨斯等将其进一步发展完善。

2. 近代储蓄理论

（1）维克塞尔的储蓄投资理论

20世纪初，资本主义经济经历了将近20年的物价大幅度波动和经济衰退，于是储蓄理论开始将储蓄与投资和消费相联系，维克塞尔的储蓄投资理论就是在这种背景下产生的。维克塞尔是第一个将储蓄与投资联系起来的经济学家，他在1906年的《国民经济学讲义》一书中提出了货币均衡论和储蓄投资理论，为其后储蓄与投资的研究奠定了理论基础。

维克塞尔的货币均衡理论认为，只有当自然利率等于货币利率，储蓄等于投资时，才能够达到收入与支出均衡的状态。银行可以通过调整利率改变储蓄量，从而调节储蓄与投资的关系。对于利率与储蓄、投资的关系，维克塞尔也有了新的观察视角，他把储蓄看作借贷资本的供给，把投资看作借贷资本的需求，而利率就是调节两者至均衡的媒介。

（2）凯恩斯的绝对收入假说

20世纪30年代，资本主义世界爆发经济危机，学界开始将储蓄与有效需求不足联系起来，在此期间诞生了凯恩斯的以收入支出为中心的储蓄投资理论。凯恩斯的绝对收入假说是西方储蓄理论的重要组成部分。绝对收入假说阐述了影响居民收入的最主要因素是当期实际收入。在 1930 年的《货币论》中，凯恩斯第一次给储蓄、投资做出了明确的定义，认为储蓄是个人货币收入与本期消费的货币之间的差额。当时他的理论核心仍然是古典学派倡导的稳定物价。受 1930 年资本主义经济危机的影响，凯恩斯认识到当时的经济问题已经从稳定物价转向刺激投资、创造就业，因此在其 1936 年所著的《就业、利息和货币通论》中，凯恩斯放弃了以价格分析为核心的古典学派理论，创造了以收入产出为中心的货币理论。

凯恩斯理论的基石是储蓄投资恒等关系。他对传统储蓄理论的实质改革也体现在其主张的投资决定储蓄的理论中。这一理论的两个基础原理是消费储蓄的心理法则和投资乘数原理。消费储蓄的心理法则从人的心理规则出发，认为随着人们收入的增加，消费也会增加，但是消费增加的幅度小于收入增加的幅度，这一规律即边际消费倾向递减规律（也叫边际储蓄倾向递增规律）。投资乘数是收入与投资之间的比例关系，以 $\frac{\Delta C}{\Delta Y}$ 表示边际消费倾向，$1-\frac{\Delta C}{\Delta Y}$ 代表边际储蓄倾向，K 代表投资乘数：

$$K = \frac{1}{1-\frac{\Delta C}{\Delta Y}}$$

由此可以看出，边际消费倾向越大，投资乘数越大，增加少量投资就可以产生数倍的就业和收入。因此凯恩斯极力主张以刺激需求、增加消费的办法来解决经济萧条。

凯恩斯的绝对收入假说，为西方储蓄投资原理做出了重大贡献，对解决当时的大萧条也有积极作用。但是，他提出的边际消费倾向递减规律，却在之后的实践中受到质疑。1946 年，库兹涅茨通过研究美国长期消费函数发现，当长期消费与收入的比例为常数、边际消费倾向大致等于平均消费倾向时,并不呈现递减趋势。与凯恩斯的论断相矛盾,这个提法被称为"消费函数之谜"。之后,许多经济学家开始不断探索消费与收入长期的关系表现。

(3)杜森贝的相对收入理论

杜森贝对凯恩斯的绝对收入理论做出重要补充,提出相对收入理论。杜森贝在其《收入、储蓄和消费行为理论》一书中提出:一个人的消费效用函数不仅受到自身收入的影响,而且会受周围人效用函数和消费习惯的影响,这就是消费过程中的"示范效应"。消费者的消费支出不仅受到当前收入的影响,而且受过去收入的影响,因为消费者容易随着收入的增加而提高消费水平,但在收入减少后的短期内却不容易降低之前形成的消费水平,从而产生有截距的短期消费函数,这种特点被称为"棘轮效应"。

(4)弗里德曼的持久收入假说

弗里德曼在1957年的《消费函数理论》一书中,对凯恩斯的绝对收入假说做出了补充和修正,将绝对收入假说中收入变量的内涵从只包括现期收入扩展到持久收入的概念,弗里德曼认为无论是在短期还是长期,消费与收入的比例都是固定的。弗里德曼将收入分为持久收入和暂时收入两类。持久收入是消费者可以预期的,在未来可以稳定的、可以长久获得的收入;暂时收入是带有偶然性质的收入,具有非连续性及瞬时的特点。与此相对应的是暂时消费和持久消费的概念。弗里德曼认为,消费者做出消费决策的主要依据并不是现期收入,而是未来可以预期到的持久收入。这可以解释在经济衰退时,有些消费者尽管现期收入减少但消费支出并未减少的现象,因为消费者对未来的收入有良好的预期。

(5)莫迪格里安尼的生命周期理论

莫迪格里安尼的生命周期理论,将消费者现期的消费储蓄决策放在一生的长度中考虑，取决于现期收入、预期收入、原始资产和年龄。他认为，理性的消费者为了得到一生效用的最大化，会在每一个时期平均使用一生的总收入，因此消费者在少年时期储蓄为负值，壮年时期储蓄为正值，老年时期储蓄又是负值。所以在短期内，消费者收入低于零时仍然可以由负储蓄维持其消费，只要在长期中消费者的收入、消费和储蓄能实现效用最大化即可。莫迪格里安尼强调，消费者在不同时期储蓄倾向不同，年龄是影响储蓄的因素，同时他还强调人口和收入的增长对全社会储蓄的影响。相比于凯恩斯的绝对收入假说认为现期收入是决定储蓄的主要因素，生命周期理论更加接近现实，因而被广泛运用。

3. 储蓄的影响因素

以上储蓄理论主要阐述了各种收入因素对储蓄的影响。从近代西方储蓄理论的实证研究中还可以发现，收入因素对居民储蓄的影响，在越长期的时间范围内越显著，而在短期内，居民的储蓄倾向受非收入因素的影响更加显著。

首先是利率因素。根据古典经济学理论，储蓄应该是随着利率的升高而增加的，因为利率的高低决定着储蓄的收益。但是在现实生活中我们不难发现，储蓄与利率的波动不总是同方向，有时甚至会出现相反的变化趋势。对此，近代西方经济学家给出的解释是，利率变化会对储蓄产生收入效应和替代效应两方面的影响。收入效应是指，随着利率提高，人们储蓄获得的收入也会提高，从而更愿意增加消费，减少储蓄。替代效应是指，利率提高会让居民有动力用储蓄替代消费。因此，利率提高对储蓄的影响要看两个效应的综合影响。

其次是价格因素。物价水平变动和对未来价格的预期，都会影响居民的储蓄。值得一提的是，在物价水平上升初期，人们容易陷入货币幻觉；当物价和工资水平同比例上升时，人们往往只注意到名义收入的上升，而容易忽略实际收入并没有改变这一点。因此在短期内，物价和工资同比例上升，会造成消费和储蓄的提高。

再次是经济增长。从理论上说，居民储蓄的增加会为信贷市场提供大量的投资资金，从而促进经济增长，提高居民收入，进一步提高储蓄。因此经济增长和储蓄的关系是相互促进的。

最后，税收因素、人口因素、收入分配因素等也会对居民储蓄产生影响。例如，税收高会影响居民的可支配收入，因此一般来说税率与储蓄反向变动。莫迪格里安尼的生命周期理论认为，不同年龄的居民储蓄率不同，因此居民年龄分布也会影响储蓄率。

二、储蓄、投资与过剩

（一）储蓄与经济发展

经济因何发展，是几百年来理论界和实务界力求回答的问题。基本达成的共识是：要素和制度是发展的主因；其中，储蓄和投资是经济发展的首要因素，与技术进步、劳动力资源等一起，在制度要素的影响之中发挥作用。

通俗地说，经济增长的本质，是把今天的消费节省下来形成储蓄，进而结合其他资源导入到投资，从而在明天生产出超过投资的产出，形成收入。所以，如何增加储蓄并提高投资的效率，是经济增长的核心问题。

20世纪30年代经济大萧条后，经济学家的研究重心从稳定物价转向刺激投资与需求，解决经济增长问题成为大萧条后重建经济的关键。因此在现代经济理论中，对储蓄和投资的关系，以及对经济增长的作用论述较多。

一般而言，储蓄和投资被认为是伴生的要素，较高的储蓄往往带来较高的投资，而较高的投资能够促进经济的增长。多项实证研究表明，投资与一国 GDP 的增长存在显著的正向关系。联合国开发计划署 2005 年发布的《人类发展报告》，对全球 112 个国家（地区）近 30 年（1975—2003）投资与 GDP 增长的关系做回归分析，认为投资每增长 1 个百分点，GDP 增长率将提高 0.13 个百分点，相比于这些经济体对应期间平均 GDP 年增长率 1.33%，投资的贡献相当显著。

但是必须认识到，高投资并不直接等同于高增长，而且高储蓄并不简单等同于高投资。储蓄要有效转化为投资，需要一个良好的金融市场和系统作为中介，从而将居民分散的储蓄，引导和集中到有价值的投资项目上。同时，一国经济的市场化程度、政治稳定、产权保护、税收与营商环境、通胀水平等，也都会影响储蓄者的积极性和投资者的信心。

理论界对经济增长做了很多研究，其中以哈罗德的实物增长理论，以及托宾和索洛的新古典增长理论最为引人注目。

（二）实物增长理论与新古典增长理论

1. 实物增长理论

哈罗德的实物增长理论，是最早准确地阐述古典经济增长理论的模型。他的模型建立在以下几个假定的基础上：全社会只生产一种产品；生产中只使用资本和劳动两种生产要素；资本与劳动的比例固定不变；规模收益不变；不存在技术进步，也不考虑基本折旧。在此基础上，哈罗德认为，储蓄是一个动态的概念，是推动经济增长的动力或杠杆。经济在储蓄的作用下，处于不断变化的过程之中。这种变化被他称为经济增长率。在原始模型中，他根据储蓄的不同作用，把经济增长率分为实际增长率（G）、保证增长率（G_W）和自然增长率（G_n）。

实际增长率 $G=\dfrac{\text{收入中的储蓄比例}}{\text{资本系数}}$ *，哈罗德认为，在非充分就业情况下，经济从一个均衡过渡到另一个均衡，必须靠储蓄来推动，一旦实现均衡，储蓄必然等于投资。

保证增长率 $G_W=\dfrac{\text{人们愿意储蓄的金额占收入的比例}}{\text{意愿的资本系数}}$，哈罗德认为人们愿意储蓄的量决定经济增长。

自然增长率 $G_n=\dfrac{\text{人口增长技术进步下的储蓄率}}{\text{人口增长技术进步下的资本系数}}$，自然增长是在充分利用人力和技术进步等资源的前提下经济能够实现的最大增长率，这取决于人口增长、技术进步和资本积累。

因此，哈罗德的经济增长模型是建立在凯恩斯储蓄投资指导的理论基础上的。一个国家一定时期内的储蓄只有全部转化为投资才能实现经济的均衡增长。当资本系数既定时，调节储蓄率可以改变经济增长率；政府可以通过使用财政货币手段来调节储蓄率，也可以利用外资；若无法改变储蓄率，只能通过改进生产方法和技术进步来提高生产率。

2. 新古典增长理论

托宾作为新古典综合学派的代表人物，认为哈罗德的实物增长理论因为忽略了货币在经济增长中的重要作用而有缺陷。因此在1955年的《动态总体模型》一文中，托宾第一次将货币因素加入经济增长模型，又在1965年的《货币与经济增长》一文中进一步探讨了不同储蓄形式和货币因素对经济增长的作用。托宾认为，在个人可支配收

---

* 资本系数即同一单位时间内的资本增加量除以这个时间内生产出来的货物的增量。

入中用于储蓄的收入比例既定的情况下,自然货币经济中的储蓄总额要大于实物经济中的储蓄总额。但是由于总储蓄包括现金储蓄和实物储蓄两部分,而真正能促进经济的是实物储蓄,因此在货币经济中总储蓄的增长并不意味着储蓄对经济的作用变大。在货币经济模型中,政府可以通过适当的货币政策改变资本密集度来促进经济发展,这体现了引入货币的积极作用。

索洛的新古典增长理论以柯布－道格拉斯生产函数为基础,推导出一个新的增长模型。该模型修改了哈罗德模型中资本与劳动不可替代的假设,还假设技术水平不变,规模报酬不变,储蓄率外生。索洛认为,资本主义经济中存在一条稳定的均衡增长路径,从任何一点出发,经济都会向均衡增长路径收敛。储蓄率对人均产出水平有显著影响,通过调节储蓄率可以实现人均最优消费和最优资本存量的"黄金率"增长。但是,储蓄率的变化对增长率只有短期的影响,只有技术进步才能够带动人均产出的永久性增长。

(三)全球储蓄过剩与低增长悖论

储蓄作为国民经济运行的重要组成部分,对经济发展无疑起到了推动作用。但是储蓄是否越多越好呢?负利率时代的储蓄,是否会因为收益因素不再增加呢?当前从全球看,储蓄总体过剩,表明投资的源泉并不匮乏,但经济增长总体水平也极为缓慢。这一悖论是否长期存在,能否有效破解?

大量储蓄资金给金融体系带来机遇的同时,也带来巨大的挑战。中国是世界上储蓄率最高的国家之一。数据显示,我国储蓄率从2000年的35.6%飙升至2008年的51.8%,增加了16.2个百分点。根据国际货币基金组织(IMF)的统计数据,2017年中国储蓄率为47%,远高于26.5%的世界平均储蓄率,也高于发展中经济体和发达国家的平均水平。从中国人民银行公布的数据看，我国存款增速仍然较高，2019年第一季度，居民部门新增存款规模创下近几年来新高。第一季度住户存款余额为77.665 4万亿元，同比增速为13.1%。我国居民储蓄率更是远高于发达国家。据统计，在OECD国家中，2016年居民储蓄率最高的三个国家分别为瑞士、瑞典和墨西哥，其数值分别为18.79%、16.02%、15.45%，这一年我国居民储蓄率则高达36.1%。

美国经济分析局公布的数据显示，2018年底，美国居民储蓄率为7.6%。近十几年，美国居民储蓄率都在3%~9%徘徊，2005年为最低点3.2%；2008年国际金融危机后，美国居民储蓄率缓慢上升，2012年达到最高点8.90%。

在负利率状态下，如果金融市场仍在以间接融资体系为主的背景下，那么过度储蓄带来的问题就更需要引起我们的注意。

第一，储蓄过剩意味着居民消费的低下，国民经济存在有效需求不足、经济增长缺乏内生动力的问题，长此以往不利于居民的收入保持长期稳定增长。第二，商业银行持有大量储蓄必然要寻找投资渠道，这会让大量资金涌入证券市场和房地产市场，造成资产泡沫和房价高企的问题，不利于国民经济的长期稳定发展。第三，居民储蓄的快速增长会导致微观层次的直接投资下降，宏观上不利于国民经济的增长。

在金融危机发生以前，全球储蓄额已经开始出现高速、显著的增长，反映出私人投资疲软、公共投资削减、生产率增长趋势放缓等问题。随着石油价格的上涨以及新兴经济体积累外汇储备的增加，全球储蓄进一步增加。其后一段时间内，新兴经济体在后危机时代表现出的强劲需求，一定程度上抑制了储蓄过剩带来的问题，但是随着新兴经济体需求的逐步疲软，全球储蓄过度带来的问题不断显现。

储蓄过剩也可以描述为投资不足，当过多的货币追逐过少的投资机会，一方面，会造成一些地方的消费过剩。特别是对于少数高收入国家来说，比如美国，美国人的家庭储蓄和支出弹性大，廉价的货币会激发更多的消费欲望，容易造成物价被过度哄抬的现象，长时期稳定的经济增长会让人们面对低名义利率、低实际利率和低通胀时有充足的信心进一步扩大信贷。另一方面，美国相对有利可图的投资机会也会进一步吸收全球过剩储蓄，产生更大的财务赤字。

另外，过度的储蓄会弱化宏观经济政策的影响，货币政策对经济增长的推动作用下降。表现在货币的流动性下降，货币供给的产出效应被削弱，使运用货币政策拉动经济增长的信贷成本上升、风险加大。根据瓦尔拉斯定律，货币市场的超额供给意味着商品市场的超额需求，这时货币政策能够对产出产生影响，而当储蓄过剩时，货币市场的超额供给就无法增加商品市场的超额需求，导致货币对产出的影响被削弱。

美联储前任主席伯南克在2005年曾对美国经常账户失衡问题提出"全球储蓄过剩"假说。该假说认为，部分发达国家和新兴经济体长期的过剩储蓄，是导致全球储蓄过剩和经济失衡的关键原因。以日本、德国为代表的发达国家因为人口老龄化、资本/劳动比过高和投资机会减少产生过度储蓄。新兴经济体的过度储蓄，则是由于为了防范金融危机所积累的外汇储备、为了维持出口导向型经济增长需要的货币以及石油上涨带来的收入构成的。伯南克认为，这些过量的储蓄一方面造成了美国等少数发达经济体经常项目逆差；另一方面推动了全球实际利率下降，引发资产价格上涨和信用膨胀。此后伯南克在2007年和2009年又多次重复了类似的观点，并在2010年对美联储货币政策与金融危机之间的关系做了系统的阐述，为美联储的货币宽松政策辩护，将金融危机以及低利率等问题归咎于新兴市场经济体的储蓄过度。而事实上，纵观美元指数的周期性强弱变化可以看出（见图3.1），美国的货币政策正是多次危机的导火索，美元宽松周期时，全球流动性扩张，各经济体因本币升值压力被迫宽松，催生资产泡沫和债务扩张；美元紧缩周期时，全球流动性回流，各国因本币贬值压力被迫紧缩。由于杠杆效应的存在，资产价格和债务往往是减速扩张而加速收缩，因此一旦资产泡沫开始收缩，断崖式的价格下跌可能引发危机。如美元指数的三个周期正好分别对应1980—1985年的拉美债务危机，1997—1999年的东南亚金融危机和2008年的美国次贷危机及之后引发的全球金融危机。

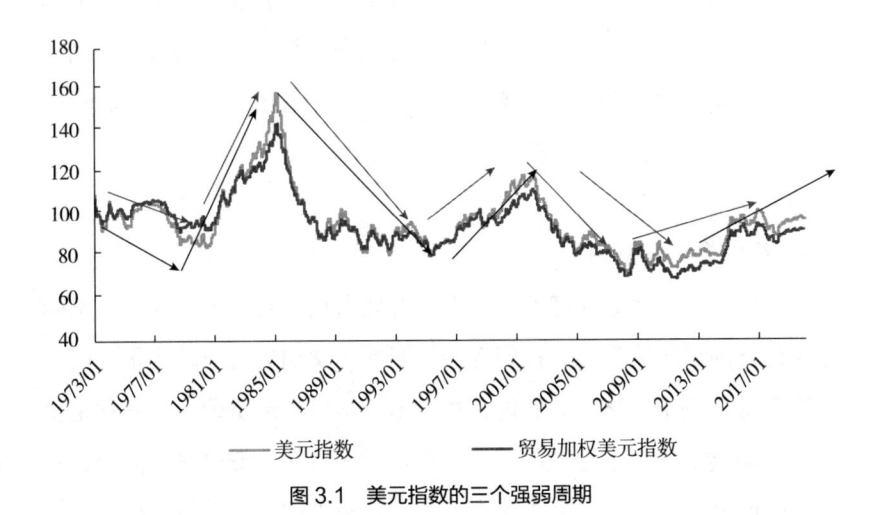

图3.1 美元指数的三个强弱周期

资料来源：Wind（金融数据和分析工具服务商），天风证券研究所。

应该看到，储蓄过度的问题是全球性的，而不是区域性的。新兴市场经济体的崛起确实为全球提供了很多流动性，但也不可否认，比较成熟的发达经济体也往往拥有大量储蓄，尤其是像德国和日本那样拥有保守消费观念的国家。大部分高收入国家的企业积累了大量留存收益，并超过其投资。于是很多非金融企业为市场提供资金，一定程度上取代了银行等金融机构的作用，这也是造成储蓄过度的原因之一。而美国等发达国家之所以成为资本流入国，并不是因为其自身不存在储蓄过度的问题，而是因为它们的投资机会多，需求强劲，市场机制完善，能够在消化自身储蓄的同时吸引国际资本。因此，当前的储蓄过度问题，本质上是投资机会缺乏、全球需求乏力的表现。

三、负利率与储蓄决策

在低利率的环境下，居民会选择减少储蓄的行为，转而将货币进行投资或消费。各国央行选择负利率政策的目的亦在于降低居民的储蓄，然而实际效果并非如此。那么，这种利率与居民储蓄行为之间的非对称变动如何解释呢？传统金融学已经不再适用于负利率环境下的金融决策，行为金融学便应运而生。

（一）行为金融学的解释

传统金融学建立在理性人假设和有效市场的条件下，在面对不确定条件下的经济决策时，投资者会按照效用预期进行风险决策。因此传统金融学基于一系列的假设，总结出资本资产定价理论、套利定价理论、期权定价理论等理论模型帮助理性人进行投资决策。然而，从大量的研究以及实际投资决策中，我们发现人们的决策行为往往有悖于根据预期效用理论所做出的预测，如著名的"阿莱悖论"和"埃尔斯伯格悖论"。行为金融学就在这样的质疑与争论中应运而生。虽然行为金融学目前还处于发展阶段，没有自己独立的基本假设和统一的分析框架来对金融市场做出一致的解释，但是它仍然可以给我们提供一个新的角度理解金融市场上一些非理性决策行为。

行为金融学注重从市场个体出发，以心理学研究成果为基础，研究市场个体在相互作用下所做出的决策，相比于传统金融理论所关注的应该发生什么，行为金融学更关注实际发生了什么。行为金融学的研究也更多地将侧重点放在市场参与主体的心理活动对相关经济决策的影响上，因此其心理学基础也非常关键。

首先是社会心理学。社会心理学认为人类有理性和非理性两类，而作为生活在社会中的群居性动物，人的决策很容易受到周围群体的影响。对非理性个体来说，这种影响甚至会让人改变自己原先的偏好，最终与周围群体形成统一的状态，这种统一的力量将大于理性群体的力量，以至于将市场带向错误的方向。其次是认知心理学。认知心理学研究人对信息的感知、理解、处理等一系列过程，以及它们是如何对决策行为造成影响的。最后是决策科学。决策科学帮助人们在面对多种选择的时候做出最优选择，这往往与个人偏好相联系，不同的备选方案或者不同的决策者都会使偏好有差异。

投资者心理学理论与期望理论和行为组合理论结合，衍生出了BSV模型（由Barberis、Shleffer和Vishny提出）、HS模型（由Hong和Stein提出）、DHS模型（由Daniel、Hirsheifer和Subramanyam提出）、羊群效应模型等行为金融学的决策模型。

确定性效应是相对于不确定的结果来说的，个人会在决策时倾向于给予确定性的事情以更高的权重。因此，当面对确定性的收益时，人们会表现出更高的风险厌恶，而当面对确定性损失时，又会表现出对风险的偏好。"埃尔斯伯格悖论"就是投资者厌恶不确定性的一个佐证。

损失厌恶是指人们对于获得和损失等值物品所感受到的效用的增减是有明显差异的，卡乐门和特沃斯基的研究发现，放弃某一物品减少的效用是获得同一物品增加效用的两倍。

DHS模型将投资者分为有信息和无信息两种，无信息的投资者不存在判断偏差，有信息的投资者在决策时会存在过度自信和有偏差的自我归因两种偏差。过度自信使投资者更相信私人信息的准确度，忽略公开信息的准确度，并容易引起过度反应。有偏差的自我归因指投资者将市场反应与预期相符合归因为自己的能力，而将市场反应与预期不一致归因于外在因素。因此，有偏差的自我归因一方面会导致短期的惯性和长期的反转，另一方面会助长过度自信偏差。

HS模型将研究重点放在不同作用者的作用机制上，它将作用者分为"观察消息者"和"动量交易者"。"观察消息者"完全不依赖于当前或过去的价格，只根据未来的消息进行预测，容易出现反应不足的问题；"动量交易者"则完全根据历史价格进行分析，做出简单的决策判断，这又使价格走向了另一个反应过度的极端。

羊群效应模型认为，投资者的羊群行为是符合最大效用准则的。羊群行为实际上是一种模仿行为，投资者趋向于忽略自己有价值的私有信息，转而模仿大多数投资者的决策方式。羊群效应指导投资者做出的决策行为可能是理性的——以是否达到效用最大化为决策依据，也可能是非理性的。羊群效应模型分为序列型和非序列型两种：序列型模型通过贝叶斯过程依次从市场获取决策信息，非序列型模型认为导致市场主体表现差异的原因是主体模仿性的强弱。

（二）非对称储蓄行为

行为金融学对非理性行为的解释机制可以尝试解释当前大行其道的负利率政策执行的效果，以及居民储蓄行为对利率变化的非对称性。

不难理解，居民储蓄增长和利率是正相关的。但是当越来越多的国家实施负利率，希望借此达到刺激消费减少储蓄的目的时，其政策效果似乎并不像想象中的那么理想。首先，我们已经了解，名义利率为负并不意味着实际利率为负，实际利率还要看物价指数的变化；其次，央行对商业银行的存款准备金实施负利率，商业银行却并不愿意将其传导给储户。同时我们可以想象，愿意把资金储存在银行获取利息的，一般来说是风险厌恶者。而实施负利率政策的国家几乎都面临着通货紧缩的问题,将钱留在以后花似乎更划算。因此在这种情况下,只要实际利率为正,银行存款就能提供相比于债券股票等风险投资来说最接近"确定"的收益。我们可以用上一段提到的"确定性效益"加以解释。行为金融学认为,比起财富的总量,人们更关心财富的变化,当实际利率为正时,即使利率低,人们也更偏好有确定收益的银行存款,而不是高风险高收益的其他资产,这是风险厌恶的典型表现。但是当实际利率降低到负值的时候,存款持有人就会减少确定损失的存款,转而增持高风险的其他资产。我们可以看到,在确定性与不确定性收益中,人们一般倾向于前者;而在确定性和不确定性损失中,人们往往更倾向于后者。因此,实际利率为零可以被认为是增加或减少储蓄的一个重要临界点。

另外,根据DHS模型中的过度自信和有偏差的自我归因两种偏差,可以解释在实际利率为负的初期,人们对于利率的变动不如实际利率为正时期的变动更加敏感。过度自信导致投资者对自己的私人信息评价过高,而对于公开信息则无动于衷。当新的公开信息与私人信息一致时,信心进一步加强,导致过度反应;当两者不一致时,却不愿意承认错误,导致反应不足。因此居民会对实际正利率反应过度,对实际负利率反应不足。不过,按照DHS模型来看,这种偏差会随着时间的推移逐步消失,居民储蓄会对负实际利率下的利率变动更加敏感。

(三) 负利率年代还要存款吗

充足的储蓄对国家经济和居民财富都有显著的价值。但在负利率年代,传统的储蓄行为还是理性的吗?有没有比保持现金、放进保险箱或家里更好的存款方式?人们还要到银行去存款吗?

对于发展中国家,投资是拉动经济增长的重要方式,而储蓄可以转化为投资资金,解决企业经营中暂时的资金紧缺问题;其次,充足的居民储蓄，避免了对外资的过度依赖。因此在东亚国家和重视发展的经济体，民众储蓄文化盛行。负利率年代，这一问题变得非常敏感和棘手。政府还鼓励民众进行储蓄吗？民众还如同获得正利率回报的年代一样，积极踊跃地向银行存款吗？

微观金融实践中，人们出于理性经济考虑，在利率降低的情况下，多数居民会选择减少储蓄的行为，转而将货币进行投资或增加消费。各国央行选择负利率政策的目的，亦在于降低居民的储蓄，进而刺激投资与消费来提振经济。然而实际效果并非如此。储蓄的变化与利率有一定的相关度，但在负利率情况下，这种相关影响可能未必同向而行。人们并不能也不可能将全部的财产，尤其是现金持有的财产全部由自己保存，即使利率为负，金融机构仍然比多数现金保存方式具有规模和安全性的优势。

宏观地看，对于发展中经济体和以间接融资为主的金融体系，银行可以通过利率杠杆调整储蓄量，将生产与消费保持在合理的比例上。因此较长时间内，银行储蓄是金融宏观调控的重要目标和工具。首先，相比于债券、股票等其他金融资产，银行储蓄是较容易使用的调控工具，国家通过调整储蓄利率影响储蓄规模，中央银行通过调整存款准备金率调整派生存款规模和商业银行的信贷规模；其次，中央银行通过对存款利率进行调整，可以有效影响流通中货币的数量。尤其是当流通中货币数量过多，发生通货膨胀时，调整储蓄率是抑制通胀的有力手段。

在利率水平降到零以下之后，一些居民会买断保险箱存现金，但并非全体居民都会选择将货币持有在自己手中，也有不少人因为悲观预期不会转而持有高风险的投资。因此储蓄的变化较为复杂，并不仅因为负利率的出现而减少，政府的目标有可能无法直接达到。

第四章

负利率与增长

知识(人力资本、新思想)都是经济增长的内生变量。20世纪以来基础科学知识和应用技术知识交互作用的创新模式,使我们很难把二者从经济意义上截然分开。工业化过程不可避免地使科学越来越成为一种依赖于技术的内生活动。

——罗默(美国经济学家)

利率对经济增长的作用尚未形成一致看法。瑞典学派、凯恩斯主义和金融约束理论的学者都认为利率下降会刺激投资，从而刺激经济增长。正利率时代，央行约束和管制利率，银行等金融机构获得超额利润，银行有动力维持其稳定的储蓄收益率和较低的资金成本。那么，在负利率时代，调控利率还有多强的价格信号作用，有利于经济增长吗？

一、金融约束的挑战

（一）金融与经济增长

在标准的宏观经济学模型中，金融部门并不存在，更不存在银行、保险等金融中介，传统模型认为，个体消费者和企业进行相互的交易，最终会导致均衡的产生。但是，不同经济体的发展表明，金融对经济是有作用的，而历次金融危机的出现，更是反映出没有金融的宏观模型，无法对经济运行做出有效描述。

尽管不是所有经济学派都认为金融对经济发展有积极作用，但时至今日，多数学者都认同，在全球资本流动日益自由的情况下，一个运行良好的金融体系，对实体经济的健康发展可能有至关重要的意义。金融与发展领域的代表学者莱文（2004）认为，金融至少在以下五个方面，对经济增长起到积极作用：

- 搜集投资信息并分配资本

- 对投资进行监管并参与公司治理
- 为风险的交易及管理提供便利
- 动员储蓄
- 简化交易流程

通过相关的学者研究，理论界的共识是，金融支持经济发展的作用体现在：动员储蓄并转化为投资；搜集信息并促成交易；风险管理；让更多民众分享增长成果，减少不平等状态。

负利率对金融市场的运作产生独特的影响。本书将分别就负利率与增长、负利率与投资、负利率与资本流动、负利率与社会平等等方面展开论述。

（二）金融压抑、深化与约束

对于发展型经济体，金融市场的存在可能导致出现"压抑"，即对金融业实施人为限制，特别是利率限制；也可能出现"深化"，即提高利率，发挥挑选机制作用。在实践中，"金融压抑"和"金融深化"一直是共存和争论状态。

金融压抑是指，在发展中需要大量投资，但资金的市场成本很高，因此为减少早期资本的稀缺性，必须对利率等进行限制。具体来讲，首先是对存款和贷款利率的管理，从而保证了银行的盈利并压低企业的资金成本；其次是对资金投向进行引导，在实施金融压抑的情况下，政府可以发布指令或者通过金融机构，将资金提供给特定的行业和企业；再次是对有限资金进行配给，由于资金成本受控，管制利率必然导致过剩的资金需求，因此政府只能对有限的资金实施配给和调控，寻租和市场扭曲出现较多。

金融压抑的理论前提是，资金成本下降后企业的盈利会增加。但事实并非如此。低资金成本下，道德风险反而更高，而只有好的企业（并不一定是国企或与政府关系密切的企业）获得投资才能扩大产出增加收入。实证研究中，金融压抑的成功案例不多，麦金农（1973）等进而提出金融深化理论。

金融深化的主要观点是，利率不仅仅是一个价格，更重要的是可以发挥挑选机制的作用。金融压抑的最突出缺点是道德风险，许多没有盈利的企业仅是由于资金便宜就去借贷，最终产生风险和坏账。当利率被管控在较低水平时，利率的挑选机制就不会起作用；如果提高利率，取消资本配给，那么只有那些收益水平超过该价格的企业才会去申请借贷；而且，利率提高后对资金的需求就会下降，供给量也会下降，但因为好企业获得了贷款，它们的效率和盈利能力会让社会收入增加、亏损减少，从而整体的均衡资金量反而会增加。

金融深化的理论前提也有明显的缺陷，比如资金成本较高，可能出现逆向选择的问题，因为只有那些高回报（高风险）的企业才会申请贷款。斯蒂格里茨（1997）等人试图克服金融压抑和金融深化理论的两类缺陷，提出了"金融约束"的理论，他们提出资金回报率和风险程度成正相关，适当的压抑可能降低"逆向选择"，但利率也不能太低以防范"道德风险"，所以称为"温和的约束"。

（三）间接融资与直接融资

在政策主张上，金融约束理论认为，央行约束和管制利率，银行等金融机构获得超额利润，银行有动力维持其稳定的储蓄收益率和较低的资金成本。而金融深化理论和结构主义学派则认为，利率调控不利于经济增长；针对发展中国家的利率调控政策，认为降低利率会导致银行储蓄减少，投资效率低下，影响经济稳定增长。结合不同的经济形态和市场发展水平，其金融结构的发育水平也有所不同。

金融体系的融资方式主要区分为间接融资和直接融资，前者是指投资者和资金需求方通过银行等中介机构进行交易的融资方式，后者则指投资者和资金需求方能够面对面自行交易，包括公开募集和私募方式。在经济发展的早期，采用间接融资方式比采用直接融资更为有利，主要是因为早期工业基础薄弱，需要政府主导进行较大规模投入，此时以银行为主体的间接融资效率明显；从信息成本的角度看，早期项目技术等较简单，同质性强，对银行等中介机构来讲信息批量搜集也较容易。而通过工业基础发展后，生产复杂化、信息多样且决策难度增大，银行对项目决策的难度也增加了，使用分散化的直接融资就有了优势；同时法治环境健全后，直接融资所需的交易条件更好，减少了道德风险。

金融实践的结果是，发展中国家一般以间接融资（银行）为主，发达国家则倾向于直接融资和间接融资并重，即使是早期以银行为主导的国家，如德国、日本近年来直接融资的比重也不断上升。利率和资金价格，对以间接融资为主的国家影响更为明显。间接融资趋向于规避风险，银行等中介机构的风险偏好，决定了金融体系的风险偏好和效率。居民向银行存款，最重要的目的是保值而非获得盈利，因此银行会倾向于把资金贷给风险程度较低的企业，那些风险程度较高的企业不一定能得到资金。低利率和负利率的出现，对以间接融资为主的国家，意味着经常账户可能出现盈余，因为银行只能服务于风险较低的企业，但由于资本回报边际递减，资金的需求量最终有效，导致社会经常账户盈余。

二、负利率的经济中性

毫无疑问，金融压抑和金融约束要成功，需要满足两个条件：一个是市场化程度，即企业要具有效率；另一个则是储蓄的利率弹性要较小。在现实中，储蓄的弹性到底有多大？可能一般的统计和经验都告诉我们，普通居民对利率不是太敏感，很多人存款不是为了收益，而是为了未来保障、远期消费或安全性。相比之下，为实现金融约束，企业部门和金融部门的效率可能更为重要。因此，一定程度上利率是中性的。

如同现代社会需要中性的技术进步和中性政府（社会治理），某种程度上，负利率也具有经济中性。对于发展主义国家而言，因为选择以银行为主的间接融资体系，所以负利率的影响更加深远，但其中性特征仍然显著。

（一）短期刺激经济总量

一般用 GDP 来衡量一个国家的经济增长情况。一个国家的 GDP 通常由四部分构成：消费、投资、净出口和政府支出。其中财政政策主要影响政府的支出水平，同时也会对消费、投资以及净出口产生一定的影响。而货币政策主要影响一个国家的消费、投资、净出口。当一个国家采取负利率政策时，主要通过刺激消费、投资、净出口来刺激本国经济的增长。

现在采取负利率政策的国家的主要目的，都是刺激本国的经济增长，恢复经济危机影响下的经济低迷疲软现象。那么负利率政策会通过哪些机制来影响经济增长？采取负利率政策的各个国家是否都实现了政策初衷？以下通过依次分析负利率政策对投资、净出口、消费等变量的理论作用机制和实际效果，解释负利率政策对经济增长的作用。

1. 社会投资

负利率政策通过放宽信贷、向资本市场注入流动性等渠道和方法刺激信贷投放，从而带动社会总投资的增长。不过，负利率政策释放的信贷最终能否转化为生产，还取决于资金能否顺利地从虚拟经济流入实体经济。

负利率政策在调低央行存款利率的同时也调低了基准利率，因此贷款利率也将下降，企业能够以更低的成本获得贷款。一般生产函数表明，企业的产量取决于技术进步、劳动者工资及资本利率等成本因素。由于信贷总供给增加，许多原本没有资格获得贷款的企业也能够取得贷款；负利率政策减少了资金成本对生产的约束，一定程度上可以刺激投资、企业生产，最终刺激经济增长，摆脱通缩困扰；同时产量提高也意味着企业需要雇用更多的工人，就业率低等社会问题在一定程度上得到了缓解。不过，资本对产量的刺激并不是没有限度的，企业关于投资和产量的决策，受到企业对未来经济形势预期的影响。如果投资者预期未来经济持续低迷，消费者对产品需求不足，产品无法转化为需求、无法变现等，就会减少负利率政策对投资、经济增长的正面刺激作用。

虽然从理论上来说，负利率政策通过释放信贷供给刺激投资增长，抑制经济衰退，但在实践上由于银行系统的逐利性及各国特殊的国情，从央行或者银行间借贷市场释放的资金如果无法有效地转换为信贷供给，那么负利率也无法增加投资，加快经济增长。

2. 净出口

在其他经济贸易条件保持稳定时，负利率政策可以通过降低本国汇率，刺激净出口增长，从而维持经济增长。利率和汇率都是国家货币政策的重要工具，两者之间互相影响，互相制约。但两者相互影响的力度不同，相对而言，利率对汇率的影响效果较为显著。利率变动通过国际收支平衡表的经常项目，以及资金和金融项目来间接影响国际收支顺逆差。通过经常项目对国际收支的影响可分别从汇率和价格渠道理解，资金和金融项目则从长期资金和短期资金的角度来分析。

经常项目是国际收支平衡表里的重要部分，包括有形货物的进出口和服务贸易，如旅游、保险等的收支。负利率间接性地通过经常账户对净出口产生影响。一方面，负利率政策的实施刺激了国内消费需求的上涨，因而国内对进口商品的需求作为组成部门也会上涨，引起进口增加。另一方面，如果负利率能够如预期一样改善通缩压力，增加通货膨胀率，那么出口商品价格也会随之上涨。如果本国大部分出口商品在国外市场需求弹性较小，出口商品数量下降幅度较小，而出口价格上涨，那么总的出口额度反而上涨。反之，当大部分出口商品需求弹性较大时，最终出口总额将下降。因此从经常账户的角度来说，负利率对本国净出口的影响将取决于本国出口商品结构。伍聪在《负利率效应下的中国经济》中实证检验了国内利率变化对经常账户波动的影响，结果显示，实际利率上升时，出口增加，进口减少，净出口增加；实际利率下降时，出口减少，进口增加，净出口值减少。因此，在中国实施负利率政策无法通过刺激净出口带动经济增长。

资本和金融账户反映居民和非居民间资产或金融资产的转移。净出口在数值上等于资本净流出，因而资本和金融账户的变化一定程度上可以反映净出口的变化。央行实施负利率政策，使国内利率受到影响纷纷下降，利率代表着货币和国内资产的收益率，收益率下降，短期内资金将流向利率水平较高的国家，从而资本净流出增大，净出口值也会增大。但以上影响渠道是否起效，取决于资本账户的开放程度。如果短期资本无法自由进入一个经济体，那么利率调整也无法刺激资金流入其他国家。长期资本、金融账户和资本净流出的变化则充满了不确定性。负利率政策下，长期直接投资决策受到当前经济发展状况、通货膨胀率的影响，国外长期直接投资净额是国外在国内的长期直接投资减去国内在国外的长期直接投资，负利率刺激投资增长，而国外长期直接投资净额是总投资的一部分，如果负利率政策效果较好，国内需求上升，经济增长加速，通货膨胀率升高，使国外在国内预期的收益率上升，那么国外长期直接投资净额会迎来上涨。如果负利率政策对经济增长刺激作用不大，长期资本净流出就不会有显著增长。

理论上负利率作用于汇率，从而刺激了净出口的增长；但实践效果显示，负利率在不同国家对汇率的影响完全不同。因而在正式实施负利率政策前，央行需要考虑本国基本的经济情况再做决定。

3. 消费

实行负利率政策可以刺激有效消费需求。首先，不论央行是将存款准备金还是同业拆借利率调整为负值，负利率的影响会传导至存款利率，较低或者负值的存款利率使储户存款贬值，由于在实施负利率政策时都伴随着经济低迷和通缩压力，因而大部分个人或者家庭会将存款转化为消费。其次，负利率政策下，除了储蓄以外的其他理财产品的收益率也会受到影响，个人或者家庭偏向于将财富投资于房地产、黄金、字画等不随利率波动的资产，促进了消费需求增长。再次，负利率政策也会刺激房贷、车贷的供给，拉低房贷、车贷的利率，间接刺激个人和家庭对房地产和车的需求。最后，前文通过分析得知，负利率政策会导致资产价格上涨，资产价格的上升将引发财富效应，资产所有者财富增长，也更愿意增加消费。

研究显示，我国利率变化对存款余额的影响不大，即存款余额对利率弹性较小。2004年2月至8月，国内一年期存款实际利率直线下降，但银行各项存款余额却稳步上升。这是因为我国金融市场较西方发达国家仍不够完善，个人或家庭缺乏有效的投资渠道，所以银行存款利率下降，也没有其他可替代的理财产品。当然，这也和国内居民和家庭理财意识淡薄有关。不过，有理由相信，未来国内居民存款余额对利率的弹性会越来越大：随着国内利率自由化和金融市场的不断完善，个人或者家庭的金融意识不断加强；随着收入的上升，居民的理财意识和避险意识也会不断加强；银行存款总余额的结构在发生改变，高收入存款者的比例增加，城镇居民储蓄余额相对乡村居民储蓄余额比例上升，这两类储蓄者对利率的弹性比较高。总体来说，存款总余额对利率的敏感度不断提升。因而，央行在实施负利率政策时不能一味依赖过去对利率和存款变化的研究成果。

（二）长期抑制经济质量

当然，多数国家选择负利率政策的主要目的在于，试图通过宽松的货币政策来刺激经济的增长。但是负利率政策对于经济发展来说不仅有正面的促进作用，在特定情形下也会对经济增长产生负面影响。因此，在考虑采用负利率政策时，需要综合考察负利率的整体影响效果，对负利率的负面影响有一定的意识并及时采取防范措施，以免与政策初衷背道而驰。

第一，负利率政策的出现增加了金融风险，不利于经济稳定增长。实施负利率政策后，银行存贷款利率随之下降，存款利率的下降空间有限，因为在负的存款利率下，银行有可能流失所有储蓄，从而无法正常运营，而过于低的贷款利率又会进一步压榨银行的利润空间。而且金融机构是否放开信贷取决于当前世界的经济状况，当外部环境不稳定时，盲目增加信贷供给只会增加金融风险。在负利率环境下，金融机构更倾向于将资金存放在银行间市场，或者投资于股票。负利率政策的影响能否传导至投资活动尚不确定，如果传导渠道不畅，那么负利率就无法刺激投资的增长，也无法通过投资促进经济增长。

第二，负利率政策对经济结构和企业生产效率产生负面影响，央行人为调控的负利率政策使利率这个价格信号在不同行业之间和同一行业不同企业中合理配置资本的作用失效。首先,即使负利率政策促使信贷供给增加、投资增加,负利率政策也使利率这个反映市场信息的资金价格丧失了配置资本的作用。其次,市场均衡水平的利率会反映资金的供求状态,当利率较高时,资本流入发展前景好、投资收益率高的行业,这些企业可以承受较高的资本成本。但是在负利率政策下,资金同时也流向了夕阳产业,导致经济体产业结构恶化,经济无法均衡发展,降低经济增长率。同时,利率为负时,资金也容易流向行业内投资效率低下的企业,导致某个行业或者整个经济体的生产效益降低。再次,负利率政策下许多不具备信贷资格的企业也能顺利获得信贷,商业银行预期未来不良贷款率上升,银行面临的金融风险上升。由于银行是连接实体经济和虚拟经济的枢纽,所以这种风险很容易扩散至整个经济,拖垮经济增长速度,甚至引发经济危机。最后,名义负利率降低了银行存款的规模,而随着负利率政策释放的资本被用于企业信贷或者其他投资渠道,银行由于没有吸收足够的存款而无法持续提供信贷供给,一旦银行发生挤兑或者其他意外情况,影响将迅速传导至实体经济,导致经济衰退。

第三,负利率政策会加大社会贫富差距,不利于经济稳定和发展。负的存款利率对拥有大额银行存款、投资渠道单一的个人或者家庭不公平。名义负利率政策下,个人或者家庭的财富将大幅度缩水。由于国内目前理财市场不完善,国民理财意识不强,很多银行存款所有者无法通过资产配置规避负利率带来的损失。高收入群体和低收入群体对利率的敏感度不同,从而承担着悬殊的负利率损失:高收入人群可以将部分存款转移至房地产、艺术品等其他投资渠道,规避负利率带来的风险;而对于中低收入人群来说,银行存款主要用于养老、子女教育、医疗等基本需求,存款无法轻易转移至其他理财渠道，尤其是老年人群和农村人口。银行存款一般包括居民存款、企业存款和政府存款，其中只有居民存款对利率弹性较小，负利率政策将居民存款所有者的财富转移至企业，加剧了社会收入差距。因此，负利率对消费的刺激作用将大打折扣，也无法通过消费刺激经济增长。

（三）效应与国情相关：总体中性

利率具有中性特征，主要通过企业和银行的效率体现出来，因此负利率政策对经济增长的总效应是不确定的。一般来说，在经济发展初期，负利率对经济增长的正向影响占主导地位；而在经济发展的高级阶段，负利率对经济增长的影响则以负影响为主。

在经济发展初期，经济体基础设施建设不完善，国家工业化程度低。对于大部分发展中国家而言，劳动力丰富，劳动力成本对生产的约束少，资本成本反而成为约束新投资和生产的重要因素。因此在发展中国家，资本投入对经济增长的贡献高于资本投入在发达国家对经济增长的贡献。经济发展初期，国家实施负利率政策，资金成本降低，使企业投资需求增大，从央行和储蓄中释放出来的资本用于基础设施建设和工业化国家建设。虽然人为调低利率，资本成本和门槛降低，利率失去了资源配置的功能，负利率政策下经济体的产业结构和生产效率不如均衡利率水平时期，但此时低生产效率和结构化问题对经济增长的损害远不如资金成本降低对经济增长的促进多。总体来说，负利率促进经济增长，但随着企业数量上升，基础设施完善，生产逐渐趋向饱和，经济结构问题和产能过剩问题开始显现，阻碍了经济增长，此时负利率政策释放的资本无法顺利流入企业生产，经济增长反而被负利率政策引起的生产效率低下和经济结构落后等问题拖累。通过对国内实际利率与经济增速之前的实证检验发现，我国在确立市场经济体制后，实际利率变化与经济增长呈反向关系，实际利率上升1%，经济增长率下降0.346 2个百分点（伍聪，2013），在经济发展初级阶段，负利率的确促进了经济的增长。

三、负利率在各国的实效

实践中，负利率政策在短期内确实可以通过刺激投资、净出口、消费来缓解经济下行压力；同时由于经济中性的原因，负利率政策效果的显现又受到国内外制度、政治波动等的影响。

（一）欧元区：增长缓慢

欧元区自2014年6月开始实施负利率政策。自欧债危机以来，欧元区商业银行在央行的准备金规模大幅上升，2011年4月到2012年3月，商业银行在央行的准备金总规模由3 000亿欧元涨至11 000亿欧元，应对欧债危机的宽松货币政策所释放的流动性大部分流回央行。由于2014年欧洲央行实施利率调整前，欧元区的央行准备金利率已经为零，欧洲央行只能将存款准备金利率调整为–0.1%。其目标非常明确，就是希望通过调整央行存款利率，促使各商业银行将存放在央行的超额资本金提取投放到信贷市场上。

从短期来看，欧元区的负利率政策对信贷和投资的刺激效果不是非常显著的。2013年下半年，欧元区信贷出现负增长，并持续下降。2014年6月，欧元区实施负利率政策后，信贷增速虽然开始反转，但是信贷规模增长缓慢。从2014年初到2016年1月底，欧元区各成员国央行和存贷款机构对非金融私人部门的总信贷额从10.65万亿欧元增长到10.74万亿欧元，增幅不到1%；非金融私人部门总存款额却从

10.98 万亿欧元增加到 11.66 万亿欧元，增幅超过 6%。从央行流失的资金并没有进入实体经济，反而又流回了银行系统，说明商业银行收回了存放于央行的准备金，但资金却没有用于增加信贷供给。这是因为商业银行的利润基本来源于存贷款利差，存款利率下调空间较小，而过低的存款利率无法吸引更多存款，会危及银行未来的生存。同时在保证利润的前提下，贷款利率下调的空间也十分有限，贷款成本不变，负利率对投资的刺激作用失效。

从国际资本流动变动来看，欧元区的负利率政策对汇率和净出口的影响较为显著。自 2014 年 6 月欧洲央行将商业银行在央行的存款利率从 0 调降为 –0.1%，同时也调低了同业拆借和基准利率，负利率政策对于汇率的影响效果较为明显。欧元兑美元实际汇率下跌 8.2%，名义汇率贬值 18%，出口也出现小幅增长，基本维持了正增长，出口额同比增速由 2013 年的 19.14% 升至 2014 年的 19.23%，出口额占 GDP 的比例也由 2013 年的 2.11% 涨至 2014 年的 4.14%，涨幅显著。可以看出，负利率对汇率和净出口的刺激作用明显。

从欧元区的整体经济增长情况来看，欧元区自 2014 年实施负利率，随后 GDP 同比增长率稳步上升。2014 年第二季度，欧盟 28 国名义 GDP 总量增速为 3.4%。到 2015 年第一季度，增速已增长为 4.3%。2016 年 3 月，欧洲央行决定继续将央行存款准备金利率下调至 –0.4%，这也从侧面反映了负利率政策对解决欧元区经济衰退有一定的效果。同时负利率政策对于欧元区的就业影响效果也较好。经历欧债危机后，欧元区失业率居高不下，2013 年 1 月突破 12%，2014 年 5 月欧元区失业率为 11.7%，同年 6 月欧洲央行实施负利率政策后，失业现象明显好转，2016 年 7 月失业率稳定在 10% 左右（潘海峰，2016）。之后，欧元区的失业率一直下降，到 2019 年 8 月，欧元区失业率已经下降至 7.4%。

负利率

（二）瑞典：成效未显

瑞典是世界范围内第一个尝试负利率政策的国家。2009年7月，瑞典央行先后将基准利率和央行存款准备金利率均调至-0.25%，督促商业银行将原本存放于央行的准备金用于房贷，增加信贷供给，刺激投资。瑞典的负利率政策涵盖面比欧元区更为广泛，甚至将基准利率也调整为负，理论上应当比欧元区负利率政策产生更为深远的影响。

在对投资的影响方面，瑞典的负利率并没有刺激信贷的增长。2010年商业银行对私人部门的信贷与GDP比例不升反降，2009年银行贷款占GDP的比例为149.23%，2010年该数值为146.85%，降幅达1.59%。瑞典负利率政策没有实现最初刺激投资增长的目标，一年后央行加息，结束负利率政策尝试。

在对净出口的影响方面，负利率政策并没有对瑞典的净出口产生明显的影响。瑞典于2009年7月实施负利率，接下来的11个月，瑞典克朗名义汇率上升约3%，最后央行决定于2010年暂停负利率政策。这是由于当时恰逢金融危机，瑞典是金融危机期间经济依然保持稳定的国家之一，瑞典克朗也被许多国际投资者视为可规避风险、实现保值的货币之一，即使瑞典央行降低利率，资本依然涌入瑞典国内，抬高了瑞典汇率。

负利率政策的实施对于瑞典的经济增长效果较为显著，2009年瑞典实际GDP同比增长率为-5.18%，至2010年这一数值为5.99%，瑞典GDP增长率明显改善，经济逐渐恢复增长。

2009—2019年瑞典克朗汇率折线图如图4.1所示。2009—2019年瑞典经济增长情况见图4.2。

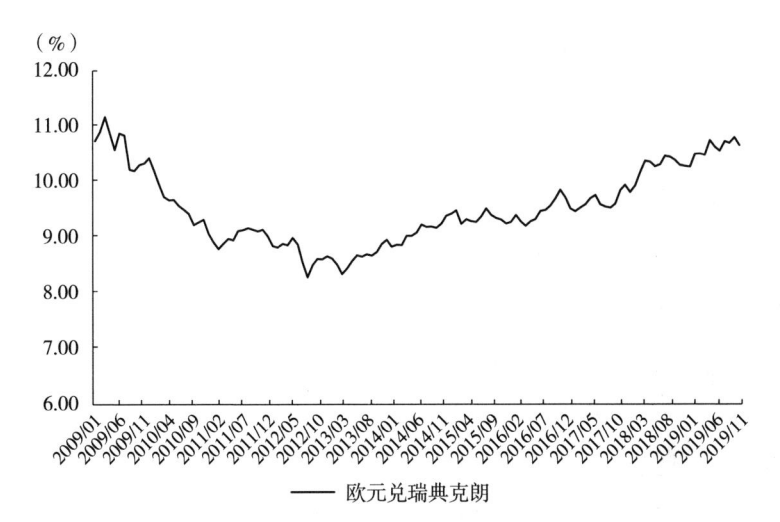

图 4.1 2009—2019 年瑞典克朗汇率折线图

资料来源：investing.com（财经网站）。

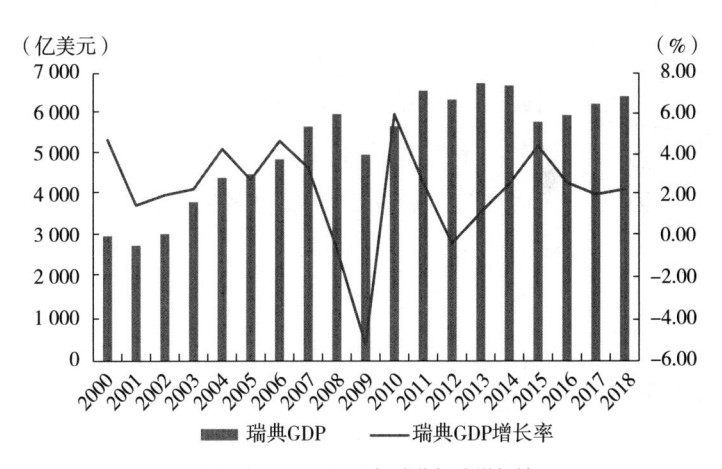

图 4.2 2009—2019 年瑞典经济增长情况

资料来源：Wind。

（三）丹麦：回升有力

丹麦自 2012 年 7 月起将 7 天定期存款利率设定为负，同时对单家银行的活期存款余额设定上限。之后，丹麦克朗的利率虽有上调，但大多持续保持在负利率水平。2015 年为缓解丹麦克朗的升值压力，丹麦央行再次将存款利率下调至 -0.75%，创历史低位。丹麦多次实施负利率的原因在于，欧洲的经济波动造成大量资金涌入丹麦，丹麦克朗面临很大的升值压力。因此，丹麦负利率政策实施的主要目的在于稳定汇率，避免丹麦克朗大幅升值。从这个方面来看，丹麦负利率政策的实施取得了一定的效果。

图 4.3 是丹麦近几年汇率随时间波动的趋势图，选择每月一号的欧元兑丹麦克朗汇率作为分析对象。2012 年 7 月，丹麦央行推行负利率政策，随后丹麦克朗相对欧元的汇率贬值。2012 年 6 月，欧元兑丹麦克朗汇率为 7.43，下半年欧元兑克朗汇率持续上升。2013 年 1 月，欧元兑丹麦克朗汇率为 7.46，增幅为 0.4%。丹麦 2014 年实施的负利率政策同样刺激丹麦克朗贬值，2014 年 9 月欧元兑丹麦克朗汇率为 7.44，至 2015 年 3 月，该数值升为 7.47，增速仍为 0.4%，丹麦克朗贬值，丹麦央行实施的负利率政策确实刺激了本币贬值，防止大量资金流入。进出口方面，2012 年，丹麦出口额同比增速为 -5.92%，2013 年出口同比增速为 4%。不过，出口额占 GDP 的比例迎来小幅度的降低，出口的增长小于 GDP 总额的增长，侧面显示丹麦负利率政策对消费和投资有一定的影响。

从经济增长情况来看，除 2008 年全球经济危机对丹麦的经济冲击较大，整体上丹麦的经济增长率保持正向增长的趋势。经济危机之后，丹麦的 GDP 增长率一直徘徊在 2% 左右，2010 年之后 GDP 增长率开始下滑，一度逼近零增长的界限。2012 年采取负利率政策之后，丹麦的 GDP 增长率开始回升，从 2012 年的 0.23% 增长至 2013 年的 0.93%，此后便一直保持增长的趋势。2015 年初大幅度下调基准利率之后，2015 年丹麦的 GDP 有一个较大的提升，由 2014 年的 1.62% 升至 2016 年的 2.40%，实现了经济较快的增长（见图 4.4）。可以看出，

第四章 负利率与增长

丹麦负利率政策对于丹麦经济的刺激效果显著。然而从长期来看，负利率政策的刺激只在短期内对丹麦经济有效果，在负利率政策之后，丹麦的经济开始滑落，2018 年降至 1.49%。

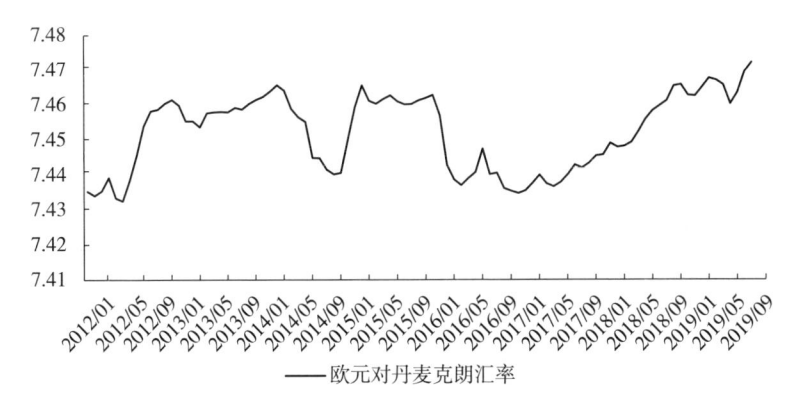

图 4.3 欧元兑丹麦克朗汇率随时间波动趋势图

资料来源：investing.com。

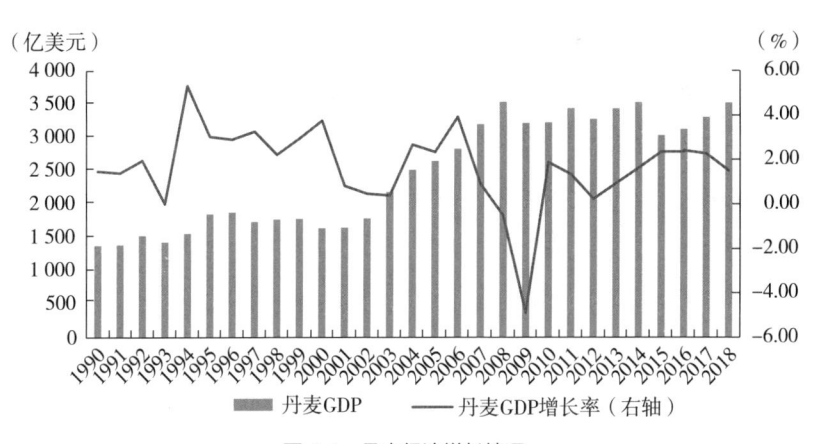

图 4.4 丹麦经济增长情况

资料来源：Wind。

(四)日本:低位稳定

日本央行于 2016 年 2 月开始实施负利率政策,将存款利率下调至 -0.1%。日本央行对金融机构的负利率政策为三层利率体系,即对金融机构的现有账户实施 0.1% 的正利率,商业银行的法定准备金实施零利率,而仅对商业银行新增的超额准备金实施 -0.1% 的负利率。日本央行在下调超额准备金利率的时候,同时规定央行每年增加长期国债购买,使长期国债利率呈下降趋势。2016 年 7 月,日本十年期国债利率从 0.3% 下降为负值,再加上负超额准备金利率对短期和中期国债利率的影响,国债收益率曲线整体下移。以上政策组合,降低了企业间接和直接融资的成本,保证企业不仅可以从银行以较低的成本取得贷款,也可以通过债券市场进行直接融资,避免了欧元区所遇到的资金无法顺畅地从资本市场流入实体经济的问题。日本负利率政策中的超额准备金利率仅仅针对超出 2015 年 12 个月超额存款准备金均值的部分。据《金融时报》报道,这部分资金大约有 10 万亿日元,其中 8 万亿日元来自日本储蓄银行,这家银行在日本没有发放贷款的资格。这部分资金实在有限,即使能够全部进去实体经济,对投资增速和经济增长的作用可能也不大,不过日本组合负利率政策能否最终起效依然有待观察。

从国际资本流动上来看,日本负利率政策对汇率的影响并没有达到预期效果。负利率政策实施以后,日元兑美元不降反升。2016 年 1 月末 1 美元可兑换 118 日元,2016 年 5 月则升至 109 日元。主要原因在于国际环境的不确定提升,英国脱欧后,国际投资者视日元为避险资产,美元兑日元一度升至 100 日元以下。2015—2017 年日元汇率变动趋势折线图如图 4.5 所示。当世界主要发达经济体均实施负利率或者低利率的货币政策时,利率对本国货币汇率的反向影响作用逐渐消失,负利率政策刺激汇率贬值的前提则是其他主要发达经济体的利率总体高于本国利率。当这一条件被破坏时,即使是负名义利率也无法

第四章　负利率与增长

防止国际资本流入或者促进本国资本投资于其他国家。

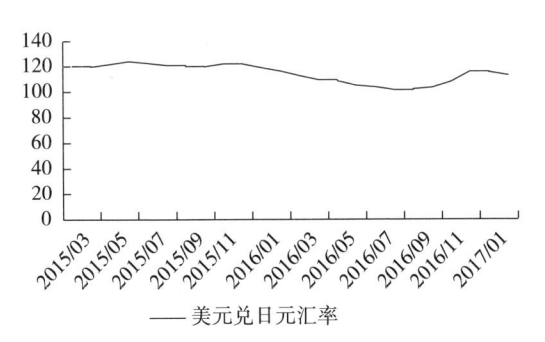

图 4.5　2015—2017 年日元汇率变动趋势折线图

资料来源：investing.com。

短期内日本的负利率政策对于本国的经济增长有一定的促进作用。图 4.6 是日本近年来 GDP 增长率和实际利率（此处，用 GDP 的对

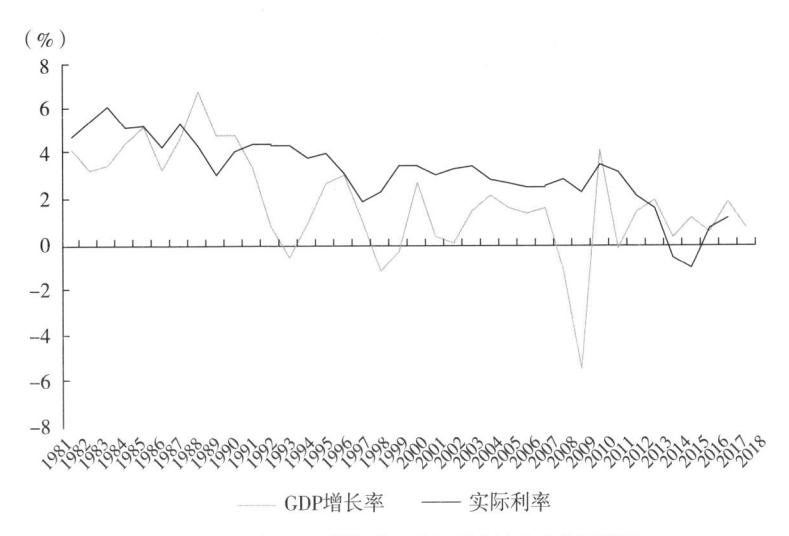

图 4.6　日本 GDP 增长率和实际利率波动趋势折线图

资料来源：世界银行。

数值表示增长率）波动趋势的折线图。1981—1989年，实际利率呈曲线式下降，同期GDP增长率直线上升；1999—2008年，实际利率几乎没有波动，相应地，GDP增长率也保持稳定的水平。日本的历史数据表明，日本实际利率的波动确实和经济增长波动呈反比。2016年日本负利率政策也取得了短期的效果，这一年第二季度，日本实际GDP环比增长率为0.7%，同年第三季度增长率则为2.2%。

负利率政策在欧元区、瑞典和日本的实施，短期内起到了刺激经济增长的作用，但效果并非十分显著。长期来看，负利率政策不但无法从根本上解决以上各国经济低迷的问题，反而容易积累风险，损害经济增长。

从长期看，负利率作为货币政策的延续，无法对经济增长产生深远的影响，为长期保持经济增长，需要政府从技术进步和要素增长等角度出发对实体经济进行调控。第二次世界大战后，日本经济飞速发展，但在20世纪90年代日本经济泡沫破灭后，其经济经历"失去的二十年"，直到现在，日本经济仍然增长乏力，通胀紧缩压力过大。一方面，日本老龄化问题严重，实体经济中劳动力供给不足，经济增速缓慢；另一方面，产业结构失衡导致社会总生产效率低下，从而拖累经济增长。同样，自欧债危机以来，欧元区经济一直处于低迷状态，和日本一样，欧元区人口老龄化问题严重。同时，欧元区货币政策由欧洲央行统一制定，而财政政策的决策权则由各国政府掌握，由此导致在面临经济危机时欧元区的货币政策无法和财政政策搭配使用。这些制度性和社会性的问题，才是制约欧元区经济发展的根源。对于日本和欧元区两个经济体的政府而言，只有解决这些根本性的问题，才能保证经济长期持续增长。

（五）美国：扩张强劲

美国作为全球经济强国，其货币政策变动会直接影响到全球各个国家的货币政策和对于经济的未来预期水平。2019年美国开启了自2012年之后的首轮降息，三个月之内连续三次降息。虽然美联储宣称此番降息及购买国债的行为并不是QE，但是自美联储降息之后，其余国家纷纷调低本国的基准利率，可以看出货币政策的转变标志着货币紧缩的时代逐渐消失。整体看，美国经济的质量和增长速度较为良好。

美国自2008年起共进行了四轮量化宽松，此后，美联储又于2012年进行了一系列加息、缩表的举措，为量化宽松时代画上了句号。然而2019年2月美国又开始停止缩表，7月10日美联储宣布开始降息，将联邦基金利率目标区间下调25个基点到2%~2.25%的水平，这是自量化宽松时代结束之后的第一次降息；9月19日又进行第二次降息，下调25个百分点至1.75%~2%；10月31日进行第三次降息，下调25个百分点。短期内连续三次降息，说明其已经逐渐退出紧缩时代，开始走向货币宽松时代。2019年10月11日，美联储宣布将9月以来实施的回购计划延长至2020年1月，并购入美国短期国债以扩张资产负债表，增加金融市场的美元供应量。美联储在声明中表示，为确保充足的银行准备金供应，避免2019年9月货币市场动荡重演，以及维持联邦基金利率在目标区间等，将从2019年10月15日开始，每个月购买600亿美元短期美债，并至少持续到2020年第二季度，旨在逐渐将充足的准备金规模维持在或高于2019年9月上旬水平。同时，美联储把日常性的隔夜回购操作截止日期从2019年11月4日延长至2020年1月，每次操作规模至少为750亿美元；将每周两次实施（为期6~15天不等的）定期回购操作，每次操作规模至少为350亿美元，截止日期同样是2020年1月，旨在降低货币市场对执行货币政策的压力。

这一系列动向表明，美国有意开启新一轮 QE 政策，但美联储表示此次国债购买计划不是 QE。第一，此次国债购买计划旨在为回购市场注入流动性，避免 2019 年 9 月货币市场动荡重演。而 QE 是在金融危机发生之后采取的措施，不应将两者混淆。第二，此次国债购买计划主要购买的是短期国库券，关注的是短端利率，而在量化宽松中占大头的却是长期国债。第三，此次国债购买计划是纯粹的技术措施，并不代表改变货币政策立场。

从美国角度来看，2015 年以来工资增长率不断提高，推动了消费需求的上升，这会释放自 2009 年以来不断积累的储蓄。美国的消费需求中最大宗商品是原油，过去两年中，原油价格下跌的主要原因是中国经济增速放缓，欧洲消费疲软，对石油的需求下降，供过于求。而当美国需求上升后，原油价格会在一定程度上得到支撑，美国近期通货膨胀的不断上涨也在一定程度上印证了这一点（见图 4.7）。

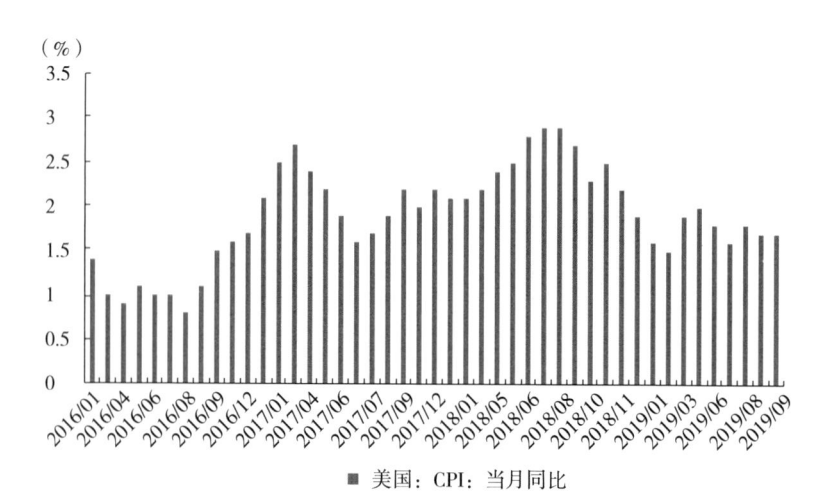

图 4.7 2016 年以来美国通货膨胀率变化趋势

资料来源：Trading Economics（全球经济指标数据网）。

市场对其加息步伐的预期变化总会引起国际资本市场的格局变动，随着经济的回暖，2015年12月美联储启动了加息周期，2015年12月和2016年12月分别加息一次，2017年和2018年则开启了多轮加息，到2018年12月系列加息结束时，联邦基金利率目标区间上调至2.25%~2.50%。同时，2017年10月开始进行缩表（即卖出债券，收回市场上的美元）：加息步伐使大量资金流入美国，带动欧洲和日本负利率国债的资本外流，造成全球流动性短缺，引起国债价格下跌。2019年9月，美联储宣布将联邦目标基金利率区间下调25个基点至1.75%~2.00%，这是美联储年内第二次降息，美联储会议纪要指出，"负利率将给金融体系带来严重复杂性或扭曲的风险"。

根据美国国家经济研究局（NBER）发布的调查，截至2020年1月，美国经济持续扩张已达127个月，创下美国经济史上最长纪录。过去十年间，也是美国从未出现经济衰退的首个十年纪录，出乎不少经济学家的意料。但近期金融市场对美国的货币政策出现争议，如高盛首席经济学家扬·哈齐乌斯2020年初提出，尽管美国利率制定者目前对采取非常规措施可能出现的风险存有疑虑，但并不排除美国未来可能会实施负利率。高盛预计，2020年美国经济将增长2%以上，如果短期内出现经济衰退，美联储可以利用前瞻性指导、量化宽松政策以及最终的负利率来重振美国经济。

第二篇

影响与透视

第五章

负利率与消费

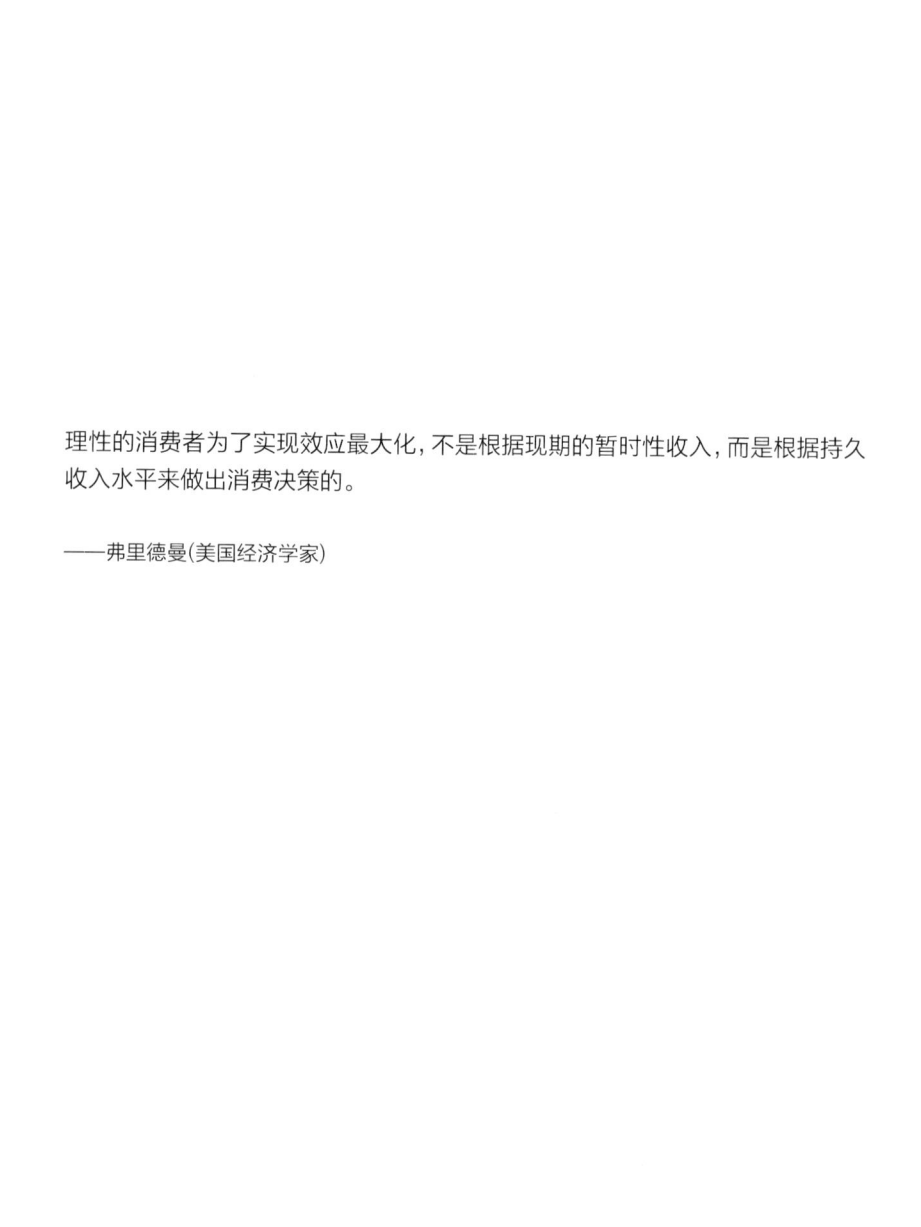

理性的消费者为了实现效应最大化,不是根据现期的暂时性收入,而是根据持久收入水平来做出消费决策的。

——弗里德曼(美国经济学家)

负利率在微观上涉及居民收入和消费等方面，利率通过调节消费者一定时期的货币收入，在消费支出和储蓄之间的分配比例来影响消费者的消费行为。因此负利率政策更多的是源于刺激消费与投资，形成财富效应，提高通货膨胀率，从而推动经济增长方面的考虑。

一、消费变化与财富效应

负利率通过降低中长期利率来刺激资产价格上涨，从而影响消费者一定时期的货币收入在消费支出和储蓄之间的分配比例，继而进一步影响微观主体的储蓄、投资以及消费水平，进而形成财富效应。

（一）负利率改变消费行为

消费是人类经济活动的根本动力，因而也是经济理论的核心。不管是古典经济理论、新古典经济理论，还是现代经济理论，对消费均有所论及。根据持久收入假说理论（弗里德曼，1957；霍尔，1978），未预期到的资产价格上升将导致家庭财富增加，进而造成居民消费提高，这种效应在文献中被称为"财富效应"。负利率政策就是通过降低中长期利率来刺激资产价格上涨，进而鼓励影响微观主体的投资和消费，提升总需求水平，促进经济增长，进而形成财富效应。

消费是关系到扩大需求、改善投资结构、推进经济战略性调整、转变经济发展方式和增强增长内生动力的关键，也是改善和提高人民生活和福利水平、满足人民各种物质和精神需要的根本途径。因此实施负利率政策的出发点之一就是刺激消费，形成财富效应。

利率影响居民消费行为的传导机制，在于通过利率的变化来调节消费者一定时期的货币收入在消费支出和储蓄之间的分配比例。存款利率越高，居民的储蓄倾向越大，实现的购买愿望越小，居民的消费支出就会减少；反之，存款利率越低，居民的储蓄倾向越小，实现的购买愿望越大，居民的消费支出就会增加。

（二）财富效应的两面性

负利率可能会带来正的财富效应，也可能会带来负的财富效应。我们需要结合经济的具体情况，综合考虑各种因素的影响，辩证地看待负利率对消费的作用。

从消费视角分析，负利率的正财富效应主要表现在两个方面。一方面，通过影响居民收入预期，增强市场信心，提高短期边际消费倾向，进而扩大消费。一般来说，利率下行有利于资金面宽裕，利好股市。而股市被认为是经济的晴雨表，持续的牛市与良好的宏观经济形势相互促进，必然会增强居民与企业的信心。另一方面，通过刺激经济发展，进而提高居民实际收入水平来促进消费。金融危机通常伴随着通货紧缩和低通胀预期，实施负利率政策能够有效降低实际利率：一是可以缓解风险环境下银行的借贷问题，刺激银行增加信贷供给，避免陷入货币紧缩；二是在低利率环境下提升企业的信贷需求，避免企业剧烈去杠杆，提升总需求。通过刺激经济发展，居民实际收入水平提高，进而消费水平也得到提高。同时，消费水平的增加也会促进总需求水平的提升，并进一步提升居民收入水平，形成良性循环。

当然，如果负利率不能发挥正财富效应，反而会进一步对低收入人群进行资产剥夺，当期消费需求就有可能被进一步抑制。对广大中低收入的普通居民来说，负利率环境下有限的存款资源更多地将应用于应付养老、子女教育、医疗及其他未来需求，尤其是老年人群和农村人口更是如此。低收入群体的存款性决定了广大普通居民处于市场的弱势地位，只能被动地遭受存款"负利率"的损失，这会使普通居民的收入相对减少。由于消费主要取决于收入水平，因此居民的消费水平会受到一定程度的抑制。

通过对利率的调节来影响短期边际消费倾向，从而影响居民对于当期与未来财富的分配变动，一方面刺激投资，另一方面抑制储蓄，进而扩大（或减少）消费，同时促进（或抑制）经济增长。这一方式曾被凯恩斯之前的古典经济学家奉为真理。但是关于这个方法的有效性一度有很大的争议，过低的利率政策会产生正的财富效应还是负的财富效应，对消费的促进作用更强还是抑制作用更强，是否能传导到实体经济促进经济的增长，都还需要时间的检验。在不同历史时期、不同经济条件下，正负两方面作用此起彼伏、时高时低，负利率对经济增长的效应还需具体情况具体分析。

二、消费决策与通胀预期

（一）货币持有也有成本

人类实现其欲望目标都是有成本的。对正常商品来说，商品的价值除了持有商品的物用价值之外，在持有的同时产品还会有损耗的风险，因此会产生对于商品的持有成本。只有坏东西（比如有毒废弃物）价格为负，商品的价格只是等于为了让它消失所支付的费用。

货币亦是同样的道理，名义利率即货币这一商品的持有价格。基于无套利机会，学界将名义利率达到零后不可能进一步降低的现象称为零利率下限。但是，从货币的本质来讲，这种理论化的情景并没有考虑现金的管理成本，即运输不便、管理费用和受损风险等造成的成本，这也意味着实施负利率政策有一定的潜在空间。人们总可以选择持有现金，所以存在零利率下限，但这并不是绝对的。如果人们活在一个治安极其混乱的社区，保存现金非常困难，现金丢失或被偷抢的概率非常高，而且没有其他好的投资机会，那么人们很可能愿意将自己的钱借给他人或是存放在银行，即便一年之后能收回的钱少于初始的本金，少拿到的钱也可以被视为交给银行的保管费。换句话说，居民和企业持有现金是有成本的，在投资机会极度缺乏的情况下，居民或企业与其承担这些成本，还不如接受负利率将现金存放在银行，相当于把资金的保管和运输及风险外包给了银行并支付费用。事实上，这一外包费用始终是存在的，只不过在经济景气、投资机会旺盛的情况下，被正利率抵销了。

（二）贬值可否转化为消费

考虑到未来的不确定性，在商业经营和投资中，资金的时间价值是决策时需要考虑的基本因素。资金具有时间价值的前提是，对于一件事物，大多数人都更倾向于现在得到它，而不是未来得到它。就金钱而言，这种对当下持有的偏好，意味着未来的一元钱没有现在的一元钱值钱。因此，当我们通过贷款用今天的现金来交换未来的现金时，金额应该有差异。无法得到未来的现金的风险越大，差额就应该越大——由贷款利率表示。但部分差额应当只是反映了人类的偏好：宜早不宜迟地享受一切——消费汉堡、啤酒和现金流。

负利率环境中人们的偏好已经反转，未来的一元钱比今天的一元钱更值钱。如果通货紧缩持续，这种情形就是合理的。如果商品和服务的价格普遍下降，那么未来的99元仍可能超过今天的100元的购买力。另外，受人口老龄化趋势以及过去 20 年一连串的市场冲击的影响，恐惧可能已经取代贪婪成为推动力，要确保退休后有足够的钱购买汉堡包，或许只能把钱借给政府，未来的现金流才有保障。

分析实施负利率政策的各经济体的统计数据可以发现，这些国家或地区往往呈现出宏观经济增速较低、消费增长较慢、投资增速较低和失业率较高等共同特征。关于美国债券负的收益率，切凯蒂（2010）指出，在美国大萧条时期，因为债券在支付利息的同时还给予债券持有人在未来购买新的证券的选择权，而这种选择权具有一定的价值，导致债券收益率为负的情况发生。瑞丁（2009）分析，当时发行的美国债券比以前发行的国债更为广泛地交易，导致美国国债的发行时间越近，越具有一个流动性溢价，进而解释了美国国债远期收益率为负的现象。欧元区实施负利率政策，也是为了应对欧债危机以来的通缩压力、压低失业率，并试图以此刺激经济增长（郑联盛，2014）。

一般来讲，对于因货币紧缩、资产负债表衰退引起的通货紧缩，低利率或负利率政策效果往往比较显著。从宏观意义上讲，负利率政策的目的，就是试图通过刺激消费和投资来制造通胀预期以抵抗通缩风险。对大多数人而言，持有大量的现金并不方便，也不安全：现金太多不好数，太重不好拿，还会有防火、防盗等各种成本开支。所以，只要负利率带来的成本能够低于保管现金的成本，那么零利率的下限就可以突破。不过即使如此，负利率也仍然具有下限，不能超出现金保管的成本率。但是在达到足够负的利率水平以后，银行也会考虑对客户征收罚金。事实上，负利率大多发生在现金使用比较少、以银行卡或是以其他电子货币支付工具为主的发达经济体，因此负利率相当于管理账户的服务费。金融账户使用者并不具有逃避负利率的替代选择，这赋予了央行比较充沛的把无风险利率降到极低甚至零以下的能力。发达经济体已基本告别了大规模使用现金的时代，普惠金融的发展依托于高度垂直封闭分布的金融账户体系，不必担心现金囤积行为等带来的货币乘数下降问题。

零售存款利率一般不在负利率政策框架内，负利率主要通过商业银行在央行的准备金为起点进行传导：银行为了避免支付存放准备金的费用（即负利率），会倾向于把准备金转化为其他短期资产，短期资产的收益率因此被压低（甚至为负）。银行及其他投资者为了避免短期资产的低（或负）回报，将会投资更多到长期资产，从而导致长期资产（按揭贷款及公司债等）的收益率下降——负利率通过与标准的货币政策类似的传导渠道来发挥作用。

从经济现实运行的角度来看，往往是较低的增长水平、通缩的威胁和持续的低利率催生了负利率的形成。作为一种复杂经济环境下催生的货币政策，在经济发展初期，负利率对刺激本国消费和经济增长也有许多案例可以借鉴。但是，从日本的实践来看，政策的效果恰恰相反——在实施负利率后，不仅没有扩大居民的消费水平，反而使居民将存在银行的钱取回家中存进保险柜，实施负利率或零利率的宽松货币政策不一定能达成预定的目标，甚至有可能增加系统性风险。对于我国来说，要谨慎对待零利率和负利率货币政策，不能照搬这些国家的做法。促进消费水平的提升，根本途径是实现经济稳步增长，增加居民可支配收入，同时完善社会保障体系，实现藏富于民，将居民的储蓄能力转化为消费能力，以扩大内需。

三、消费者的双向选择

利率对消费的影响存在正反两个方面的作用，这主要取决于利率变化带来的收入效应和替代效应的相对大小和强弱。在收入不变的条件下，低利率政策可以降低储蓄，扩大消费。当收入变动时，需要考虑利率变化带来的收入效应和替代效应。从收入效应看，负利率政策会使消费者的利息收入降低，居民储蓄的收入会降低，而收入是消费的主要来源。也就是说，居民为了维持既定的收入水平，其消费行为会更加谨慎。从替代效应看，负利率意味着居民当期消费的机会成本较低，甚至为负，因而其没必要为了增加未来消费而削减当期消费。除此之外，利率对消费影响效应的大小还受其他因素变化的影响，包括居民消费倾向的变化，以及存款者受银行影响的行为偏好的变化等。

（一）成本提升刺激消费

负利率对于消费的促进主要表现在两个方面。一是负利率增加持有存款成本，使资本财富缩水，居民选择短期扩大消费。同时，由于负利率政策被视为使货币贬值，从而拉动通胀预期的最有效途径之一，所以资产价格也可能出现较大幅度上涨。因为通常情况下，低利率政策首先会推高资产价格，而资产价格的上涨会推高基本生活品的上涨，最后引起物价的全面上涨。因此不仅日常商品的消费数量将增多，消费的货币量也会因数量的增加和物价的上涨而迅速扩大。从短期来看，这将使一部分储蓄转移到消费。二是表现在促进对固定资产的消费需求，特别是对房地产市场的需求。一般情况下，负利率政策制定者希望银行储户增加对商品的消费，或者购买资产如股票、房地产、理财产品等保值。在以往的经验中，负利率政策对房地产市场的提振作用尤为明显，欧、美、日等发达经济体的房地产市场在低利率和负利率期间都涨势强劲，住房方面的消费对人们的资金配置起到了重大的分流作用。

(二)预期悲观抑制消费

负利率对于消费的抑制作用主要表现在利率的替代效应很弱。一方面原因在于消费者对其支出的不确定性,这种不确定性包含养老、教育、医疗、住房等保障制度的影响因素,这些制度的不完善会使居民更多地选择储蓄而不是消费,以应对未来的基本生活支出。另一方面原因在于存款之外的投资渠道较为狭窄。因此,即使是在低利率的情况下,存款增长率依然很高。所以靠降低利率来降低居民储蓄、刺激消费的政策在中国目前是基本无效的,中国多年来的"高储蓄"现象充分证明了这一点。如表5.1所示,2006—2018年我国城乡居民人民币储蓄存款年底余额与年增加额仍然很高。

表5.1 2006—2018年城乡居民人民币储蓄存款年底余额与年增加额

时间	城乡居民人民币储蓄存款年底余额 (亿元)	城乡居民人民币储蓄存款年增加额 (亿元)
2006年	161 587.30	20 544.00
2007年	172 534.19	10 946.90
2008年	217 885.35	45 351.16
2009年	260 771.66	42 886.31
2010年	303 302.49	42 530.84
2011年	343 635.89	40 333.39
2012年	399 551.00	55 915.20
2013年	447 601.57	48 050.56
2014年	485 261.30	37 659.74
2015年	546 077.85	60 816.55
2016年	597 751.05	51 673.20
2017年	643 767.62	46 016.57
2018年	716 038.16	72 270.54

资料来源:中国人民银行。

事实上，不只中国的储蓄率居高不下，欧洲各国以及日本储蓄率即使在负利率政策之下也是处于高位水平，因此负利率政策可能被市场理解为政府前期宽松刺激政策的失败。这种情况会加剧市场的悲观预期，从而进一步抑制消费。从资金需求方来看，在之前已经实行了量化宽松货币政策的情况下，市场利率已经处于较低水平，边际利率成本的降低会受到限制，除非较大幅度实行负利率，才可能对刺激消费有比较明显的改善作用。

（三）长期消费水平提高是关键

欧洲央行在2014年6月启动负利率政策后正面效果主要体现在：一方面欧元显著贬值，贸易竞争力有所增强，消费者信贷以及消费需求也有所提高；另一方面央行实施负利率的本意是刺激消费，但结果可能相反，正如国际清算银行指出的，超低利率可能事与愿违，让消费者更加倾向于储蓄，为了减少负利率带来的损失，银行和储户会选择持有更多的现金，很多经济体追逐现金的大幕也已经拉开。据欧洲央行公布的数据，欧洲2019年8月年流通中的纸币高达1.2万亿欧元，创纪录新高，而这一数字几乎是十年前的两倍。在日本，居民为囤现金或黄金，五金店里的保险箱已经卖到断货；一些银行账户中，利率已经低到了可以忽略不计，人们显然已经不愿意再为了这么一点收益而承受提不出现金的风险。在瑞士，1 000瑞士法郎的流通量在2015年激增17%。2019年，流通中纸币总面值达到729亿瑞士法郎。J. Safra Sarasin（瑞士私人银行）首席经济学家卡斯滕·朱尼厄斯指出："瑞士大额纸币流通量的激增与瑞士央行货币政策之间的关系是显而易见的。"

人们关心长期的消费水平如何变化，从而对经济增长做出抉择。利率对消费的作用会受到各种因素的影响，包括复杂的国际经济环境、

负利率

每个经济体的特征、居民的行为偏好、人口结构和资产结构的差异等。负利率对消费的影响,既有正向作用,也有负向作用。在不同历史时期、不同经济条件下,正负两方面作用此起彼伏,时高时低。负利率对经济的作用还需具体情况具体分析。从整体上看,负利率效应对消费的影响,在短期内可能会有促进作用,特别是对固定资产的消费有促进作用;从长期看,消费水平主要还是取决于收入水平的增加,仅仅依靠负利率的刺激,还难以确定能否提高长期消费水平。

第六章

负利率与资产价格

由于资产价格是货币政策传导机制中的重要一环,所以资产价格的非常变化将导致货币政策无法对经济活动产生有效影响。

——费格森(美联储前副主席)

负利率是量化宽松货币政策，对资产价格会产生怎样的影响？这种影响又是通过何种渠道产生的？从实践中的效果来看，利率的降低会影响信贷的供给，进而造成资产价格的上涨，而资产价格的上涨则容易形成资产泡沫及通货膨胀。

一、影响资产价格

资产价格代表的是某一资产预期未来收益的贴现值，由资产的内在价值决定，并受到资产供求变化的影响，合理的资产价格对维持经济稳定起到不可或缺的作用。一方面，资产价格的波动通过股票与债券市场引起虚拟经济的起伏；另一方面，房地产价格波动影响社会消费和投资的稳定，从而对实体经济稳定增长产生影响。新古典经济学派认为，实际利率对资产价格会产生反方向的影响，即实际利率上升，资产价格下降；反之，资产价格则上升。

实施负利率政策会引起资产价格的波动，损害经济增长与稳定，加剧通货膨胀。因而，在实施负利率政策前，有必要深入认识负利率政策对资产价格的影响机制和潜在风险。以下将分别讨论利率变化对股票价格、房屋销售价格、大宗商品价格等的影响机制及效果。为方便起见，所有讨论将基于通货膨胀率为零的假设，即负的名义利率代表负的实际利率。

负利率

(一)刺激股票上扬

1. 利率与股票的反向变动

利率是资金的价格信号,反映了市场上资金供给盈余或者短缺的状况,同时利率政策也是货币政策工具中常用的一种。利率波动对股市的影响,需要从短期和长期两个角度分别考虑。在短期内,利率波动对股市价格的影响较大,可通过资产组合替代效应、股票内在价值、个体或者家庭对经济形势预期等几个不同角度来解释其影响机制。从长期看,股票价格变动取决于相应企业的盈利水平和外界对公司的前景预期,与利率波动的关系较小。该部分主要对利率影响股票价格的三个作用机制进行阐释,并通过国内外各国利率波动和股票价格实际变动趋势加以说明。

首先,降低利率所产生的资产组合替代效应会刺激股票价格上涨。根据凯恩斯主义经济学的假设,家庭的资产组合中一般包括债券、银行存款和股票。当利率下降时,银行存款的收益率随之下降,对个人或家庭吸引力下降,他们会需要其他能够替代银行存款的投资渠道,如股票、债券。股票市场将会吸收更多的流动性和资金,股票实际需求上升,最终股票价格必将上升。可见,利率波动引起资产组合替代效应,最终利率调控方向与股票市场价格变化方向相反。

其次,从股票定价公式出发,也可以理解利率调整对股票价格的负面影响。股票价格是未来每期股票预期收益的折现值,而利率的调整同时对每股收益和折现率产生反向影响。当利率下降时,企业融资成本下降,减少了成本约束,企业经营状况好转,每股预期收益上升;同时央行对基准利率或者其他利率的调整也将通过资本市场传导至股票定价的折现率上,当央行降低基准利率,股票未来预期收益增多,折现率下降，股票价格上升。

最后，从行为金融学的角度来看，利率调整其实是一种政策信号，可以影响个人或者家庭对未来经济的判断，从而影响投资决策。央行调高利率，实施紧缩性货币政策，个人和家庭有理由预期未来经济面临衰退或者增速减缓，为了规避风险会减少在股票等资本市场投资，最终可能导致股票价格下降。在对不同经济体的观察中可以看到：利率波动和股票价格呈反向趋势，所以利率调整将会对股票价格产生反向影响。

2. 负利率政策下股票市场变动

美国拥有相对成熟的金融市场，并且其利率市场化程度较高。一方面，联邦基金利率即美国同业市场的隔夜拆借利率反映了银行间拆借市场资金的短缺或者盈余程度，并且由于银行是金融市场中的重要机构，利率所包含的资金信息会迅速传达到决策个体，从而影响其在股票方面的决策；另一方面，联邦基金利率是官方公布的基准利率，是其货币政策中介目标之一，非常具有代表性。

图 6.1 描述了美国基准利率和股票指数月度数据随时间波动的相关性，其中基准利率由美国联邦基金利率代表，股票市场价格波动则用道琼斯指数收盘价的月平均值代表，时间跨度为 1980 年 1 月至 2019 年 10 月。由此可以发现，道琼斯指数和美国基准利率负相关，并且存在滞后性。1980—1986 年，联邦基金利率不断波动，总体呈不断下降趋势，而道琼斯指数则缓慢地增长；从 2000 年 1 月开始，联邦基金利率稳步上升，从 5.45 升至 6，最后稳定在 6.5 左右；而相对应的道琼斯指数在 2000 年 3 月开始稳步下降，美国市场利率波动趋势与股票市场波动趋势相反，说明降低利率将刺激股票市场价格上涨。

负利率

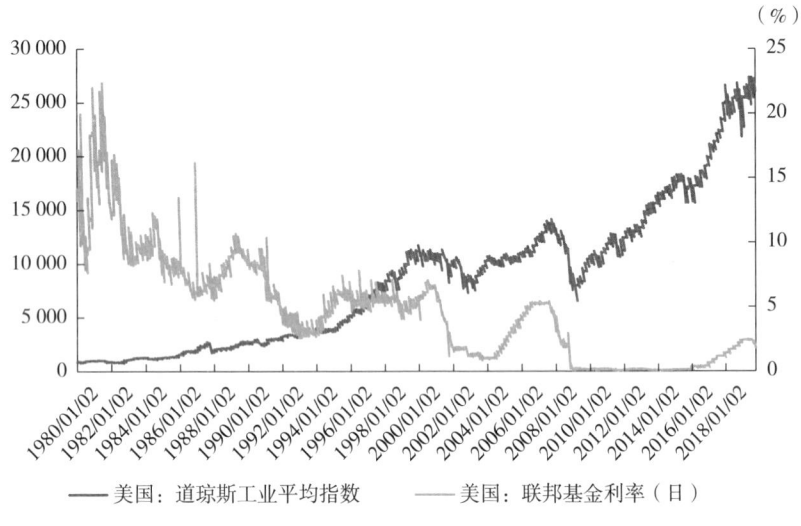

图6.1 美国道琼斯指数收盘价与联邦基金利率折线图

资料来源：Wind。

很多学者就美国情况对货币流动性影响资产价格的作用机制，进行了大量的实证分析。詹森和约翰森（1995）用利率调整方向的变化作为衡量美联储采取紧缩货币政策或宽松货币政策的标准。他们分析了1962—1991年美国股票回报率同货币环境之间的关系，发现股票市场同货币环境紧密相关，货币环境宽松时的股票回报要高于货币环境紧缩时。帕泰利斯（1997）采用不同的货币政策变量也得出了货币政策对股票市场产生作用机制的结论。马沙尔（1992）对美国1959—1990年的季度数据进行分析。他用M1（狭义货币供应量）增速同消费占GNP（国民生产总值）的比例进行比较来衡量货币增长，发现实际股票回报率同货币增长呈弱正相关。康弗、詹森和约翰森（1999）发现一些国家的股票回报同美国货币政策的相关度十分显著，有的甚至要强于同国内货币环境的相关度。巴克斯和克雷默（1999）研究货币流动性在国际市场间的作用机制。他们发现G7（七国集团）国家货币流动性的增加同 G7 国家真实利率的下降和真实股票价格的上涨保持一致。博尔多和惠洛克（2004）研究了美国历史上的重大金融泡沫和金融危机，发现金融泡沫的形成一般伴随着货币发行和银行贷款的超额增长。

日本于 2016 年 1 月下调超额准备金利率使其为负值，短期内日经 225 指数保持在 16 000~18 000 波动，从 2016 年 8 月开始日经 225 指数保持稳步上升，直到 2016 年 11 月，日经 225 指数大涨，由不到 17 000 上涨至 2018 年 1 月的 23 990 左右，增速超过 14%。可见，负利率政策对股市价格增长起到刺激作用，日本降息对日经 225 指数的影响，也说明降低利率对股市的影响存在一个月到几个月的时滞。利率的变化不会立刻反映到股票市场上去。

中国的利率波动和上证指数波动的相关性同样显著。1999—2000 年，银行间 7 天同业拆借利率不断下降。同时段，上证综合指数收盘价直线上升，体现了两个经济变量之间的反向变动关系。而在其他时段，利率波动和上证综合指数波动趋势没有体现明显的负向关系。中国有学者通过一元回归计量模型实证检验了利率波动和股票价格指数之间的关系，结果显示，中国利率波动和股票市场价格指数呈正向关系，实际利率变动 1%，股票价格指数同向变动 4.95%。究其原因，一方面，中国存款余额不因利率降低而流失，金融市场制度不完善，储户理财意识较弱，利率下降时，储户仍选择保持储蓄以应对未来经济的不确定性。另一方面，股票市场不成熟导致股价无法反映资本市场对股票供求的真实情况。在中国出台负利率政策前，需要慎重考虑利率降低对 A 股等资本市场的影响。中国银行间 7 天拆借利率与上证综合指数折线图见图 6.2。

负利率

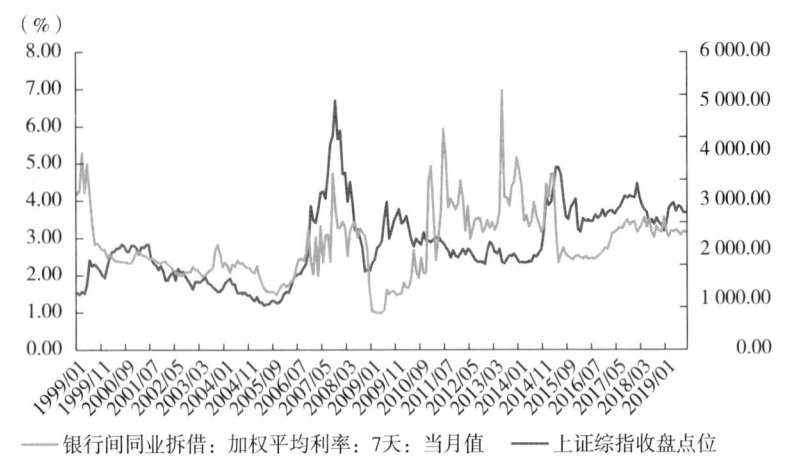

图 6.2　中国银行间 7 天拆借利率与上证综合指数折线图

资料来源：Wind。

虽然利率下调或者负利率政策将刺激股票价格上涨，但必须认识到，如果股票价格上涨的背后没有平稳的经济增长作为支撑，牛市就无法长期持续。过于依赖负利率政策容易引发股市泡沫，尤其是在国内不成熟的 A 股市场，任何外在冲击都有可能引起股市价格大跌，从而引发金融危机。同时，利率的调整也会对股票市场交易规模产生影响。由前文可知，利率反映了资金的盈余和短缺程度，而股票市场交易规模一般由投入股票市场的总资金和股票价格决定。从理论上讲，利率的波动对股票价格和股票交易规模均产生反方向影响。

（二）加剧房地产价格波动

1. 房地产的供需变动

房屋作为固定资产的一种，由于其价值的稳定性，在金融市场上扮演着资本品的重要角色。随着经济和社会的发展，房屋的价格基本

第六章 负利率与资产价格

保持不变或者增长的趋势,并且其价值长期保持稳定,对房屋的定期修缮可以减少其价值的磨损与削减,房屋装修又可以在一定程度上提升居住的舒适度,从而提升房屋的价值和价格。与股票、债券等投资产品相比,房地产虽然变现能力较差,但胜在价值具有稳定性,并有高额的收益率,因而房地产投资已经成为重要的理财工具。房地产交易往往涉及大额资金的来往,供给方和需求方都有可能会通过信贷渠道完成交易,因而房地产市场属于资金密集型产业,利率的波动首先影响信贷的供给,从而影响房地产的需求与供给,最终波及房屋的销售价格。

从房地产的供给端来看,首先,房地产商一般通过银行贷款进行房产项目开发,因而在制定生产决策时,必须考虑利率这一成本因素。其次,央行或者政府通常在经济衰退时通过宽松的货币政策降息来刺激经济增长,银行等金融机构为了追求利润,在发放贷款时,会放宽贷款条件,吸引更多的房地产开发商,使原本无法申请到银行贷款的中小企业能够在央行降息的大背景下获得贷款支持。另外,考虑到银行贷款利率是房地产商面临的成本因素,利率的降低减少了房地产商面临的成本约束,增加了企业对信贷的需求。因此,央行降低利率时,房地产商的贷款利息降低,贷款门槛降低,一个经济体的贷款总额度将上升,开发商必将扩大生产,社会房地产总供给曲线移动。当然,由于房屋建造通常耗时长,利率对房地产供给的影响存在一个建设周期的时滞。

除了刺激供给端,降低利率也会刺激对房地产的需求。一般来说,购买房地产的消费者可以分为消费型和投资型。前者购买房屋用于自住,后者买卖房屋则用于投资理财。因此,前者购买房屋时,主要的支付手段为房屋贷款分期付款;而投资型消费者一般将其他理财渠道的资金转移至房地产,从而达到规避风险或者保值增值的目的。

负利率

目前，中国的城市化率和欧美发达国家相比还存在差距：2009年美国的城镇化率已经达到82.3%，同期英国城镇化率为90.1%，根据国家统计局数据显示，2018年我国城镇化率是59.58%。在过去十年内，中国房地产存在明显过热现象，消费型消费者对房地产的潜在需求数量巨大，利率降低，通过降低房贷利息刺激消费型消费者实现其需求。利率下降时，投资型消费者的机会成本下降，投资于银行存款的收益率降低，为达到保值增值的目的，投资型消费者会通过调整资产组合，将更多的银行储蓄资金投入到房地产。总体而言，利率降低导致房地产需求增长。与供给不同，房地产需求对利率的反应比较灵敏，几乎没有时滞。

综合而言，利率下降后短期房地产需求将增加，供给保持在原房地产存量水平上，房价短期内会上升。中国学者王家庭、张换兆（2006）经过实证检验后发现，随着市场经济的进一步完善和发展，利率对房地产市场的调控作用将越来越明显。长期来看，由于利率对房地产供给的扩张效应逐渐显现，会抵消一部分由需求改变带来的价格增长，房价小幅度下降，最终是否高于利率调整前的价格，则不确定。

然而，当利率下降为负利率时，房地产的变动情况则会有所不同。因此，有必要区分降低利率和将利率调整为负值对房地产市场的影响机制的不同之处。在利率逐渐下降至负值的过程中，房地产开发商从银行获得的贷款规模不会保持恒速增长，达到某一临界值后贷款总额度将停止增长，因为房屋的生产和供应受到其他非资金成本因素的约束。另外，负利率政策也会影响房地产开发商和消费者对未来经济的预期。负利率政策属于货币政策的非常规工具，一般有两种目标，一是维持汇率稳定，二是刺激信贷和刺激通胀预期。如果是后一个目标，负利率政策则意味着常规货币政策对经济衰退并没有起到相应的效果，一定程度上会打击个人、家庭和企业对未来经济的信心，从而使房地产商在投资房地产市场时更加谨慎，未来房地产供给不一定上升。

2. 负利率下房地产市场的实践

中国目前虽然没有正式实行负名义利率政策，但实际利率（此处由一年期存款利率减去当期通胀率表示）也分别在 2004 年、2007 年和 2008 年降低为负值。相应地，2004 年和 2007 年房价增速最快；2008 年底至 2009 年初，房价经历了短暂的下降，同时实际利率在 2009 年 3 月上升至 4% 左右。伍聪在《负利率效应下的中国经济》一书中对国内实际利率和房产价格进行实证检验后发现，实际利率提高 1%，房产销售价格将降低 0.330 4%；负利率绝对值上升 1%，房地产销售价格将上升 0.330 4%。

欧洲各国房价的波动也验证了这些情况。瑞典自 2009 年开始试验性地实施负利率政策，近几年，瑞典的房价也不断上涨，斯德哥尔摩房价比肩伦敦房价。2014 年 6 月，欧元区为了应对经济衰退，促进经济增长，下调央行存款准备金利率至 −0.1%。以意大利的房价为例，2014 年意大利房价虽稳定不变，但交易量却创造了历史新高，2015 年意大利房地产价格迎来大涨，不过随后 2016 年前两个季度意大利房价持续下跌，也印证了负利率政策对房价只能起到短期的刺激作用。

在美国，自 2000 年股市泡沫破裂后，为刺激经济，美联储于 2001 年开始降息，基准利率从 2001 年 1 月的 6% 降至 2003 年 6 月的 1%。客观结果便是房屋贷款利率在此期间下降，房屋销售价格直线上升。与中国情况相比，美国土地市场完善，房产销售价格不会受到土地供给的约束，从而排除了非资金成本约束导致美国房地产价格上涨这一可能性。

日本在 2016 年 1 月开始实施负的超额准备金利率。在负利率的刺激下，个人房贷增加，房屋销售价格缓慢上升。但由于政策实施不久，对房价的长远效果还不明朗。不过，值得一提的是，日本房屋销售价格曾经分别在1960—1963年、1973—1974年、1987—1990年大幅增长，并且每一轮房价增长都伴随着日本实际利率的下降。1990年，日本房地产泡沫破灭，也源于日本政府提高利息，导致房地产价格大幅下降。日本的经验也说明，低利率刺激下的房地产价格虚高，很不稳定。因此，央行选择负利率政策需要谨慎考虑。

（三）带动大宗商品价格上涨

大宗商品指可以进入流通领域的非零售环节，用于工农业生产和消费的商品，如原油、有色金属、钢铁、农产品等。大宗商品的交易一般额度大，它的价格和交易也直接关系着生产供给、经济发展及粮食安全，同时，许多金融衍生品如期货等亦是建立在大宗商品的交易之上，任何大宗商品交易异常都会通过金融衍生品波及整个金融市场，因而大宗商品价格波动成为重要的经济变量。

利率波动与大宗商品价格变动呈反向关系。当利率下降时，大宗商品价格一般会上涨，这种影响主要通过市场对大宗商品的需求产生。由于大宗商品的买卖交易量较大，其支付需要得到银行信贷的支撑，调整利率即意味着调整信贷成本，利率下降，借贷成本下降，许多对大宗商品的潜在需求转化为实际需求，由供需均衡模型可知，需求上升，在供给不变的情况下，大宗商品价格将会上升。和房地产市场类似，有一部分大宗商品的购买者属于投资型消费者，调整利率会影响投资型消费者对未来经济的预期。当政府调低基准利率，投资者更会看好未来经济增长，从而增加当期对大宗商品的需求，导致大宗商品价格上涨。CCPI（中国大宗商品价格指数）与银行间7天同业拆借利率折线图如图6.3所示。

第六章　负利率与资产价格

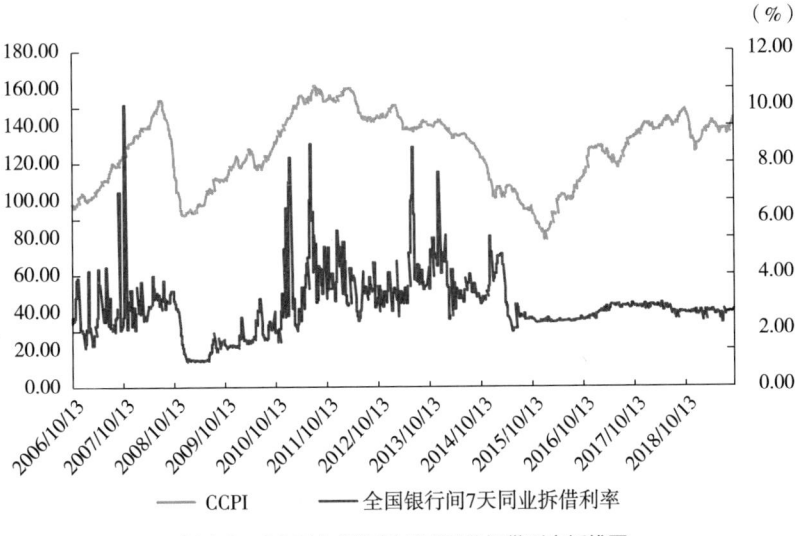

图 6.3　CCPI 与银行间 7 天同业拆借利率折线图

资料来源：Wind。

CCPI 指数反映了国内大宗商品价格的波动，它以 2006 年 10 月为基期，是利用加权平均法计算的定基指数，涵盖能源、钢铁、矿产品、有色金属、橡胶、农产品、牲畜、油料油脂、食糖等商品。由图 6.3 可知，基准利率与大宗商品价格指数的反向变动关系不是非常显著，2007 年 10 月至 2008 年 4 月，7 天银行间同业拆借利率不断下调，相应地，CCPI 指数也直线上升，由 110 直线上涨至 154，这段时间，基准利率下调引起大宗商品价格上升的趋势较为明显，而在其他时间段内，利率对大宗商品价格指数的逆向影响作用较为微弱。主要原因有两个方面：一方面，国内大宗商品期货交易发展不成熟，期货交易参与的机构投资者数量少，国内几所交易所交易规则不完善，导致价格信号扭曲；另一方面，国内大宗商品定价往往受到国际市场大宗商品价格的影响，从而国内大宗商品价格无法准确反映利率的变动。

123

负利率

　　发达国家如美国由于金融市场较为完善，利率对大宗商品价格的反向影响比较明显。图 6.4 是美国 CRB 指数与基准利率的波动趋势折线图，其中 CRB 指数是美国的大宗商品价格指数。

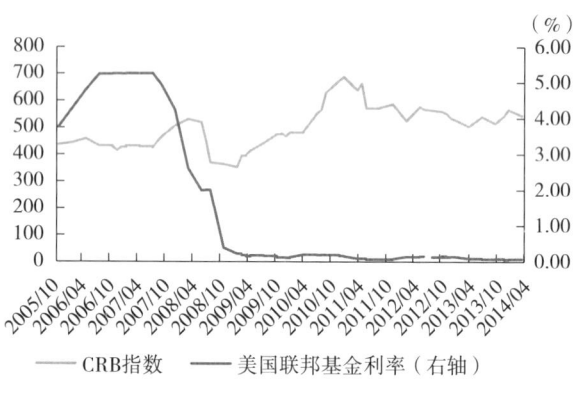

图 6.4　美国 CRB 指数与基准利率的波动趋势折线图

资料来源：汇通财经。

　　2008 年金融危机后，美联储开始实行一系列宽松货币政策，在图 6.4 中体现为 2008 年后联邦基金利率直线下降。2008 年，由于受到金融危机及全球经济衰退的影响，CRB 指数一度下降。2009 年开始，随着全球经济复苏，基准利率下调对大宗商品价格的影响开始显现。2009—2011 年 CRB 指数保持增长，2011 年迎来小幅下降，之后 CRB 指数稳定地保持在 500~600。美国相对中国拥有更为成熟的金融体系，因而利率调整对大宗商品价格的影响机制和效果更接近理论分析。

　　综合以上分析可以看出，降低利率将会刺激股票、房地产、大宗商品等资产价格的上涨。利率的降低促使资金流入市场，资金的大幅流通进一步提升了资产价格，在市场的作用下，资金会较多涌入黄金、房地产以及大宗商品市场，由此也推高了黄金的价格和房地产的泡沫。全球大宗商品市场自 2019 年来出现的明显回升，如原油、农产品

（糖、棉花、大豆等）等价格的上涨都是由资金带动的。2008年金融危机后，美联储推出一系列货币宽松政策，旨在通过降低利率水平刺激经济增长。2008年12月，货币宽松政策初见成效，联邦基金利率已经接近0。随后，CRB指数首先做出反应，从2008年11月的363.66上涨至2009年11月的474.86，涨幅为30.57%。股票价格也在2009年初迎来增长，2009年6月，道琼斯综合指数月加权平均值为8 447，到2009年12月上涨为10 428，涨幅达23.45%。利率的降低对于资产价格的刺激作用可见一斑。

不过利率变动对资产价格的影响也存在一定的滞后性。股票价格对利率较为敏感，利率调整后资本的逐利性使其从其他渠道流入股市，股票价格缓慢增长；而房价对利率调整的反应较慢，一般需半年或者更长时间，这是由于房地产存在建设周期且交易手续较为冗杂；大宗商品的价格则会受到很多经济因素的影响，进而会影响利率传递到大宗商品的效率。

二、扭曲通胀目标

（一）推升价格形成泡沫

当负利率刺激资产价格上涨甚至大幅度偏离其内在价值时，还将引起资产泡沫，传导至消费品和生产要素，最终引起全社会物价指数上升，引发通货膨胀，对实体经济运行造成伤害。负利率是政府或者央行为了刺激经济增长所采用的货币政策手段，负利率本身是扭曲的资金价格信号，所以由负利率引发的资产价格上涨也是一种扭曲的价格信号。

资产泡沫指一种或者多种资产的名义价值和其内在价值极大偏离的现象。当出现资产泡沫时，资产的名义价格难以长期维持，外在冲击容易引起资产价格波动,从而引发金融危机。和实体经济相比,以股票、大宗商品和房地产为代表的资产的投资回报率上升的空间比较大,并且其回报收回周期短,更容易引发过度投机行为,从而导致资产价格极大偏离内在价值。当名义价格严重偏离其内在价值时,便产生了资产泡沫。在处于负利率的经济环境中,人们发现储蓄必亏无疑,而投资或投机至少有保本和赚钱的机会,很多本来适合长期存款的储蓄者就会变成投资者或投机者,他们会无意识地合力推高从房子到股票再到大宗商品的一切资产价格。

资产的泡沫起伏还具有社会财富再分配的效果,在国际资本自由流动的背景之下,又兼有国别间财富再分配的效果——这都意味着在经济停滞期,负利率的选择可能进一步强化低通胀的水平。由实体经济决定的资产内在价值几乎不变,但是负利率推升名义资产价格,进而使名义价格严重偏离其内在价值形成资产泡沫,使资产价格较为脆弱。同时负利率政策进一步压缩了银行、保险、社保等金融机构利润,导致在经济衰退的情况下银行难以维持,被迫将资金投资于高风险产品,引发过度投机行为,积累金融风险。另外,股票价格与房价等资产价格由未来预期的收益决定,因而个人、家庭或者企业对未来稳定的预期有利于资产价格的稳定,任何引发人们改变未来预期的事件都有可能导致资产泡沫的破裂。2008年的金融危机便是由资产泡沫的破裂引发的;雷曼兄弟的破产及美林的收购,使投资者意识到了资产泡沫背后的金融风险,改变了投资者对未来经济形势的判断,社会各界纷纷抛售手中的资产,最终导致资产价格的集体下跌,引起金融危机的全面爆发。

(二)低利率伴生低通胀

负利率是"低增长+低通胀"的产物。较长的低通胀及温和的物

第六章　负利率与资产价格

价水平，进一步降低了人们的通胀预期，全球货币宽松又使人们对币值存疑，从而加大了对保值资产的追逐和竞争。

随着国内经济水平的不断提升，居民收入不断增长，个人和家庭理财观念增强，财富中用来购买资产的部分越来越多，资产价格的波动将深刻地影响消费、投资和经济增长，资产价格在社会总价格体系中扮演着越来越重要的角色，因而，负利率通过影响资产价格进而造成通货膨胀越来越显著。通货膨胀率和资产价格变化率之间互相影响，两者变动基本一致。在经济复苏与繁荣时期，通货膨胀率先于资产价格变化率发生改变；而在经济衰退与萧条时期，资产价格变化则率先于通货膨胀率发生改变。在实施负利率政策时，经济体一般处在经济减退阶段，资产价格的变动会引起通货膨胀，会对经济增长带来隐患。

通胀发生的原因非常复杂，负利率本身可能并非引发通胀的主因，但是它能为通胀恶化推波助澜。通胀归根结底是因为过多的货币追逐有限的商品。首先，负利率将让本来选择长期存款的人选择短期甚至活期存款，让本来选择储蓄的人选择消费，因此释放更多的货币到商品市场中，从而进一步推高通胀。其次，在负利率环境下，资本成本较低，容易引发过度投资行为，导致通货膨胀率上升。再次，负利率政策使资本流出本国，流向其他收益率更高的国家，导致进口商品价格上涨，引发输入性通货膨胀。最后，负利率政策刺激资产价格上涨，持有资产的消费者财富升值，消费倾向变大，商品价格也因需求的上涨而上涨，最终引发通货膨胀。伍聪对负利率和通货膨胀的关系进行实证检验，结果发现负利率对通货膨胀起正向作用，负利率的出现导致通货膨胀更加严重。

总之，负利率政策通过不同渠道推高资产价格，引起通货膨胀，引发资产泡沫，积累金融风险。金融危机多次证明，资产泡沫危及经济健康运行。因此，负利率政策虽然可以刺激资产价格短期内上升,但容易诱发资产泡沫,产生通货膨胀压力。负利率的实施会通过其他渠道刺激物价上升,无论是资产泡沫还是通货膨胀,都不利于经济健康稳定运行。在资产价格上涨阶段,通过财富效应,激励人们扩大消费,最终传导至一般性商品价格上涨;但资产泡沫一旦破灭,社会财富大量缩水,会造成贷款损失和债务通缩循环,产生的通缩效应往往比单纯的一般性商品通缩更为剧烈。尽管通胀目标一直被多数央行视为首要的货币政策目标,但当金融市场动荡时,央行会在利率决议上是否"唯通胀目标"实际已发生重大改变。就实施效果而言,负利率有一定的影响通胀和汇率的作用,但需要较长时间才能体现出来。

第七章

负利率与投资

新市场的扩大一般不会引起长时期的经济高涨，相反，经济高涨会使扩大新市场成为可能和必要。技术的新发现一般出现在长周期的下降阶段，这些新发现只会在下一个大的上升阶段开始时被大规模地应用。

——康德拉季耶夫(俄罗斯经济学家及统计学家)

投资与宏观经济形势密不可分，反映了经济发展的扩张和收缩交替的总体趋势。通过负利率对债券、银行、股票市场的影响以及对社会投资的影响进行分析，找寻新的投资方向和内在动力。

一、负利率与金融投资

（一）债券市场

负利率政策实行的主要目的在于缓解经济的通缩压力，提振经济，促进经济增长。负利率政策的传导，需要通过市场的作用使债券市场的收益率变动从短端传至中长端、长端债券市场，再进一步影响银行的零售存贷款利率，从而影响信贷规模和实体经济投资环境。负利率政策的实施，首先影响的是债券等固定收益投资市场。

现今多个经济体的国债收益率已变为负值。全球负收益债券规模已近16万亿美元，占全球总债券约30%，包括欧洲部分国家及日本超过50%的主权债务。实行负利率的众多欧洲经济体（如丹麦、荷兰、比利时、奥地利、法国等）的2年期、5年期、10年期国债收益率均为负，德国、荷兰的30年期国债收益率甚至也已经为负。同时，大约2/3的日本政府债券都是负收益。2016年2月，日本政府发行最长5年期的负收益率债券；同年3月，日本政府拍卖了价值2.2万亿日元的10年期负收益率债券，这是1980年以来日本国债首次低于日本央行政策利率。截至2019年9月，日本的2年期、5年期、10年期国

债收益率分别为 -0.31%、-0.35%、-0.26%。

负利率政策对债券收益率降为负值的影响因素主要有三个方面。

第一，负利率政策会压缩银行的利润空间，迫使银行选择债券等固定收益以填补银行的损失，进而导致长期国债收益率下跌。对于商业银行来说，在央行的存款利率降到负值还选择保留超额准备金，是为了规避高风险的贷款和投资活动，并保持必要的流动性。在负利率政策下，银行在央行的超额准备金为负收益，同时银行又难以将负利率转到资产负债表，利率的进一步下行势必压缩银行的利润空间。银行为了保证收益率，并不一定会增加对更高风险、更高收益借贷主体的信贷投放，主要原因有两个：一方面，对保障利润率的追求可能会使银行更加谨慎放贷，希望借贷给信用更高的企业从而保证回报；另一方面，经济增长缓慢的宏观经济环境使好的投资项目更加稀缺，企业基于未来回报前景可能没有借贷意愿甚至没有借贷能力。因此最终过剩的流动性不是用于扩张信贷，反而会进入固定收益证券等市场，以对冲银行超额准备金被征收负利率的损失。

从实践情况来看，2016年3月欧洲央行第三次进一步调低负利率——存款工具利率从 -0.30% 下调至 -0.40% 之后，不同于前两次负利率政策股市上涨的反应，股票市场在当天升至最高点后急剧下跌，正是过剩的流动性大量购买政府债券和部分公司债，导致债券收益率一路下跌，以致出现负利率债券。如图7.1所示，欧元区10年政府债券收益率不断下跌，即使欧洲央行调整存款利率，但债券收益率只有短期内的暂时增长，长期看国债收益率一路下跌，2019年收益率已经触碰零收益，主要原因是，在负利率和其他非常规货币政策的综合作用下，欧元区货币市场和债券市场流动性持续下降，因此负利率已传递到长期债券市场。2019年7月，法国10年期国债收益率开始转为负，德国10年期国债收益率一度降至 -0.75%，刷新历史新低。国债收益

第七章 负利率与投资

率降至负值又进一步压缩企业投资利润空间，使部分企业债券利率也降至负值。根据欧洲央行公布的企业债持有数据，目前约16%的欧洲投资级企业债收益率为负值。

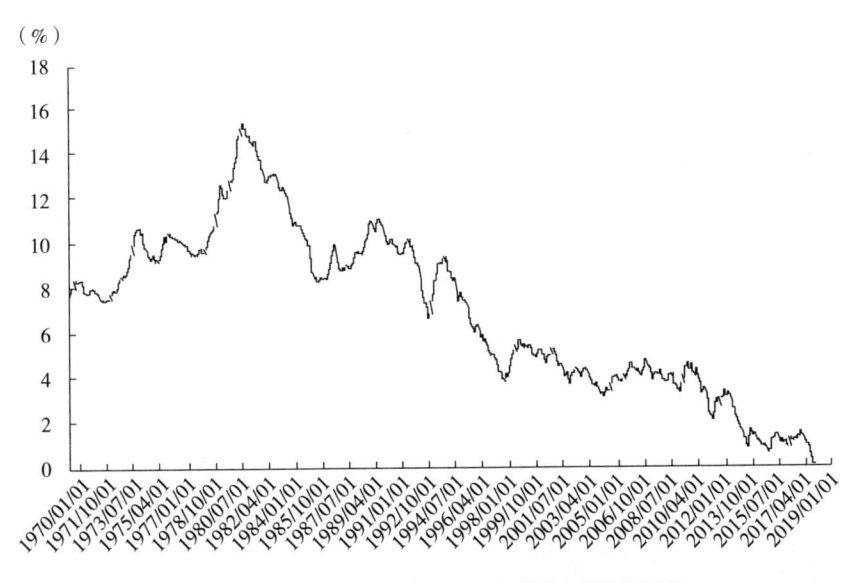

图 7.1 1970—2019年欧元区10年期政府债券收益率

资料来源：欧洲央行。

但是，即使这些经济体的国债收益率为负，投资者仍趋之若鹜。以日本政府为例，2016年3月发行的10年期负利率国债，其认购数量是发行量的3.2倍。1999—2019年日本央行的基本政策利率见图7.2。投资者选择债券的逻辑可能如下。首先，在全球经济增长持续放缓的环境下，欧洲、日本的经济前景并不乐观，通缩的预期，使名义收益率已为负值的国债实际收益率可能转为正值，这使负利率债券依然具有吸引力。其次，投机者也有追逐资本收益的动机，只要有人认为央行将继续推动收益率进一步低于零，交易员仍可通过更高价格售出而

负利率

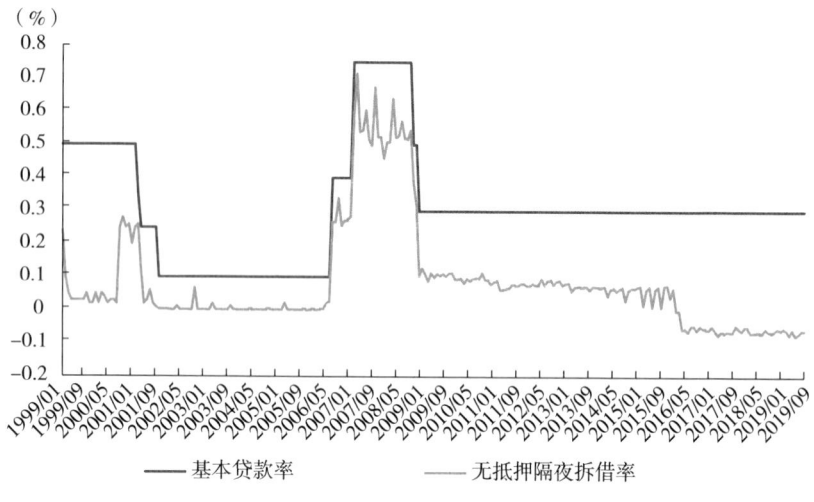

图 7.2　1999—2019 年日本央行的基本政策利率

资料来源：日本央行。

获利。再次，瑞典、丹麦等部分经济体有货币升值预期，它们的负利率债券也能够吸引投资者。最后，无论政府债券的回报率高或低，国债相对股票、企业债券和大宗商品而言，仍具有安全的特性，大型机构投资者如保险公司和养老金机构为满足其资产配置的需要，仍然会持有一定比例的政府债券。

　　第二，在一个顺畅的利率传导机制中，央行与商业银行之间的负利率会传导至银行间市场隔夜利率，而银行间市场隔夜利率加上期限溢价后，又会传导至中长期国债利率。长期国债收益率的下降，正是货币政策对利率期限结构的影响从短期初步传导至长期的结果。当市场预期短期利率进一步降低时，将会选择购买更多长期债券以求获得稳定的回报率，换句话说就是期限溢价随之增加，从而导致债券价格上涨，压低了其收益率。如图 7.3 所示，对比欧洲央行实行负利率政策前后 AAA 级中央政府债券收益率曲线发现，实施负利率政策之后的收益率曲线比实行前更平坦，反映了市场普遍预期长期利率会有进一步下降的空间，从而追加长期债券的购买量，进一步推高其价格，使其收益率下降幅度大于短期债券收益率。

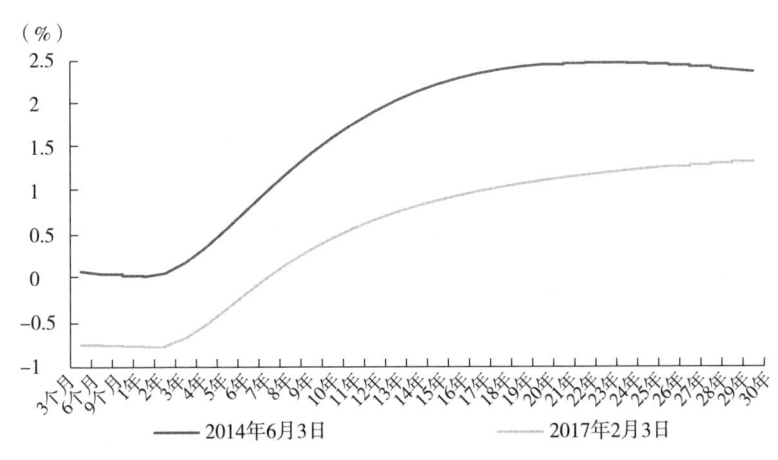

图 7.3　欧元区负利率政策前后两期 AAA 级政府债券收益率曲线对比

资料来源：欧洲央行。

第三，债券收益率降为负值也是由于全球政治的不确定性而产生了避险情绪。日本、德国、法国、瑞士等国的国债市场出现的负利率，并不一定是这些国债的发行利率为负，而是因为在低利率情况下，避险需求导致的国债市场价格进一步走高，国债收益率转负。如 2016 年 6 月，据国际评级机构惠誉统计，受英国脱欧公投事件影响，全球负收益率债券规模是 11.7 万亿美元，较 5 月底增加了 12.5%（管涛，2016）。这恰恰是政治因素的避险需求而导致负利率存在的合理性解释。

随着全球贸易局势的变化，欧元区的经济增长面临很大的不确定性。为应对这种不确定性，欧洲央行会再次采取量化宽松政策。2019 年 9 月，欧洲央行宣布，在已是负利率的基础之上将存款利率进一步下调 10 个基点，同时重启 QE。预计收益率为负的债券的数量仍将继续增长，因为各国央行在经济增长缓慢复苏的环境中，正是想以"创新性的方式"来维持更宽松的货币政策，而世界各国央行实施负利率，将导致更多的资产进入负收益率的行列。

（二）商业银行

商业银行等金融机构是央行利率政策传导的第一环节。央行直接影响商业银行在央行的存贷款利率（短期利率），进而通过前瞻性指导等政策引导市场参与者的预期，或者直接通过大规模政府债券的公开市场操作，来最终影响利率期限结构。

1. 负利率压缩银行收益空间

利率下调对商业银行利息净收入的影响主要来自四个方面（博里奥和朱，2008；博里奥和莱昂纳多）。一是零售存款禀赋效应。零售存款的利率因为银行的垄断定价和交易服务而普遍低于市场利率，当央行政策利率降低时，存款利率低定价空间将被压缩，并压缩了银行的净利率收益。在高通胀时期，净利率收益是商业银行盈利的一大来源。但当政策利率下降到极低水平时，因为零售存款利率不可能为负，这种低定价更是受到限制，意味着此时利率水平和净利息收入之间存在非线性关系。二是资本禀赋效应。权益资本虽然不需要还本付息，但在筹资成本不变的情况下，利息下降时这部分资产价值也随之下降。三是数量效应。银行贷款对市场利率的需求弹性比存款更高，因此如果利率水平的下降如期使信贷规模扩张，则会提高银行的利息收入。四是政策改变使一个均衡转向另一个均衡中的转移动态效应。银行的垄断或者市场认为利率的变动是短期行为，使贷款利率比存款利率调整更迟缓，这意味着在其他条件不变的情况下，当利率下降时银行利息收入随之增加。

第七章 负利率与投资

如图 7.4 所示，实施"负利率"政策的国家的银行业净利差水平（表征净利息收入）都处于长期下降的态势或低迷状态。负利率政策实施较早（2012 年 7 月）的丹麦对银行业盈利水平的提升效果不佳，而欧元区自负利率政策出台（2014 年 6 月）之前，于 2013 年本已经扭转颓势，但 2015 年欧洲代表四大行总净利息收入增速却挫伤了市场预期。2015 年受加息和欧元区负利率政策的影响，美元兑欧元年均升值达 19.6%。2016 年受英国脱欧影响，美元兑英镑年均升值达 13.6%，如果换算成美元计价，欧洲四大行 2015 年收入情况全面恶化，体现出负利率政策的负面影响。欧洲央行一如市场预期维持负利率政策，与 QE 规模不变和美国加息预期形成鲜明对比，更进一步使欧元与美元利差扩大，使资金加速流向美国，银行业压力上升。由此可以预期，未来负利率政策对银行等金融机构的负面影响将持续加大。

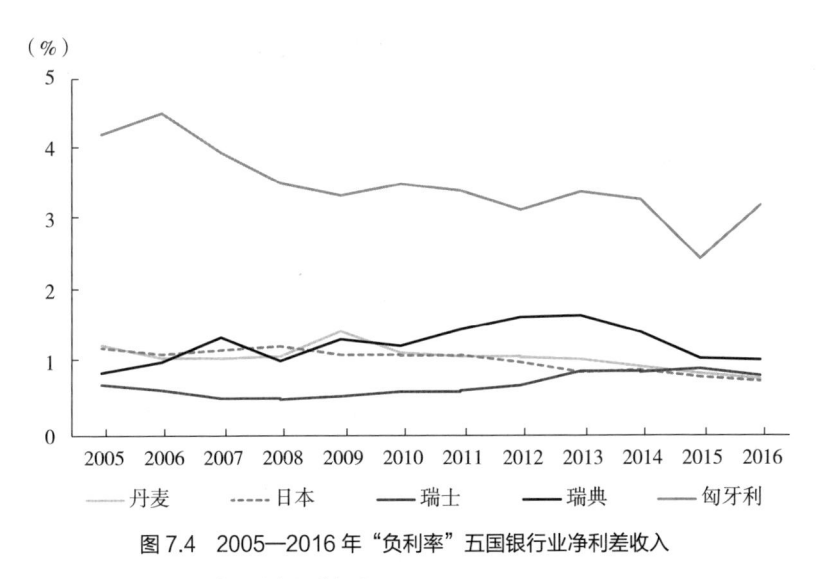

图 7.4 2005—2016 年"负利率"五国银行业净利差收入

资料来源：世界银行全球金融发展数据库。

负利率

收益率曲线的斜率也影响银行的净利息收入,越陡峭的收益率曲线越能使银行获得更丰厚的净利息收入。从某种程度上说,这种效应只是临时起作用,因为所有银行的负债都是基于市场利率的,随着时间的推移,政策利率的调整使收益率曲线斜率发生的改变会被市场追踪到,唯一能够获得持续收益的是期限溢价部分,因此期限溢价的负冲击会显著侵蚀银行盈利。如果银行因为垄断定价权,如将零售存款利率低估报价,那么就能获得比真实收益率曲线更高的风险溢价。因此利率下调压缩了银行定价空间,不利于银行净利息收入。此外,收益率曲线斜率的变化也拥有数量效应,对固定利率抵押贷款的需求弹性明显要高于中期存款需求,因此当收益率曲线变得更平坦时,市场将预期远期整体利率会有比短期更大的下降空间,将显著降低固定利率抵押贷款数量,从而压缩银行利润。

一般来说,低利率将增加银行的非利息收入,这在一定程度上会弥补银行的损失。第一,更低的利率将使银行证券资产组合价值增值。第二,利率下降时通过利率互换产生的对冲风险效应有助于改善非利息盈利。对于银行来说,负债(银行储蓄存款等)需要支付固定利率,而资产(借贷债权)浮动收益,并且前者比后者期限更短,因此对于利率的变化,存款利率调整间隔时间更短,此时若发生未预期到的利率下降或收益率曲线变得更平坦,无疑将使银行因禀赋效应获得利差增大。第三,手续费和佣金占到了银行60%以上的非利息利润来源(金融危机时期甚至达90%),手续费和佣金的取得有许多不同的类型,从直接与存贷款相关的活动(如信用额度、交易服务),到更多与投资银行业务相关的服务(如交易、并购)。虽然很难在二者之间建立明确的联系,但是在一般情况下,给定宏观经济背景不变,低利率都将会增加收入,主要通过低利率降低货币价值,储户可能会更有意愿让专业投资服务来帮助管理投资组合,增加银行和其他金融机构的非利息收入。但如图 7.5 所示，这部分收入无论是总量还是增幅都十分微薄，以美元计价更是负增长的"重灾区"。一个令人信服的解释是，经济增长缺少根本动能，表现在投资业界缺少好的投资项目，即使低利率刺激人们寻求专业投资服务，但是机会的缺乏与高收益项目的高风险性，使人们大多只好继续选择存放银行，宁愿承担低利率的损失，也不去冒险追逐更高的收益率，这便是几次负利率政策出台后，银行股下跌趋势不止反而愈演愈烈的原因。自 2016 年 3 月欧洲央行第三次负利率政策出台之后，欧洲银行股价引领整个股市下跌。2017 年 2 月 8 日，欧美银行股价再次领跌股市——直接原因虽然是欧洲银行业进入财报发布季，不及市场预期，但从长期来看，无疑是利率长期下行导致银行业利差空间被压缩的结果。

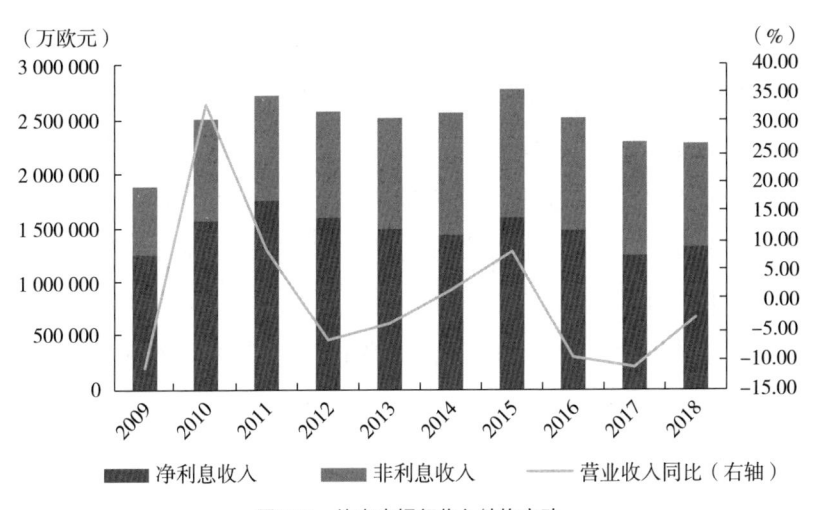

图 7.5 德意志银行收入结构变动

资料来源：Wind。

2. 负利率影响银行资产质量

利率的变动也会影响银行的资产质量状况，利率变动通过影响借贷损失准备金通道作用于银行盈利，更低的利率和更平坦的收益率曲线与借贷损失的减少密切相关。一方面，较低利率通过减少偿债负担来降低现有债券的违约风险，使银行可以减少拨备覆盖率。另一方面，通过所谓的"风险承担通道"增加新借债券承担的风险。长期的低利率往往与危机紧密联系，扩张性的货币政策使银行可贷资金充裕，银行为了追求收益和风险平衡，基于对未来风险等宏观经济形势的判断，风险承担偏好不高，这就会导致银行提高信贷标准，使企业和居民贷款难度增加，一部分抵消了货币政策的效用，这就是负利率政策可能失效的机理。但随着扩张性货币政策长期持续引发信贷规模膨胀，不仅使贷款成本降低、资产价格上升，也使银行等金融机构的风险承担意愿上升，最终使新增加的信贷流向风险更高的领域，从而借贷损失准备金也随之增加（德尼科洛等人，2010）。这两个效应能在一定程度上相互抵消，但因为现有浮动利率贷款的流动性一定会大大超过新增贷款的数量，所以整体效应应该是正向的。收益率曲线斜率对借贷损失准备金的作用与数量效应类似，对于给定的短期利率，更平坦的利率水平使平均利率水平更低。2005—2018年"负利率"六国银行信贷占GDP的比重见图7.6。2005—2016年负利率六国银行股本回报率见图7.7。从图7.8和图7.9可知，虽然资本充足率状况因为银行监管的加强而天然得到改善，但欧洲总体不良贷款率却节节攀升。欧洲四大行拨备覆盖率整体上也有所上升，基本延续了之前的趋势，说明使负利率货币政策失效的机制占据了主导地位。

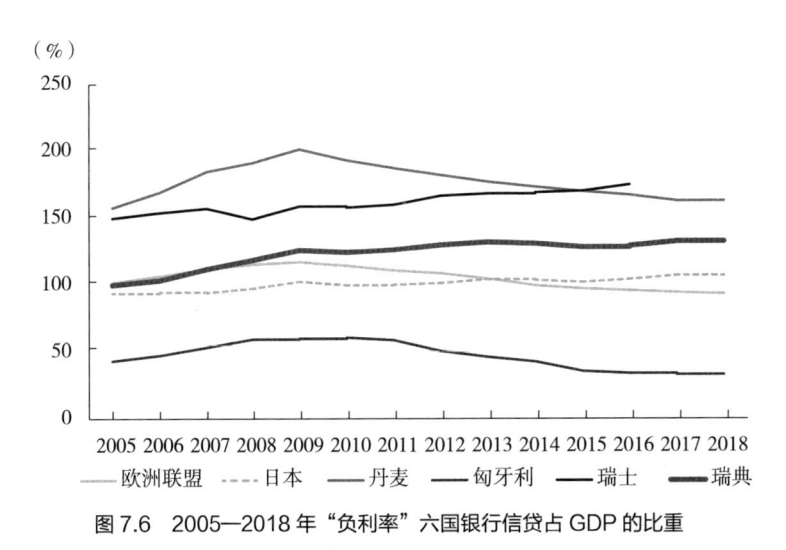

图 7.6　2005—2018 年"负利率"六国银行信贷占 GDP 的比重

资料来源：各国央行、世界银行全球金融发展数据库。

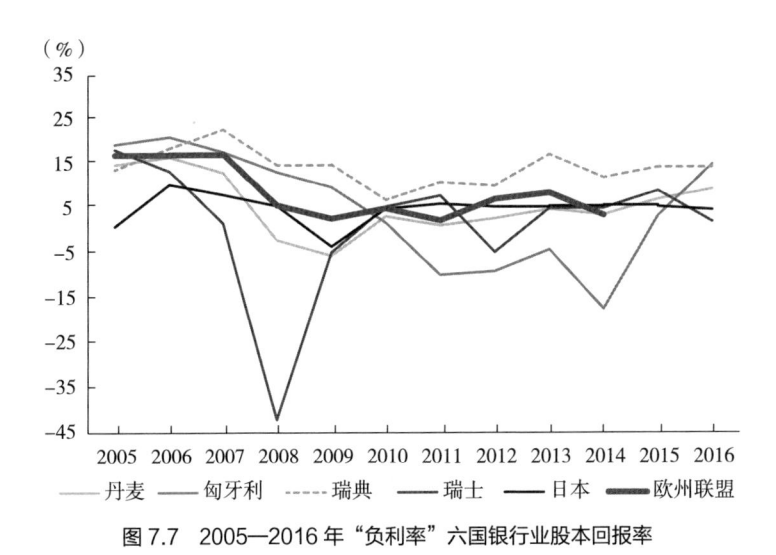

图 7.7　2005—2016 年"负利率"六国银行业股本回报率

资料来源：世界银行全球金融发展数据库。

负利率

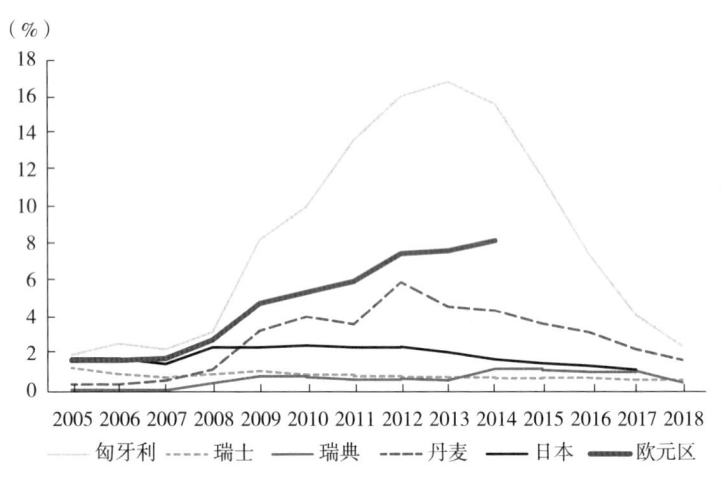

图 7.8　2005—2018 年"负利率"六国银行业不良贷款率

资料来源：世界银行全球金融发展数据库。

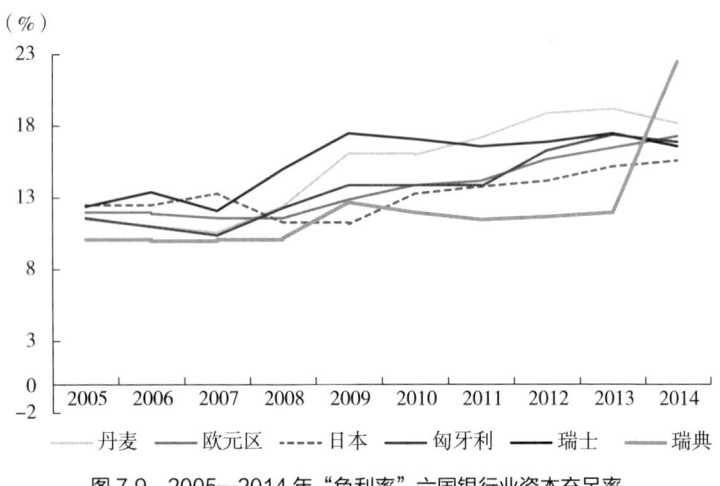

图 7.9　2005—2014 年"负利率"六国银行业资本充足率

资料来源：世界银行全球金融发展数据库。

第七章 负利率与投资

（三）股权投资

股权投资通常是长期持有一个公司的股票或者通过 PE（私募股权投资）、VC（风险投资）等形式进行长期股权融资，最终通过退出获利，是一项中长期投资行为。当前，世界经济处于康波（康德拉季耶夫之长周期的简称）从衰退后期向萧条期过渡阶段。从人工智能、机器人、新能源和无人驾驶汽车等新产业发展现状来看，美国依然是科技主导国，可预期新科技、产业革命正方兴未艾，将会由新科技、产业稳步增加的收益率带动整个利率体系的上升。因此，应该立足长远，坚定持有新科技、产业股权，坚定中长期价值投资，才能在未来新产业蓬勃之际获取回报。

利率意味着创业企业通过债务市场能获取投资资金的渠道相对较多，借贷企业面临较低的风险溢价，从而使借贷成本下降（阿克斯和奥德斯，1994）。如果收益率曲线斜率变小，既意味着平均利率的进一步下降，更意味着长期利率的下降压力，使无论是机构投资者还是个人投资者，都更愿意承担创业资本的投资风险，因而有利于增加股权投资的供给。

二、负利率与社会投资

（一）企业投资

低利率和负利率环境下，理论上受益的是各类公司，更低的利率降低了企业的融资举债成本，拥有债券、股票发行权的企业可以增发更多的债务置换自己的股份，从而在虚拟经济中完成自我循环，虽无助于增加国民收入，但却能改善自身的经营状况。

在地方政府和国有企业借贷约束远远低于民营企业的情况下，

143

负利率

2016年第一季度，我国债务总额虽然占GDP的比值达到创纪录的237%，但对1998—2013年近400万个工业企业样本进行分析后发现，负债最多的50家企业总负债就高达11万亿元，占债务总量的54%，总杠杆率的上升归因于大型、国有、上市的央企、国企（钟宁桦）。民间融资难、借贷约束强的问题，使这段时期中小企业负债率持续大幅下降，大型企业也有微幅下降。这说明整体经济已经开足马力放水，市场难以充分消化借贷额度，使降低利率的货币政策对信贷增幅收效甚微，同样的逻辑适用于欧元区。

在经济困局当中，低利率、负利率等货币政策要想使资金"脱虚入实"，无疑是难上加难，短时间内难以解决经济结构长期错配的弊病。长期来看，必须有赖于新科技、新产业的革新，才能带动全产业提质增效，恢复盈利能力，拓展投资渠道，进一步刺激企业投资意愿，使经济重新进入新一轮康波的繁荣期。

（二）公众投资

负利率时代，债券的收益率在不断降低，银行等金融机构的盈利也承受压力，股权投资需要非常高的资金准入门槛，不适用于广大普通投资者。首先，由于美元已经步入强势通道，新兴国家增长疲软，与发达国家投资回报率逐渐缩小差距，在新兴国家风险未有大幅改善的情况下，同样的收益使全球资金由新兴国家回流向发达国家以追逐更避险、更安全的资产。因此，相对高净值人群可通过QDII（合格境内机构投资者）或与有QDII资格的机构合作的形式，投资境外债券、货币基金等低风险资产，以平抑货币贬值损失。

"盛世藏古董，乱世藏黄金。"经济繁荣时期，居民财富迅速增长，此时古董等炒作的空间大。但在经济萧条时期，各行各业都在去杠杆、削减产能，新经济增长动能尚未培育成熟，同时各种不确定性因素大大增加，如欧洲难民危机、恐怖袭击、英国脱欧、意大利公投、美国特朗普上台以及三大产油国突然减产促使全球通胀等就是典型事例。因此这一时期，黄金等贵金属就成了居民避险资产的首选。

银行理财产品虽然收益率在不断下降，但是其由银行作担保的稳健兼顾高收益（相较于存款利率）特性，是初次理财投资者的优选目标。根据2016年年末的数据，334家银行发行的7 352款银行理财产品平均收益为3.98%，相比于2.21%的存款利率仍然十分有吸引力。货币基金由于高收益、申赎灵活和几乎零风险的优势而成为银行理财的最佳替代品。尤其是互联网"宝宝"类产品，虽然不再像2013年刚推出时那样鼎盛，但年化收益率依然可以跑赢通胀。

房地产市场作为投资的"常青树"，因其作为大多数国家的支柱产业以及消费的刚需性而具有无可比拟的优势。2016年以来，在中国投资市场缺少投资渠道、投资市场不景气的背景下，房地产市场一枝独秀，一、二线城市轮番接续上涨势头，在"资产荒"的大环境下，成为唯一的避险产品。

在新旧经济动能交割切换的投资空档期和经济失速期，"资产荒"是必然现象，或许维持资产价值跑赢通胀已是较佳的决策，公众更应该致力于自身健康、子女教育，尤其是职业能力提升的投资，这才是在迅猛剧变的当今世界最明智的投资抉择。

三、投资周期与主题转向

自大萧条以来，学术界对于经济周期的研究，大致可归纳为五大主要流派：传统凯恩斯主义的内生经济周期理论、现代货币主义、理性预期学派、新古典实际经济周期理论和新凯恩斯主义DSGE（动态随机一般均衡）理论。从具体根源来看，可划分为消费不足论、投资过度论、货币信用过度论、创新理论、心理理论、太阳黑子理论和政治周期理论等。学术界追根溯源的科学探索已经将经济周期的根源论述清楚，同时投资业界则借鉴了周期类型的划分，对长周期亦即长波、康波周期进行了广泛研究，这些对当前世界经济在经济周期中的定位以及未来的投资方向都具有重要意义。

对经济长周期的解释，大多是从熊彼特的技术创新理论和康波周期理论出发，通过技术的创新革命和主导产业的演化推动新一轮经济增长，伴随技术的大规模创新应用、漫化和深化，以及信贷的大幅扩张使经济进入繁荣阶段；之后，经济进入平稳增长期，在平稳增长中技术创新逐渐衰竭，最终爆发矛盾，接着经济进入衰退和萧条期。因此，只有通过新的科技突破，才能引领新经济的复苏。

自第一次工业革命至今，世界经济共经历了五次长周期。对1973年以前经济长周期划分受到广泛认可的是雅各布·范杜因，在他的划分中有繁荣、衰退、萧条和回升四个阶段，并且以标志性技术的创新为分水岭，如表7.1所示。周金涛（2016）认为，由20世纪90年代互联网信息技术革命推动的世界经济繁荣期，因2007年次贷危机的爆发而转入长周期的衰退期，也被其称为康波衰退一次冲击。从康波的一般理论来看，衰退阶段开始，都会出现一个标志性的经济危机，第四次康波中，1971—1973年布雷顿森林体系的崩溃和此次全球金融危机就是最好的例证。2008年金融危机后，中国经济依然能一枝独秀，很重要的原因是高达4万亿元的刺激计划。学界争议中有认为当时4万亿元正是去向现在产能过剩"重灾区"的钢铁、水泥、煤炭、石化等产业，使如今供需错配的严重结构性矛盾越发难以解决。因此，中国的特例，可以用政府外生干预导致衰退后延以及中国移动互联网不同寻常的繁荣来解释。因此，应以2008年金融危机作为世界经济繁荣和衰退的分界线。1992—2018年世界及主要国家GDP增速见图7.10。

表7.1 世界经济史上的五轮经济长周期（1782—2019年）

康波周期	繁荣	衰退	萧条	回升
第一波（纺织工业和蒸汽机技术）	1782—1802年（20年）	1815—1825年（10年）	1825—1836年（11年）	1836—1845年（9年）
第二波（钢铁和铁路技术）	1845—1866年（21年）	1866—1873年（7年）	1873—1883年（10年）	1883—1892年（9年）
第三波（电气和重化工业）	1892—1913年（21年）	1920—1929年（9年）	1929—1937年（8年）	1937—1948年（11年）
第四波（汽车和电子计算机）	1948—1966年（18年）	1966—1973年（7年）	1973—1982年（9年）	1982—1991年（9年）
第五波（信息等技术）	1991—2007年（16年）	2007年至今	—	—

资料来源：陈漓高和齐俊妍（2007），Wind。

注：陈漓高和齐俊妍续写了1973—1991年的中断期因发生重大战事的破坏使世界经济数据缺失而难以统计分析。第五次长波周期时间段划分则采纳周金涛的观点。

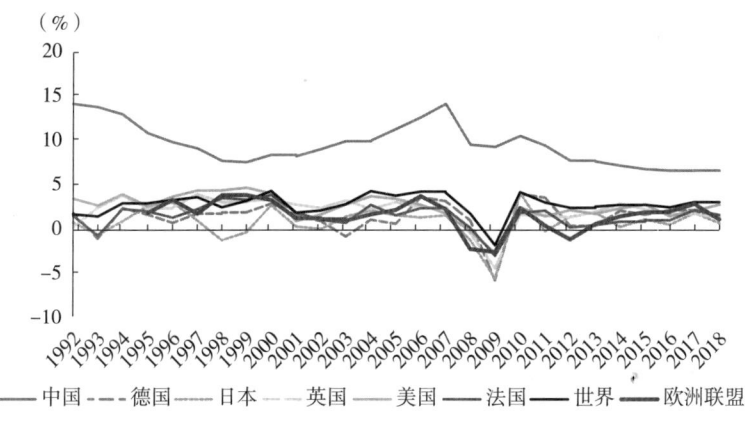

图7.10 1992—2018年世界及主要国家GDP增速

资料来源：世界银行世界发展指数数据库。

负利率

在新的周期尚未明确之际，全球范围内对新技术、创新和创造的投资需求极为强烈。因此，如增长乏力、失业率上升、债务高企、贸易和投资低迷、金融杠杆率居高不下、国际金融和大宗商品市场波动等一系列问题都只是表象，这无疑是对"负利率时代"全球经济现状的最佳诠释。面对相对疲软的世界经济，一些国家希望通过实施宽松货币政策等刺激措施以求推动经济的复苏。然而事实证明，简单的货币政策刺激，并不能为世界经济增长带来长期稳定发展的内在动力，而经济复苏根本上需要新一轮的技术革命。在这一背景下，新一轮科技革命风起云涌，信息、生物、新材料和新能源等技术交叉整合，不断向经济领域广泛渗透，这无疑是转变经济发展方式、培育内生经济增长动力的突破口，更是当下和未来投资的风向标。社会和企业只有找到真正的内生动力，通过投资新的方向，开启新的周期，不断革新生产效率和技术，才能在低迷增长中突围——负利率不过是为这场"突围战"争取到多一点的时间和空间而已。

第八章

负利率与汇率

资金将从低利率国流向高利率国以谋取利润。但套利者在比较金融资产的利率时，还要考虑两种资产由于汇率变化所产生的收益变动。

——凯恩斯(英国经济学家)

实施负利率政策的目的之一，在于稳定本国的汇率以维护本国正常的资本流动，进而促进经济的健康发展。那么负利率政策对稳定汇率和国际资本流动究竟有何影响？这就需要了解利率与汇率相互作用的机制及其现实意义，从对实施负利率政策以稳定汇率的经济政策效果入手，分析负利率与国际资本流动的关系。

一、利率调节与汇率变动

（一）汇率理论的演进

利率与汇率分别代表资金对内和对外的价格，两者在经济运行中相互作用、相互影响，对实现经济均衡起到至关重要的作用。国际金融理论对利率与汇率的研究有许多不同的方向，对两者的理论关系也有不同的阐述。其中经典的理论有凯恩斯等的利率平价理论、蒙代尔－弗莱明模型以及多恩布什模型。

1. 利率平价理论

1923年，凯恩斯在其著作《货币改革论》中较早直接论述了利率与汇率的关系，系统总结了远期汇率的决定机制，认为国家间的利率差异是远期汇率的主要决定因素。凯恩斯和艾因齐格认为，当两国利率存在差异时，资金会从低利率国家流向高利率国家。但是金融资产的收益率并不是套利者唯一考虑的因素，他们还要考虑是否存在外汇风险——资产是否会因为汇率变动而产生收益变动，因此套利者往往会将套利与掉期业务相结合，来避免汇率风险。而大量掉期外汇交易，会造成低利率国即期汇率下浮，远期汇率上浮；高利率国即期汇率上浮，远期汇率下浮，因此会出现低利率国远期升水，高利率国远期贴水的现象。随着套利的不断进行，远期差价不断拉大，直到两种资产的收益率完全相等，套利活动就会停止，而远期差价则等于两国利率之差。根据投资者的风险偏好假定不同，利率平价理论又可以分为无抛补的利率平价和抛补的利率平价。

2. 蒙代尔－弗莱明模型

蒙代尔－弗莱明在米德开放经济条件下不同政策效应分析的基础上，进一步说明了资本是否自由流动，以及不同的汇率制度对宏观经济的影响。蒙代尔－弗莱明模型的基本结论是：在资本自由流动的前提下，实施固定汇率制度的经济体的货币政策对经济刺激无效，财政政策效果显著；实施浮动汇率制度的经济体的财政政策对经济刺激无效，货币政策效果显著。

在固定汇率制度下，如果中央银行通过提高利率来实施紧缩的货币政策，会吸引大量国际游资进入，该国就会面临汇率升值的压力。央行此时为了维持固定汇率，买进外币，抛售本币进行干预，但这种干预会使本币供给增加，最初紧缩的货币政策效果被抵消。而当政府通过减税或增加支出等扩张性财政政策来刺激经济时，总需求增加，利率上升，资本流入，本币面临升值压力，央行为了维持固定汇率需要在市场上买进外币，抛售本币，货币供给增加，扩张性政策效果显著。在浮动汇率制度下，情况则完全相反，货币政策有效而财政政策无效。

3. 多恩布什模型

多恩布什在《预期和汇率动态》一文中创造性地提出了黏性价格货币分析法,他认为产品市场和金融市场对于政策反应的敏感程度具有不对称性,因此两者反应时间的差异会导致汇率变动率大于货币供给变动率,产生汇率"超调"现象。多恩布什的"超调"模型继承了凯恩斯模型传统,又具有蒙代尔-弗莱明模型的长期特征。多恩布什的模型表明,在价格黏性的假定下,货币供给增加造成利率暂时下降,资本外流,在短期内会伴随汇率过度上升的"超调"现象;而在长期,利率和实际汇率则会向长期均衡点回归,出现利率上升和实际汇率下降,最终产量还是原来的充分就业水平,利率为世界利率,实际汇率为变动前的原始汇率,因此,货币供给的增加仅仅带来了价格水平和名义汇率的上升。

(二)利率与汇率"互搏"

1. 利率对汇率的影响

利率对汇率的短期影响和长期影响的作用机制是不相同的。短期内,利率变动主要通过对项目资本的实现以及对资产转换的影响来调节汇率的升降。而长期来看,利率的变动则主要通过影响经常项目收支以及物价水平来影响汇率的变动。

短期来看,一方面,在资本市场开放的前提下,利率变动对汇率的短期影响主要通过资本项目实现(见图8.1)。首先,当一国利率升高时,会吸引国际短期资金流入套利,国际市场上对本币需求增加,本币升值,外汇汇率下降。其次,一国利率的提高会使流出资本减少,流入资本增加,减少了国际收支逆差,从而支持本币汇率升高。最后,利率的提高意味着本币借贷成本的提升,本币借贷的规模和进入外汇市场的本币数量也会缩减,外汇呈现供大于求的场面,导致本币升值,外汇汇率降低。当利率下降时,汇率则反方向变动。

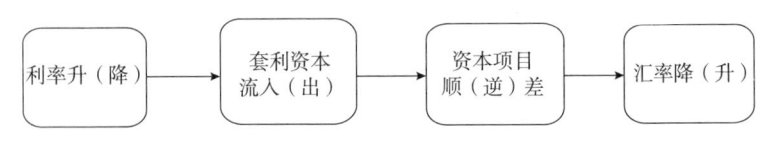

图 8.1 短期利率对汇率扰动的资本项目途径

另一方面,利率变动对汇率短期影响的另一种途径是资产转换(见图 8.2)。本币利率上升意味着本币资产的收益率上升,居民有动力在外汇市场上将外币资产转换为本币资产以获取高收益,这导致外汇的供给大于需求,进而本币升值,外汇汇率下降。

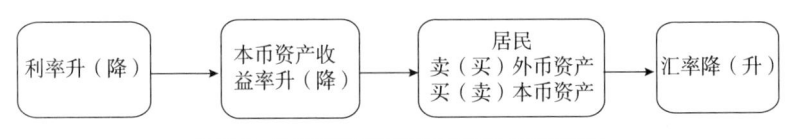

图 8.2 短期利率对汇率扰动的资产转换途径

长期来看,首先,利率变动会通过经常项目收支影响汇率(见图 8.3)。当利率变化时,厂商投资成本发生变化,本国产品的相对竞争力发生变化,对经常项目收支中的出口产生影响,从而对汇率产生影响;当利率变化时,居民使用资金的成本发生变化,消费需求也发生改变,影响经常项目收支中的进口,也对汇率产生影响。

图 8.3 长期利率对汇率扰动经常项目途径

其次，不同国家利率的差异会决定远期汇率的变动。在利率平价定理中提到，外汇交易者的抵补套利行为会造成高利率货币远期汇率贴水，低利率货币远期汇率升水的现象。

最后，根据购买力平价理论，在长期，利率的变动如果影响到物价的变动，就会影响到本国通胀率与外国通胀率之差，从而引起汇率变动。

2. 汇率对利率的影响

汇率变动一般通过物价水平、短期资本流动和外汇储备等途径间接对利率产生影响。

第一，汇率的变动会影响本国的物价水平的变动。当汇率下降后，国内物价上升，实际利率下降，这种情况有利于促进出口，限制进口，对债务人有利，对债权人不利，最终会造成借贷资本供求失衡，名义利率上升。如果汇率上升，则利率变化与之相反。

第二，短期内汇率变动会影响预期的变化，进而影响资本的流动方向。当汇率下降后，人们一般会预期汇率有进一步下降的趋势，货币贬值的预期引起短期资本外逃，国内资金供不应求，推动利率上升。但是如果人们预期汇率即将反弹，那么利率也会往相反方向变化。

第三，汇率的变动会影响国内进出口的变动，进而影响资金的供求。当汇率下降后，本币贬值，本国外贸条件会得到一定程度的改善，出口的增加带来外汇储备增加，国内资金供大于求，利率下降。反之，汇率上升将会带来外汇储备的下降，以及利率的上升。

（三）货币政策的不可能三角

在蒙代尔－弗莱明模型的基础上，克鲁格曼提出了著名的"三元悖论"，即资本自由流动、保持固定汇率制度和实现货币政策独立性，这三大政策目标无法同时实现，最多只能选择两个，从而被称为货币政策的"不可能三角"（见图 8.4）。

图 8.4 货币政策的悖论：不可能三角

例如，1944—1973 年布雷顿森林体系时期，各国维持了货币政策的独立性和固定汇率制度，但是资本的流动受到严格限制。而布雷顿森林体系解体后，美国等资本主义国家大多选择货币政策的独立性和资本自由流动，放弃了固定的汇率制度。选择货币政策独立性和汇率稳定的代表国家是中国，因为在中国经济发展初期，资本自由流动并起不到太重要的作用。但是随着中国的经济不断发展，改革不断深化，近年来中国的资本账户开放程度逐步提高。2016 年 10 月，人民币被正式纳入国际货币基金组织的特别提款权，这意味着人民币将逐步成为可自由兑换货币，而中国资本市场也将逐步实现完全开放。因此，跨境资本流动性进一步提高是中国经济发展的必然趋势。那么，中国也必将面临货币政策独立性和固定汇率的去留抉择。一般而言，独立的货币政策是不可能放弃的。因此，接下来中国很有可能要经历从固定汇率向浮动汇率转变的过程。

二、负利率与资本自由流动

各国使用负利率工具影响汇率，除了迫于国际资本流入对本币升值的压力之外，也希望通过压低本币汇率促进出口，扩大贸易顺差。

第八章 负利率与汇率

但是一国的货币政策能否产生货币当局期待的效果，并不仅仅取决于本国的政策操作，还取决于许多其他因素，比如世界主要经济体货币政策的溢出效应，资本是否自由流动，负利率到汇率的影响机制是否顺畅等。

（一）强势美元溢出

美元在国际贸易计价中占主导地位，在负利率时代的强势进一步突出。美联储货币政策的每一次变动，都会对世界其他地区的经济体产生政策溢出效应。其中，典型案例当属1994年因美联储意外上调利率造成的墨西哥"龙舌兰危机"。2008年以来，为了应对金融危机，美联储率先推出量化宽松，随后各主要经济体纷纷实施各种非常规货币政策，政策利率在前所未有的超长时间内维持在超低水平。在非常规时期，美联储货币政策的溢出效应更加显著。

随着美国经济的逐步复苏，2013年5月，美联储时任主席伯南克在公开场合提及考虑减缓资产购买速度的可能性。这一预期又给市场带来巨大波动，新兴市场资产价格大幅下跌。2013年12月和2014年1月，美联储两次缩减购债规模。2014年10月，美联储正式宣布退出量化宽松，日本、欧元区等经济体的资本大量流出，造成欧元和日元贬值。2014年开始，美联储开始逐渐缩减宽松政策规模，并于2014年9月推出量化宽松，美联储的货币政策变动，对于其他国家的影响非常显著。由于全球经济体复苏程度不一，各国货币政策出现分化。

美联储收缩的货币政策具有全球性的外溢效应。除美洲发达国家以外，其余国家均在美联储货币政策正常化过程中面临不同程度的资本流出。具体表现为：第一，美元走强导致以美元计价的大宗商品价格下跌；第二，全球经济复苏基础脆弱，美国先于其贸易伙伴收紧货币政策会放大加息带来的通缩压力；第三，资金从其他经济体流入美国，造成流出国流动性压力收紧，带来股市下跌和资产泡沫破裂的风险；第四，新兴市场国家融资成本增加，背负巨额美元债务的国家或承受汇率与利率双重压力，引发债务危机。

2015年12月以来，美联储不断加息，同时日本和欧洲央行也对继续"放水"表现出谨慎的态度，各国的货币政策都在不断调整，2019年之前全球主要经济体货币政策的变化总体表现为收紧趋势逐渐蔓延。2015年全球货币政策开始趋势性收紧的主要原因在于通胀预期的上升，衡量通胀的主要指标PCE（个人消费支出）物价指数在2016年12月增长1.7%，接近美联储2%的目标水平，同期美国时薪同比增长2.9%，创2009年以来最大增幅。2017年1月，欧元区通货膨胀率升至1.8%，已经接近欧洲央行的目标水平，创下2013年2月以来的最大增幅。值得注意的是，面对美联储加息带来的美元升值压力，特朗普上任后公开对强势美元施压，美元升值趋势有所减弱，而其他主要经济体对通货膨胀的预期上升，经济复苏趋势向好的情况下货币政策逐渐收紧，这可能造成本币对美元过强（图8.5和图8.6显示了

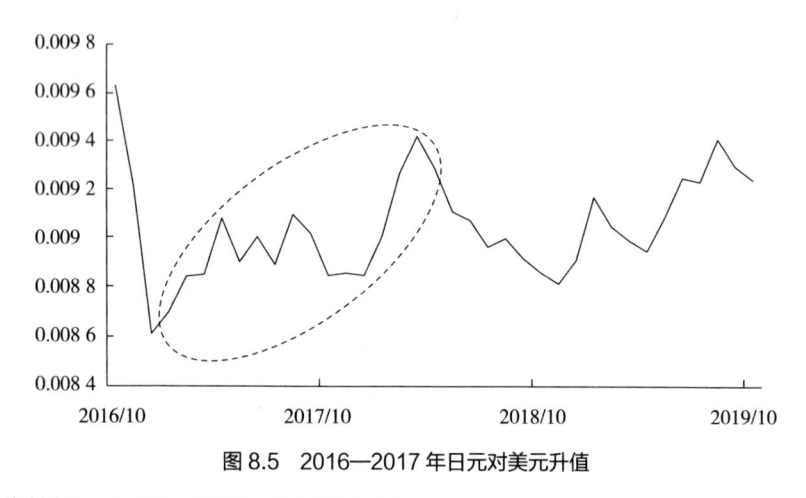

图8.5　2016—2017年日元对美元升值

资料来源：OANDA（互联网货币交易公司）。

第八章　负利率与汇率

图 8.6　2017—2018 年欧元对美元升值

资料来源：OANDA。

日元和欧元对美元升值的趋势），对贸易造成打击，影响脆弱的复苏进程。2019年以来美联储再度数次降息，如何在应对美国货币政策溢出效应的同时，减缓流动性的扩张步伐，会给各主要经济体央行带来新的挑战。

（二）资本自由流动的挑战

阿尔文·汉森的长期停滞理论认为，工业化国家受到储蓄率上升、投资率下降的困扰，会导致实际均衡利率下降，并且利率并不一定会自动回升至"正常水平"。这与2008年金融危机后全球陷入长期低迷的经济状况有相似之处。近期的研究发现，经济停滞会通过汇率和资本自由流动两个渠道在全球范围内进一步扩散。从汇率渠道来看，全球需求疲弱加上利率下调空间有限，通常会降低本国出口需求，导致实际汇率升高，需要进一步降低利率以配合潜在产出。从资本自由流动渠道来看，一国经济长期处于停滞状态，储蓄大量超过投资，当资本可以自由流动时，过量储蓄会通过经常账户盈余流入另一个国家，

159

这会给流入国造成利率下行的压力,这种渠道传导效率的高低,取决于资本市场一体化的程度。通常情况下,货币政策相对于财政政策来说,有更强的负外部效应。在资本市场一体化程度更深的开放经济中,对一国而言,刺激性的货币政策,可能会通过国家间的资本流动,造成其他国家理想储蓄与投资之间的错配问题,从而影响这些国家的政策选择。并且,这些影响很大程度上区别于非开放经济条件下可能产生的影响。

这在一定程度上可以解释为什么日元和瑞士法郎在实施负利率的情况下仍然无法抑制其升值趋势。日本和瑞士因为其可观的经常账户盈余和持有的大量债权,而使日元和瑞士法郎成为传统的避险货币,每当有非本国原因导致的全球风险发生时,总会有大量资本涌入日本和瑞士避险。而日本作为惯常的低息国家,一直以来并不依靠高利率吸引资金,因此即使利率进一步降低,当面对其他金融风险时,日本和瑞士仍然是投资者心目中的"避险天堂"。日本与瑞士近年来的出口状况也可以印证负利率对出口的刺激作用并不显著。日本在20世纪90年代泡沫破裂后经济一直低迷,2008年金融危机后全球需求收缩,其出口进一步降低。虽然之后有所回升,但是2018年出口依旧达不到2008年的出口水平(见图8.7),由此可以看出,其多轮量化宽松以及负利率对出口的刺激效果并不显著。

(三)国家是否应操纵汇率

在利率接近于零的时候,一国货币政策对外部的依赖程度不断上升,其效果更多地通过汇率来传导,这会造成金融市场对汇率的波动越来越敏感,各国央行对汇率波动的反应也会比以往更加强烈。可以看到,当前经济、贸易边界和央行资产边界存在着背道而驰的趋势。一方面,经济增速放缓,贸易活动减少,经济基本面扩张几乎停滞甚

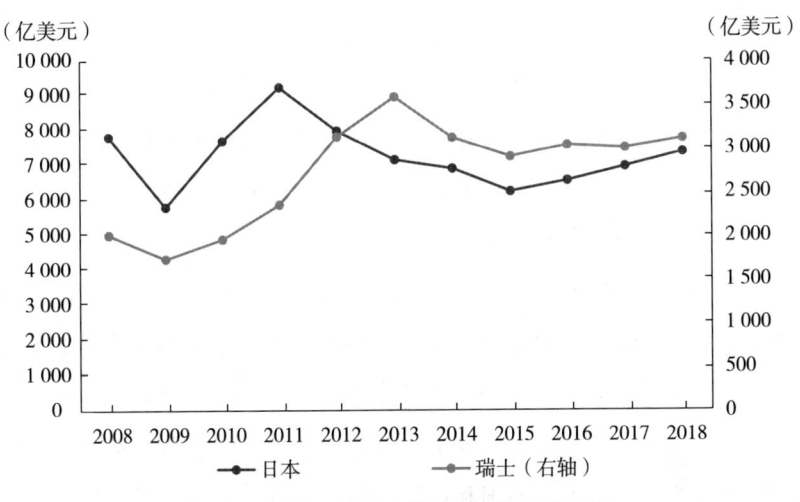

图 8.7 2008—2018 年瑞士、日本出口量变化

资料来源：UN Comtrade（联合国商品贸易统计数据库）。

至面临收缩困境。另一方面，央行采取的非常规货币政策导致资产边界进一步扩张，在这种背景下，各国汇率冲突激增，使全球金融市场的不确定性提升。

自美国特朗普总统上任以来，美国与中国、德国等对美贸易顺差国的摩擦不断，多次在公开场合指责中国、日本、德国为"汇率操纵国"，认为这些国家操纵货币市场，使本币贬值，进而从美国赚取巨额贸易顺差。美国财政部对"货币操纵国"提出了三个标准：其一，该国必须与美国有显著的双边贸易顺差（超过 200 亿美元）；其二，该国有大量经常账户盈余（超过 GDP 的 3%）；其三，持续、单向的汇率干预（汇率干预规模达到 GDP 的 2%）。达到以上三个条件就会被认定为"货币操纵国"。简单来说，一国利用其决定本国货币汇率的能力，使汇率向有利于本国的方向变动，造成不同程度的贸易顺差或逆差。

面对美国的指责，德国央行主动做出回应，认为是欧洲央行过度的扩张性货币政策造成了欧元汇率相对于德国经济发展来说过低。同时 2017 年德意志银行认为，相比于德国、韩国、日本和中国台湾，瑞士对汇率的干预规模高达 GDP 的 9%，经常账户盈余占 GDP 的 10%，对外贸易发展态势良好，以美国财政部的标准来看，瑞士才是头号"汇率操纵国"。这表现出国际经济环境中因为货币政策导致的汇率摩擦问题正在不断显现。

在 1994 年 WTO（世界贸易组织）成立前，韩国、中国都曾经被列为汇率操纵国，WTO 成立后因认定他国为汇率操纵国会使美国表现出贸易保护主义倾向，与 WTO 宗旨相违背，因此取消了对"汇率操纵国"的认定。但在 2016 年 4 月，美国提出了"监视国家、地区列表"，将中国、德国、日本、韩国和中国台湾列入其中，这些国家和地区正是美国再次认定"汇率操纵国"的雏形。2019 年 8 月，美国财政部长姆努钦发出声明，认定中国为汇率操纵国，这一决定在 2019 年 12 月正式由白宫声明取消。多数有"操纵汇率"可能的国家都是制造业大国，依靠对美出口制造业产品形成顺差；这样美国认定"汇率操纵国"的根本目的就一目了然了，表面上是对这些国家干预汇率的不满，实际上是期待其制造业回流和重新获取贸易优势。

三、负利率能否稳汇率

利率的变动可以通过各种方式对汇率产生一定的影响，因此各国会采取负利率政策来稳定本国的汇率水平。就实施负利率的时机来说，各央行并非在经济危机最严重的时候采取负利率的政策，而大多在后危机时代采取相关政策。可以看出，各国都希望以超低利率或超宽松的货币政策压低汇率，从而达到刺激资产价格，实现通胀的目标。但是负利率政策对于汇率的影响作用有多大？事实上负利率政策对压低汇率，防止本币过度升值是有一定贡献的，但是考虑到经济体面临的不同经济环境，以及是否有其他的配套措施予以配合，不同央行实施负利率政策对汇率的效果是有差异的。

（一）丹麦：成功稳定

丹麦被认为是采取负利率政策最成功的国家。从汇率机制来看，丹麦是欧洲汇率机制（ERM）的正式成员，丹麦克朗从20世纪70年代起就承担着与德国马克挂钩的职责。1999年欧元诞生后，丹麦虽然没有加入欧元区，但是在新的欧洲汇率机制（ERM2）框架下，丹麦央行需要将丹麦克朗对欧元控制在中心汇率7.460 38上下2.25%的区间内。从经济基本面来看，2008年金融危机和欧债危机后，丹麦经济受到重创且复苏缓慢。2009年底，丹麦经济较2007年危机爆发前的高点收缩了8%，GDP增长率一度缩减至-4.91%。之后虽然有所增长，但其GDP增速在金融危机后至今很长一段时间内都低于其邻国瑞典和德国。自2016年起，丹麦的GDP增长率再一次开始下滑，从2016年的2.4%下滑至2018年的1.49%。在这样的经济情况下，丹麦央行"不惜一切代价"保卫联系汇率制度。这样做或许也有希望跟随欧元贬值从而刺激经济复苏的更深层次的目的。

2012年欧债危机持续发酵，大量资金从欧元区出逃，购入具有AAA评级的丹麦克朗避险，丹麦克朗面临巨大的升值压力，这也危及了丹麦的出口。为了维持丹麦克朗对欧元的汇率稳定，丹麦央行效仿瑞典央行，开展了负利率实验。2012年7月，丹麦央行将金融机构在央行的7天存单利率下调至-0.2%，但金融机构在央行的隔夜存款利率不受影响，仍然适用零利率。事实证明，丹麦央行的负利率实验至少在稳定汇率方面是成功的。丹麦克朗开始了对欧元长达半年的持续贬值，之后存单利率被上调至-0.1%。此后一年，丹麦克朗对欧元汇率大体保持稳定。但是进入2014年，欧元区经济开始呈现复苏迹象，大量国际资金重返欧元区，丹麦克朗贬值压力加大。因此，2014年4月丹麦央行宣布加息，将存单利率提升至0.05%，结束了近两年的负利率实验。但是丹麦的正利率仅仅维持了不到5个月，随着欧洲央行步入负利率，丹麦央行在同年9月又一次将存款利率降至−0.05%。2015年1月，丹麦克朗对欧元持续升值，央行三周内四次降息至−0.75%，随后资本流入趋于平稳，丹麦克朗对欧元逐步贬值，并在2016年1月将利率上调为−0.65%。虽有所上调，但丹麦的利率一直维持在−0.65%的水平。

丹麦央行的负利率政策就稳定汇率来说是成功的，几乎每一次负利率的刺激，都能有效地实现丹麦克朗对欧元贬值的目标。尽管在四年多的负利率试验中，丹麦的物价仍然处于停滞状态，经济增长依旧缓慢，但是由于其负利率政策的唯一任务在于维持丹麦克朗与欧元汇率浮动限制在上下2.25%区间内，所以就这一点而言，负利率政策在丹麦确实是成功的。

欧元兑丹麦克朗汇率走势见图8.8。

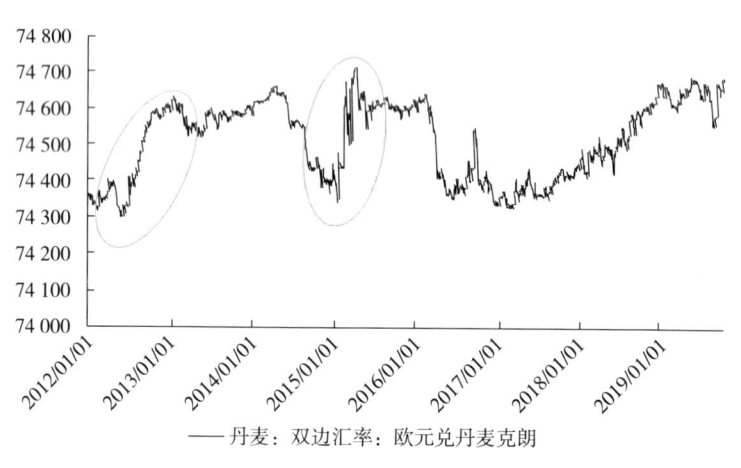

—— 丹麦：双边汇率：欧元兑丹麦克朗

图8.8 欧元兑丹麦克朗汇率走势

资料来源：OANDA。

（二）欧元区：宽松维稳

受经济危机以及欧债危机的影响，欧元区经济一直较为低迷。为了提振自主权债务危机后一直增长乏力的欧洲经济，2012年欧洲央行就开始了第一轮非常规的宽松货币政策，之后又连续推出长期再融资计划（LTRO）和直接货币交易（OMT）。进入2014年，后危机时代的欧洲普遍面临通缩压力和银行惜贷的问题，其主要经济体如德国、法国的通货膨胀率一度低于1%，原因之一在于坚挺的欧元降低了进口商品价格。而银行出于风险考虑，将大量资金作为超额存款准备金放在欧洲央行，最高达到4 300亿欧元。2014年6月，欧洲央行正式实施负利率政策，将隔夜存款利率降至-0.1%，此举意在将存入央行账户的银行资金引入实体经济，刺激企业贷款，减少个人储蓄，增加投资和消费，并在一定程度上压低欧元汇率。此后，欧元区一路下调存款利率，2016年将隔夜存款利率下调至-0.4%，2019年9月欧洲央行将隔夜存款利率进一步下调至-0.5%。

从表面上看来，欧洲央行的负利率政策对欧元的贬值效果显著，其名义汇率较实行负利率政策之前贬值18%，实际有效汇率下跌8.2%，欧元兑美元汇率从2014年年中的1.35降至2016年3月的1.13（如图8.9）。应该看到，这和欧洲央行采取的其他政策措施以及其当时所处的经济环境有很大关系。

欧洲央行自2015年起，开始实施量化宽松，并分别于2014年9月、2015年12月和2016年3月三次下调了金融机构的隔夜存款利率，最终降至-0.4%，之后一直维持在-0.4%的利率水平。2019年9月进一步下调至-0.5%，同时欧洲央行长期宽松的态度也令市场一直保持扩大量化宽松的预期。在此期间还实施了资产购买，定向长期再融资操作（TLTRO）等非常规宽松政策。从外部经济环境来看，2014年欧洲央行实施负利率之时，正值美联储逐步退出量化宽松，恢复利率正常化，市场对美联储加息预期提升，美联储也最终于2015年底加息，这使大量资金流入美国，导致美元汇率走强，欧元汇率得以借势回落。可以说，美联储加息是欧元贬值的主要原因之一。

整体上，负利率政策对于欧元贬值是有一定成效的，但是考虑到欧洲央行在实行负利率的同时，还采取了其他非常规宽松政策，加上美联储加息的外部环境对欧元贬值亦有重要影响，因此单一负利率对稳定欧元汇率的影响可能并不如表现得这么显著。

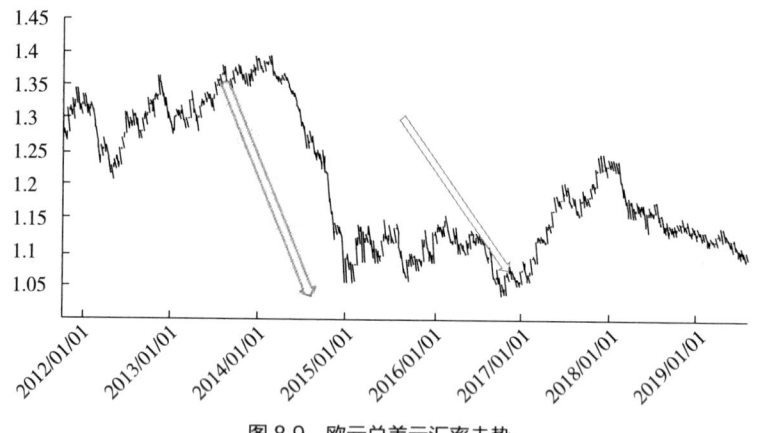

图 8.9 欧元兑美元汇率走势

资料来源：OANDA。

（三）瑞士、日本：试验失败

瑞士央行和日本央行分别于2014年12月和2016年1月加入负利率"俱乐部"，两者的实施都有减少其作为避险货币的需求，也都有其维持本币汇率稳定的目的，但是两国央行维持汇率稳定的负利率试验都失败了。

瑞士央行在很长一段时间内采取的是浮动汇率制度。直到2011年，

第八章 负利率与汇率

因为欧债危机和美债危机的持续发酵，全球避险情绪上升，所以瑞士法郎不断走强，这对以出口为主的瑞士经济造成极大压力，瑞士央行不得不设置了欧元兑瑞士法郎 1∶1.2 的下限来阻止瑞士法郎进一步升值。此后的三年内，瑞士央行通过不断购买欧元的方式将汇率固定在了 1∶1.2。2014 年 12 月，俄罗斯卢布汇率大跌，跌幅创下 1999 年 4 月以来最高纪录，俄罗斯的货币危机又激发了对瑞士法郎的避险需求，加上 6 月欧洲央行实施的负利率政策，都给瑞士法郎造成了巨大的升值压力，为了稳定汇率，瑞士央行宣布降息 25 个基点至 -0.25%，对象主要是超过一定额度的活期存款。但是降息的效果不太明显，同时伴随着市场预期欧洲央行即将推出量化宽松政策，大量欧元涌入，换取瑞士法郎，瑞士央行无力维持对欧元的固定汇率，被迫于 2015 年 1 月取消了欧元对瑞士法郎 1∶1.2 的下限。尽管瑞士央行同时将活期存款利率降至 -0.75% 以对冲升值压力，但瑞士法郎仍然对欧元暴涨超过 20%。欧元兑瑞士法郎汇率走势见图 8.10。

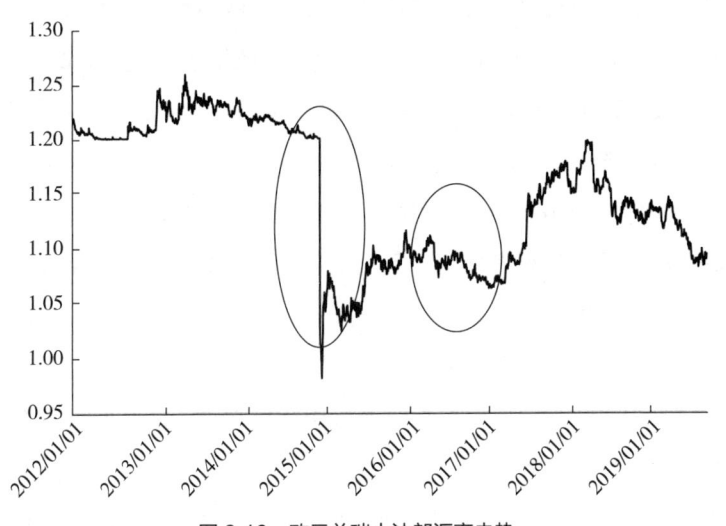

图 8.10 欧元兑瑞士法郎汇率走势

资料来源：OANDA。

负利率

　　为什么同样采取负利率政策维持汇率，丹麦获得了成功，而瑞士却失败了呢？同样应该从汇率机制和经济基本面两个方面来看。就汇率机制来说，不同于长期与欧元挂钩的丹麦克朗，2011年瑞士法郎设定与欧元兑换1.2的限制后，其实际有效汇率贬值13%，从同期避险货币美元升值23%就可以看出，作为世界主要储备货币之一的瑞士法郎的价值是长期被低估的。就经济基本面来说，不同于欧债危机后经济始终复苏乏力的丹麦，瑞士早在2009年第二季度之后就从衰退中走了出来，并维持了相对稳定的增长速度，瑞士的房地产业也几乎没有受到金融危机的冲击。

　　日本的负利率干预汇率政策，是五个经济体中实施得最为失败的。日本经济自20世纪90年代以来长期陷入低增长、低利率、低通胀的流动性陷阱之中，其无担保隔夜拆借利率在2008年已降至0.1%。2001年以后，为了刺激经济，日本实行了十多轮量化宽松，但也收效甚微。因此2016年1月，日本央行继瑞典、丹麦、欧洲、瑞士后，宣布实行"三级利率体系"的负利率政策也就不那么令人惊讶了。相比于大规模货币、财政刺激的政策，负利率政策成本显然远低于前者，因而其效果也不那么显著。2014年美联储退出量化宽松并如期加息后，日元一路贬值。这一度让人以为，日本宽松的货币政策成功干预了汇率。然而进入2016年后，特别是日本推出负利率政策时，正值市场避险需求上升，负利率推动日元汇率从118跌至121的效果仅维持了三天，随后一路上涨，到3月底已升至112.21，两个月内升值10%。美元兑日元汇率走势见图8.11。

　　日本的"三级利率体系"金融机构存放在央行的超额准备金适用于0.1%的利率，对于金融机构存放在央行的法定准备金和金融机构受到央行支持进行的救助贷款项目带来的准备金的增加，适用于0%的利率，以上两点范围外的存款准备金才适用-0.1%的利率。事实上，

第八章 负利率与汇率

截至 2016 年 2 月，金融机构在央行账户的资金中，只有 3.8% 适用于负利率。显然，央行是为了避免给银行业带来太大成本。肖立晟等人认为，负利率对日元的中长期影响取决于日本央行的放水能力，而日本央行已经购买了市场上接近 40% 的本国国债，很难再次大幅度扩张资产负债表，因此日元进一步贬值的空间相对有限。

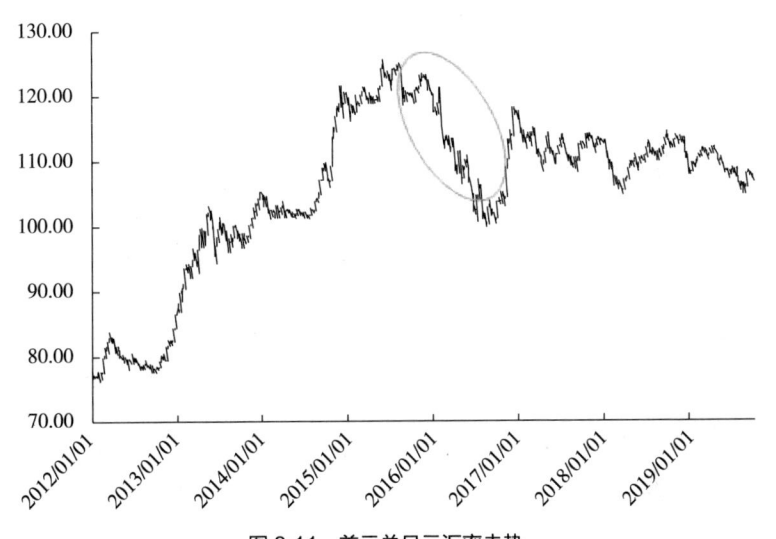

图 8.11　美元兑日元汇率走势

资料来源：OANDA。

第九章

负利率与社会平等

公平不是先验的、决定经济关系的东西,恰恰相反,它是由经济关系决定的。

——恩格斯(德国哲学家)

负利率政策会进一步影响居民的收入再分配，造成收入分配不公，从而扩大社会贫富差距，进而使养老和社会保障分配问题进一步加剧社会不公平，可能会影响社会的稳定。

一、负利率加剧社会不公

从社会收入再分配角度看，负利率是不"公平"的。决定社会公平的根本在于经济关系，社会公平作为一种对现存生产关系的价值判断，是由经济基础决定的，但是指望单纯依靠经济增长就会自发促进社会公平的想法是不科学的。当前，就我国而言，经济发展中呈现出的各种社会公平问题，与经济发展的阶段性条件和水平有着密切关系，但更与体现经济关系的各方面制度与政策有着直接关系。

现有关 QE 或 QQE 对于收入再分配的影响的研究很多，量化宽松的货币政策会进一步扩大收入差距，持续宽松的货币政策促进风险类金融资产价格上涨，使持有股票、共同基金的富人从中获益，而穷人只能得到极少的利息收入，从而加剧了收入不平等。而负利率政策正是继常规的降准、降息措施之后的非常规宽松货币政策，从不同方面对社会收入分配产生影响，包括储蓄存款缩水、通货膨胀效应、财富升值的再分配效应。

负利率

（一）造成存量资产缩水

负利率政策会导致居民的储蓄存款等存量资产缩水，进而造成财富从低收入群体手中流入高收入群体手中。在央行对商业银行的存款准备金实施负利率政策的情况下，商业银行有可能会将这一成本转嫁给存款者，负利率会使财富在不同收入群体之间转移：贷款客户获得额外收益，存款者却遭受损失。在现实经济中，低收入者的财富往往不足以积累产生投资行为，而高收入者的财富形式除了存款之外，还有更加多样的其他资产组合。假如存款利率水平为 –1.9%，储蓄者在银行存 1 万元定期，一年后就要损失 190 元的购买力，这损失的购买力以低收入群体的财富被侵蚀的方式悄然转移给作为高收入群体的负债者。由此，负利率可被看作一种"退步税"，即收入越低，"税率"越高，它会造成低收入者向高收入者财富转移的局面，导致贫富分化加剧等社会问题。

首先，负利率会促使居民的投资意愿上升。"退步税"的论证建立在高收入者财富分散投资的基础上，居民存款意愿降低，投资的意愿上升。近年来，很多国家的股票市值与房地产开发投资额远远超过货币当局存款货币银行存款，事实上，已经有很多文献关注负利率与房地产市场过热等现象的关系。如乔海曙和陈志强认为，负利率导致资金使用成本过低，减弱了成本约束，从而使投资者不计成本地进行投资活动。负利率又会使居民储蓄的财产购买力遭受损失。居民为了保值增值，会追逐具有财富效应的投资品，促进房市和股市的繁荣。在负利率环境下，储户还会面临机会成本损失。所谓机会成本，是指投资于某一方面而放弃另一方面投资的机会。如果居民选择将资金投资股市或房市，而不是放在银行，那么得到的收益将远远高于获得的存款储蓄利息，这中间的巨大差额就是储户失去的机会成本。近年来，过低的利率直接撬动了全球楼市的发展。从 2011 年初至今，北美、日本和中国的大城市房价持续上升，其变化十分类似。北美大城市和东京的房价接近翻倍，而中国一线城市的房价上涨同样异常火爆，表现出惊人的相似。

其次，相对于单位收益而言，民众对单位损失更为敏感。其表现是，人们会从"风险厌恶型"转向"风险偏好型"。在面临确定性损失时，会变得异常勇敢；为避免损失，会选择以冒险的方式达到目的。因此，负利率容易引发人们的投机、投资行为。可以想象，如果负利率的局面长期存在，存款从银行向股市和房市"搬家"的现象将持续下去。而居民的储蓄资金，尤其是普通民众的储蓄资金，是居民为应对未来不确定性支出的重要资金储备，一旦房市或股市出现大的波动，居民的生活将会受到较大影响。

2007—2018 年中国货币当局存款货币银行存款情况见表 9.1，2007—2018 年股票总市值与房地产开发投资额见表 9.2。

表9.1 2007—2018 年货币当局存款货币银行存款

时间	货币当局存款货币银行存款（亿元）
2018 年	235 511.20
2017 年	243 802.28
2016 年	234 095.17
2015 年	206 491.55
2014 年	226 941.74
2013 年	206 042.17
2012 年	191 699.20
2011 年	168 791.68
2010 年	136 480.86

负利率

续表

时间	货币当局存款货币银行存款（亿元）
2009 年	102 280.67
2008 年	91 894.72
2007 年	68 094.84

资料来源：国家统计局。

注：自 2011 年 1 月起，中国人民银行采用国际货币基金组织关于储备货币的定义，不再将其他金融性公司在货币当局的存款计入储备货币。自 2011 年 1 月起，境外金融机构在人民银行存款数据计入国外负债项目，不再计入其他存款性公司存款。

表9.2　2007—2018 年股票总市值与房地产开发投资额

时间	股票市价总值（亿元）	房地产开发投资额（亿元）	合计
2018 年	434 924.00	120 263.51	555 187.51
2017 年	567 086.00	109 798.53	676 884.53
2016 年	507 686.00	102 580.61	610 266.61
2015 年	531 462.70	95 978.85	627 441.55
2014 年	372 546.96	95 035.61	467 582.57
2013 年	239 077.19	86 013.38	325 090.57
2012 年	230 357.62	71 803.79	302 161.41
2011 年	214 758.10	61 796.89	276 554.99
2010 年	265 422.59	48 259.40	313 681.99
2009 年	243 939.12	36 241.81	280 180.93
2008 年	121 366.43	31 203.19	152 569.62
2007 年	327 141.00	25 288.84	352 429.84

资料来源：国家统计局。

注：1.根据证监会的建议，境内上市公司数量采用新的统计分类；2.股票总发行股本中含（A+H）股公司发行的 H 股。

最后，负利率政策也会提升大宗商品价格。除了资本市场，大宗商品市场在负利率的影响下，也有逐渐回暖的趋势。首先，原油价格上涨。2015 年底至 2016 年底，全球原油价格已从跌破 30 美元到目前回升至接近 50 美元，2018 年原油价格已升至 70 美元，2016 年初流行的油价将永远跌破 20 美元的悲观预判，目前看已接近荒诞。其次，黄金市场也有反弹趋势，从 2015 年 7 月至 2016 年底，黄金价格整体保持上升趋势，大致转入回升周期。毕竟，总体上大宗商品的供应有限，不可能像钞票一样快速廉价印刷。负利率推动大宗商品的价格回升，进而有可能带动 PPI（生产价格指数）的上升。2018 年，美国核心 CPI 同比已由 2014 年的 1.70% 升至 2.10%。

（二）影响通胀和收入预期

负利率政策被视作量化宽松的补充，往往会带来通货膨胀的预期。首先，通货膨胀会使现金的实际价值降低，而低收入阶层往往持有相对较多的现金，那么负利率则相当于一种"退步税"，即收入越低，"税率"越高，使低收入阶层相对收入减少，扩大收入差距。

其次，货币宽松会导致金融资产价格上升，而且金融资产的上升幅度要远高于工资增速。因此，负利率的实施会使现金的价值降低。据统计，2006 年金融资产占美国总资产的比例为 68.53%，2014 年这一比例则达到了 73.74%。之后虽有所下降，但金融资产占比 72.49%，仍然保持在 70% 以上。现实生活中，富人持有的金融资产更多，而对于穷人，这一比例要少得多。因此金融资产占比的提高，意味着贫富差距的扩大。

最后，根据伊斯特利（2001）使用的来自 38 个国家的 31 869 个家庭的调查数据，精明的高收入群体更倾向于利用股票等各类金融资产来抵消通胀带来的财富损失。在经济生活中，人们总是持有一定量的现金用于消费、交易。低收入人群的风险承受能力较低，对资产价格的敏感性较弱，他们难以通过风险资产配置来提高收入，并且其财富低于高收入人群。所以相对而言，低收入阶层将会更倾向于持有财富容易缩水的现金,"负利率"使普通居民的实际收入减少。因此穷者越穷,富者越富,社会收入分配不公的社会问题进一步恶化。

(三)干扰社会财富再分配

负利率政策会通过影响资产价格,进而影响财富的再分配。作为扩张性货币政策,负利率会使资产价值逐渐膨胀,产生资产泡沫。在这种情况下,虽然不同人群的名义收入水平都将得到增加,但却会加剧收入分配不平等的状况。高收入群体可以通过各种投资方式来分享资产价值膨胀带来的收益,但以纯粹的劳动报酬获取收入的人群,则很难分享到财富膨胀的盛宴。因为这些不富裕的家庭除了维持日常生活所必需的现金(或银行储蓄)以外,很少有其他金融资本投资或资产组合。这意味着这些低收入群体,包括仅靠劳动收入和固定退休金为生的阶层,只能被动承受财富缩水的局面,被动地变得更穷,进一步加剧财富分配的不平等。

除了普通居民的财富受到负利率侵蚀外,从社会层面看,还造成债权人和债务人之间的收入再分配、低收入群体和高收入群体财富上的进一步分化。对债权人和债务人而言,负利率以债权人的利益受到损害的方式使债务人获利。

二、负利率撼动社会保障基础

(一)拉低养老金回报

社会保障制度是社会公平的重要调节器,社会公平是社会保障制度的内在要求。从社会保险中比重最大也最重要的养老保险来看,尤其是在人口老龄化背景下,负利率的实施是对社会保障基础的进一步侵蚀,负利率政策会损害养老金的回报潜力,加大政府财政负担。

第九章　负利率与社会平等

近年来，养老计划面临巨大的保值增值压力。随着全球多家央行先后实施名义负利率政策，个人账户的缴费积累若无良好的保值增值的途径，大量资金将成为社会保险制度的负担。在我国，审计署对全国社保基金的审计结果显示，由于负利率的侵蚀，"躺"在账户中高达2.7万亿元的养老金仅2013年的损失就高达178亿元（余丰慧，2014）。养老金涉及未来千千万万居民的生活给付，若有差池，势必引起民众的恐慌与不满，危及社会稳定，甚至扰乱社会正常秩序，导致社会危机的爆发。

首先，负利率影响财富再分配，会造成严重扭曲的摩擦效应，降低原本可以达到的经济活力。负利率也可被称为"老人税"，最大的受害群体是老人。老人积累财富的过程已经完成，以后要依靠积蓄来度过晚年，但是储蓄却在负利率背景下持续缩水。他们几乎不可能再次创业，也不能领到可以水涨船高的工资；他们大多数人生活在农村，只有微薄的退休金；城市里的退休金虽然丰厚得多，但也永远赶不上通胀的步伐。总之，老人的"现金流"很有限，存款是财富的主要形式（相对而言，未来的现金流是年轻人的主要财富形式），因此老人是负利率政策下受害者的重灾区。

其次，许多现有退休人员和将来的退休人员还要依赖由机构管理的退休基金，而负利率政策会损害这类基金的回报潜力，许多大型养老金、保险公司等金融机构，也是国债等公共债券的重要持有者。普遍的低利率甚至负利率，使金融资产估值体系和定价基础被破坏，固定收益投资无利可图。而这些机构投资者为维持其持续不断的开支，对其所持有债券资产的收益率都有一定要求。并且他们的投资期限一般较长，通常是倾向于持有到期，而不是从债券的市场价值变动中获利。在当前负利率政策的影响下，国债等公共债券的收益率明显下降，严重打击了养老金和保险公司这类长期资产管理机构的稳定性以及盈利能力，甚至可能会出现入不敷出的情况，导致这些机构逐渐失去将长期国债作为基本资产配置的能力。对于养老金、保险机构等长期投资者来讲，随着越来越多的安全资产落入负利率区间，其收入将持续下跌，实现长期负债与长期资产相匹配的大规模债券投资者将面临严峻挑战。

再次，负利率以其特有的方式惩罚净储蓄者（补贴负债者），然而政策本身并没有区分谁是净储蓄者、谁是永续负债的管理者的能力。不幸的是，在社会经济运行中，负利率政策很可能误将养老金、企业年金和商业保险基金这类永续负债管理者视同净储蓄者，并同样对其持续损害。假定国债收益率是轻微的 -0.5% 或者 -1%，那就意味着一个国家为了维持其社会保障体系，政府、企业总体上需要为雇员所承担的养老金负担，最终会上升 15%~30%（钟伟、郝博韬，2016）。也就是说，国债端的负利率不仅会加大企业对雇员的养老负担和难度，也会增加寿险、年金和社保系统等永续负债管理者进行基础资产配置的困难，并迫使它们转向较为激进的资产管理策略，例如增加房地产、大宗商品、公用事业、衍生品等资产配置。如果一个经济体长期处于负利率的状态，其养老体系很可能会面临重大威胁，而在企业年金和商业寿险等其他支柱不断被弱化的情况下，政府基本养老将不得不扮演更重要的角色。就目前而言，负利率政策周期的长度依然不明确，如果长期执行负利率，很可能以这些养老金、保险公司等端点为引爆点，引发另一种金融危机。尤其在人口老龄化趋势下，负利率政策是对社会保障基础的进一步侵蚀，将加大政府财政负担。

最后，负利率损害退休人员的利益，因为他们通常持有风险较低的投资组合，其中固定收益证券所占比重较大。当利息收入降为零时，他们需要减少支出，以保护自己的积蓄，因此这类人口的不断增长成为经济的拖累。"受害者"是退休人员，他们在欧洲、日本和美国人口中所占比例很高，而且不断增长。全球正以惊人的速度迈向老龄化，这对世界经济来说可能是个坏消息。目前，全球很多经济体都在遭受老龄化甚至高龄化的困扰，包括瑞士、瑞典、丹麦、欧元区、日本，甚至美国这些发达经济体都是如此。据穆迪的报告，到2020年，13个国家将成为"超高龄"国，即20%以上的人口超过65岁。随着老龄化问题的严重，"未富先老"将会是经济社会发展阶段不可避免的问题之一。作为社会保障制度的重要组成部分，养老金对于保障公民退休后的基本生活需要，做到"老有所养"，解除公民对养老送终的顾虑和担心，对社会的和谐与稳定、减缓社会贫富差距加大的矛盾有重要意义。这表明负利率政策不但会加大企业为雇员提供养老金的负担，而且会弱化社会化养老保障的支撑能力，使政府的基本养老压力更大。更极端的情形是，负利率政策下，如果一国央行向财政提供的债务透支，将不得不主要用于养老等福利性领域，而无法用于生产性领域，即很可能是为未来的养老体制买单。那么印钞能保障养老体系的可持续性吗？陷入债务危机的南欧国家的现状，让人有充分理由对此表示怀疑。

（二）强化垄断部门利益

负利率现象影响着社会财富在存款者、银行、政府和企业之间的分配格局，对中国独特的金融和资本市场、房地产市场的发展产生影响。这种分配格局的改变，从长远看，不但会影响利益的公平分配，而且会影响社会资源的有效配置。

在国有金融主导的中国，负利率的实施会使一部分社会闲散资金脱离银行系统，使居民的财富缩水。根据国家统计局的数据，2013—2014年，城乡居民人民币储蓄存款年底余额增长率持续下降，降

负利率

幅约 3%，虽然之后有所回升，但 2017 年储蓄存款的增长率又降至 7.7%，2018 年上升至 11.23%。在资金需求难以压缩的情况下，银行存款增速下降使银行系统流动性降低，给银行的正常运营带来潜在压力。2007—2018 年城乡居民人民币储蓄存款年底余额及其增长率见表 9.3。

表 9.3　2007—2018 年城乡居民人民币储蓄存款年底余额及其增长率

时间	城乡居民人民币储蓄存款年底余额（亿元）	城乡居民人民币储蓄存款年底余额增长率（%）
2006 年	161 587.30	14.56
2007 年	172 534.19	6.34
2008 年	217 885.35	20.81
2009 年	260 771.66	16.45
2010 年	303 302.49	14.02
2011 年	343 635.89	11.74
2012 年	399 551.00	13.99
2013 年	447 601.57	10.74
2014 年	485 261.30	7.76
2015 年	546 077.85	12.53
2016 年	597 751.05	9.46
2017 年	643 767.62	7.70
2018 年	716 038.15	11.23

资料来源：国家统计局。

对于居民来说，负利率被称为"劫贫济富"的幕后黑手，它使存款者，尤其是个人储蓄者利益受损，中低收入人群最终会成为负利率困局中最主要的受害者。同时，负利率也是一种"老人税"，最大的受害群体是老人。从经济发展的角度，也会使财富不断地从家庭部门转移到产业部门，不利于扩大消费，对于实现经济从投资驱动转向消

第九章　负利率与社会平等

费驱动模式的转变无所助益。正如经济学家易宪容指出的那样："目前的负利率意味着社会财富大转移，意味着通过政府管制把居民的财富转移到暴富的房地产商手中，转移到效率低下的国有企业手中，转移到地方政府手中。"

对于企业来说，在利率低至负的刺激下，投资会从生产部门转移到金融部门，生产部门利润下降，投机暴利远远超过投资回报，实业资本受到威胁。考虑到我国的国情，国有大中型企业作为银行的主要贷款客户，成为最大受益者。但是，除了国有企业以及大中型企业之外，中小企业的融资环境反而因低利率政策而很可能恶化。之所以出现这种现象，是因为社会能够提供给所有企业的资本是有限的，国有企业以及大中型企业因其固有的优势更容易得到银行贷款，加之负利率的刺激，贷款需求必然会扩大，而这将导致分给中小型企业的"蛋糕"减少。在市场机制的作用下，民间借贷成本反而提高，加剧中小企业融资难的问题。

对于政府来说，负利率使政府获得较大利益，主要表现为政府债务融资成本的降低以及政府税收的增加。在我国，国债发行利率受中国人民银行确定的存款利率的影响较大，较低的利率使政府的债务融资成本降低。如图9.1所示，近年来，各级地方政府通过各种担保形式向银行融资，政府的债务水平自2008年以来持续增长。从政府税收方面来看，企业在较低利率的刺激下，使企业融资成本降低，也在某种程度上使企业业绩提升和利润增加，这必然带来政府税收收入的增长。如图9.2所示，2006—2018年国家税收收入一直持续增长。毫无疑问，政府增长的税收收入里包含存款负利率带来的影响，但由此也会催生不切实际的建设政绩工程，容易导致劳民伤财。在负利率效应的刺激下，可能会出现大量低效率的投资和盲目投资，由此也导致各种各样的大项目、空项目、形象工程屡见不鲜。这会降低社会资源

负利率

配置效率，增加宏观调控成本。因此，负利率引起的收入分配格局的改变不利于经济持续健康发展。

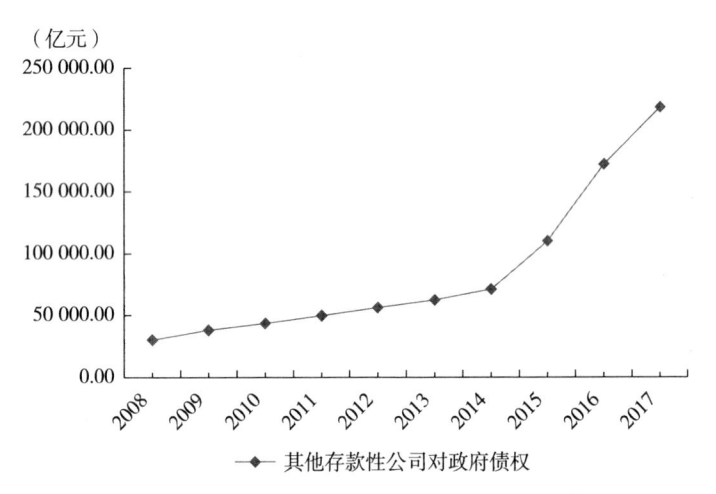

图9.1 2008—2018年其他存款性公司对政府债权

资料来源：国家统计局。

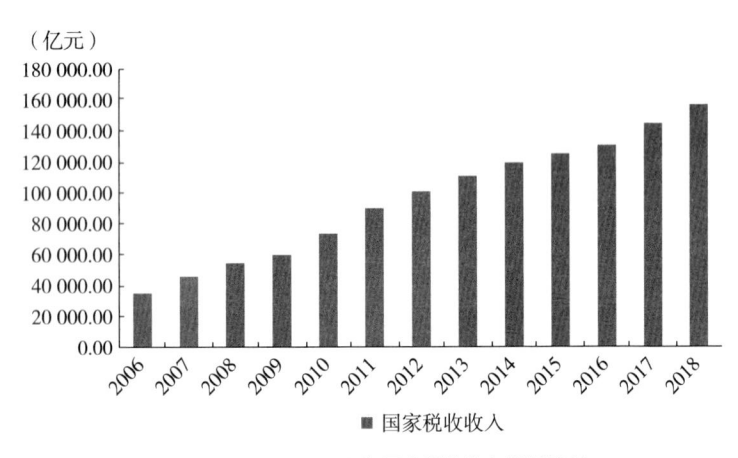

图9.2 2006—2018年国家税收收入增长情况

资料来源：国家统计局。
注：财政收入中不包括国内外债务收入。

三、负利率扩大贫富差距

贫富差距是导致全球经济乃至政治不稳定的重要原因。事实上，人们早就意识到控制收入差距的重要性。早在春秋时期，孔子就说过"不患寡而患不均"。也就是说，人们的效用不仅取决于自己的收入，也取决于周围人的收入；过大的收入差距会使社会底层民众产生一种"被剥削感"，降低社会整体福利，影响社会稳定。在实证上，国际货币基金组织2014年发布的研究报告《再分配、不平等和增长》，通过考察不平等和再分配政策对五年内人均实际收入和长期增长的影响，发现收入不平等加剧会阻碍经济增长。

（一）三大通道扩大差距

负利率主要通过储蓄通道、资产通道和收入构成通道三个方面影响收入差距。第一，储蓄通道。负利率主要影响居民的储蓄存款，进而使财富在不同收入水平的居民之间转移。目前几家央行所谓的负利率，只是商业银行在中央银行存款的利率为负，如果商业银行将这一成本转嫁给存款者，将会导致居民的银行存款大幅缩水。而往往处于社会底层的低收入群体持有较多银行存款，而高收入群体可以在金融市场上选择各类金融工具保持其财富增值，由此扩大了收入分配的贫富差距。第二，资产通道。负利率主要通过通货膨胀预期来影响资产价格，进而推动不同资产持有者之间的财富再分配。负利率带来的通货膨胀预期会推高资产价格上涨，然而富人金融资产占比往往较高，他们通过各种金融资产组合来抵制通货膨胀对其财富的侵蚀；低收入群体难以通过风险资产配置，反而更倾向于持有财富容易缩水的现金，所以低收入群体和高收入群体之间的贫富差距扩大。第三，收入构成通道。利率政策主要通过调节资产价格来影响不同收入结构者之间的资产价值分配。

负利率作为宽松货币政策，其对经济发展的刺激，会使资产价值逐渐膨胀，而擅长金融资本投资的往往是高收入群体，仅靠劳动收入为生的普通阶层以及依靠固定退休金生活的群体只会变得更穷，加大社会收入分配的不平等。

（二）贫富悬殊不可持续

贫富差距扩大带来的问题不利于经济的可持续发展。根据凯恩斯的经济理论，富人的边际消费倾向总体上低于穷人，并且这一规律也已被国外学者的实证研究所证实。考虑到边际消费倾向在高收入群体与低收入群体之间的差异，穷人的边际消费倾向更大，因此增加穷人的收入更有利于刺激消费，更有利于经济增长。而贫富差距扩大不利于经济增长，并且这种差距具有自我实现效应，长期积累会使社会福利受到巨大损失。

第一，贫富差距的扩大导致很多国家面临中等收入陷阱。2006年世界银行的《东亚经济发展报告》提出了"中等收入陷阱"的概念，指当一个国家的人均收入达到中等水平后，由于不能顺利实现经济发展方式的转变，经济增长动力不足，最终出现经济停滞的一种状态。陷入"中等收入陷阱"的国家表现之一就是收入差距过大，到一定程度之后，就会由于私人消费不足而导致严重的需求不足，经济增长就会失去动力。这一点在拉美国家，如智利、巴西、阿根廷等尤为普遍。一旦陷入"中等收入陷阱"，政府的扩张性激励就会造成财力和政策效率的同步下降，目前在新兴经济体中，阶层利益分化，阶层矛盾凸显，也面临着陷入中等收入陷阱的可能性。

第二，贫富差距的扩大不利于经济的稳定增长。美国金融危机凸

第九章　负利率与社会平等

显的是金融大佬和普通民众阶层的矛盾。危机向世人显示了"两个美国"的现实：一个是富人的美国，另一个是穷人的美国。同时，财富的分化也是导致欧债危机的原因之一。欧元体制天生的弊端，决定了欧洲央行主导各国货币政策大权，欧元区各国失去了货币政策的独立性。在经济动荡时期，各国无法运用货币贬值等政策工具，因而只能通过举债和扩大赤字这种财政手段来刺激经济，实施其政府职能。但是遭受危机的国家，大多财政状况欠佳，政府收支不平衡，其财政收入不足以维持欧盟区平均水平的福利，财政政策手段只会进一步加剧本国的经济危机程度。在经济增长停滞的情况下，不同国家的发展越发不同，日积月累，最后便会导致穷国与富国之间的人均收入拉大，进一步凸显欧元区穷国与富国之间的矛盾。在国际金融力量博弈之下，一旦经济状况出现问题，巨大的财政赤字和较差的经济状况，往往会使整体实力偏弱的希腊等国成为国际金融力量的"狙击"目标。

第三，贫富差距扩大不利于经济的可持续发展。在美国，贫富分化导致其储蓄率过低，由此造成投资不足和消费疲软，影响经济可持续发展。欧洲贫富分化导致穷国与富国之间差距拉大，有悖于"建立实行统一货币的经济货币联盟，促进成员国经济和社会的均衡发展"的初衷。从我国的情况看，财富差距扩大会抑制居民消费，难以通过拉动内需促进经济增长，不利于经济转型升级、跨越中等收入陷阱、加快供给侧改革。对于欠发达经济体来讲，因负利率而扩大的贫富差距对经济的伤害则更为明显。一方面，金融市场还不够成熟，深度和广度不够，制度尚不健全。以股票市场为例，投资者保护制度不健全会提高交易成本，降低股票交易的流动性，恶化投资环境，这更加强化了银行储蓄存款不可替代的作用。另一方面，欠发达经济体的社会保障制度仍然不健全，人们认为目前的养老体制不足以保障他们的退休生活，所以大部分人选择储蓄现有资金以获得利息，提高退休期的消费。

就我国来讲，近年来国内总储蓄率水平整体上保持上升趋势（如图9.3所示），2012年国民总储蓄率已超过50%，虽然之后有所下降，但2018年国民总储蓄率依旧在45%以上。自2009年以来，我国储蓄率排名世界第一，人均储蓄超过一万元。这一方面有传统储蓄观念的原因，另一方面也有生活保障不足的原因，大家只能自己储备以备不时之需。在负利率环境下，高储蓄率会使居民财富大幅缩水，阻碍中国经济的发展，扩大贫富差距。

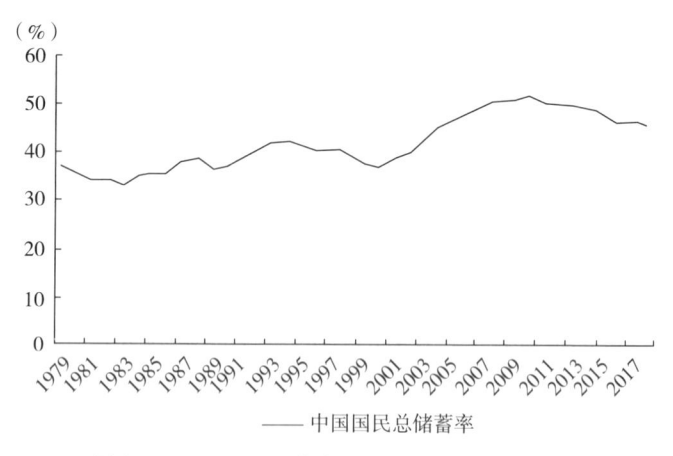

图9.3 1979—2018年中国国内总储蓄率水平变化

资料来源：国家统计局。

（三）负利率时代更需重视公平

目前，国际上通行的对贫富差距的测量指标是基尼系数。全球主要地区成人人均财富基尼系数见图9.4。联合国有关组织认定基尼系数在0.2以下，表示居民之间收入绝对平均，0.2~0.3表示相对平均；0.3~0.4表示比较合理。同时，国际上通常把0.4作为收入分配贫富差距的"警戒线",认为基尼系数在 0.4~0.6 为"差距偏大"。根据瑞信发布的《全球财富报告》,全欧成人人均财富的基尼系数一度超出 0.9,可以看出全球的贫富差距问题已经较为严重。

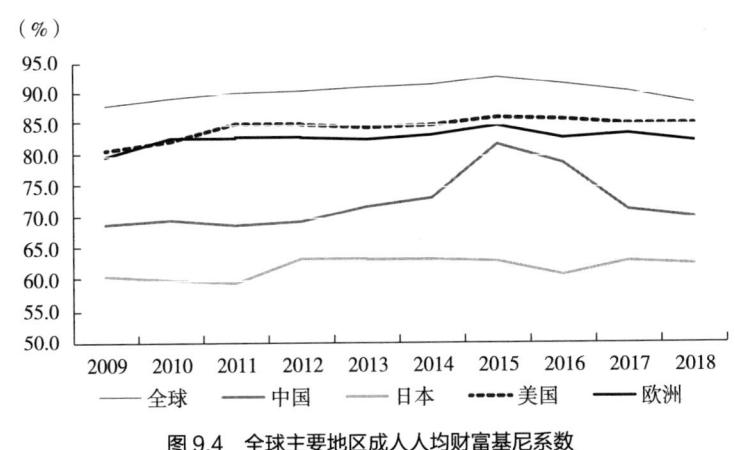

图 9.4 全球主要地区成人人均财富基尼系数

资料来源:Wind。

对于中国而言,据统计,2018 年中国的居民基尼系数为 0.468,已超过收入分配贫富差距的"警戒线"。虽然我国日益走上国富民强之路,但无论是机构、学者还是政府的各类统计分析均表明,百姓收入差距日渐扩大,这已成为当前社会各界广泛关注的热点、焦点问题,也是制约我国经济社会稳步健康发展的重大问题。收入差距扩大,不仅给世界经济结构带来严重缺陷,也对社会公平的理念形成严重冲击,对全球经济社会稳定构成重大威胁。

实施负利率政策造成的贫富差距扩大,政府方面应注意适度使用货币政策,同时配合各种财政政策来进行改善。只有同时兼顾效率与公平的社会,才可以保持经济的可持续发展。因此,在经济发展的同时,政府要调整好效率与公平之间的关系,为经济发展创造良好的环境，最大限度地确保社会成员起点公平、过程公平与结果公平。如提高社会保障支出占财政总支出的比重，发展社会保险和失业福利项目，以及提高就业援助上的政府开支，加强对低收入群体的教育投资和基本医疗卫生服务支出，完善社会福利体系等，以这些措施来降低低收入群体与高收入群体的收入差距。

第三篇

前景与选择

第十章

负利率经济体的未来

如果央行能够获得其他决策者的帮助，尤其是财政政策决策者在下一次衰退期间帮他们分担一部分稳定经济的责任，那么负利率完全可以是极为有益的。现在就排除负利率未免为时过早。

——伯南克(美联储前主席)

从较长时期来看，负利率政策会给未来经济发展留下很多隐患。在全球经济增长缓慢的环境下，越来越多的国家被迫加入"负利率"。面对"负利率"时代，在负利率政策的短期有效性和长期潜在隐患中，各国应该如何选择，需要进行认真思考和衡量。

一、"正增长"的三大挑战

在经济运行严重低迷、汇率波动过快的情况下，越来越多的国家被迫加入负利率体系，但人们长期以来对"正增长"的追求从来没有停止。综观采取负利率政策的国家，可以看出这些国家的一些共同挑战：第一，经济面临通缩，通货膨胀率长期达不到预期；第二，实际利率水平很低，利率水平长期处于低水平；第三，经济增速放缓，出现下行趋势；第四，货币面临升值压力。

（一）经济整体增速放缓

对负利率国家的经济状况进行分析可以发现，这些国家在采取负利率政策前，都有一些共同特征。首先，这些国家基本都面临通货紧缩和经济增速放缓的难题，表现为通货膨胀率长期无法达到预期目标，经济增长也受金融危机的打击而徘徊不前。2009年瑞典实施负利率时，GDP负增长一度达到5%，通胀率低至−1.2%。之后经济开始上升，瑞典央行遂将存款利率恢复为零来面对通胀继续下滑。2015年2月，瑞典央行再次实施负利率以保卫通胀目标；从 2013 年底开始，欧元区的通胀率就一直徘徊在 0.1% 左右，GDP 增长率也一直在 0.2%~0.4% 徘徊；在匈牙利央行将其隔夜存款利率降为负值前，匈牙利已经长期保持了远低于 3% 目标的通货膨胀水平，GDP 增速从 2015 年下半年以来长期在低位徘徊，到 2016 年 2 月更是突然降至 -0.7%。

（二）利率持续低位运行

在实施负利率政策之前，负利率国家都长期维持在低利率水平，或者经历了利率长时间不断下调的过程，一旦货币政策进一步放松就容易迈入负利率区间。丹麦和瑞典的央行都曾两次实施负利率，瑞典央行在 2010 年退出负利率后一直将存款利率维持在零点，丹麦央行在 2014 年结束第一次负利率实验后也将存单利率长期维持在 0.05% 的极低水平，这都为两国央行第二次进入负利率区间埋下了伏笔。匈牙利央行也是早在 2012 年 8 月就开始了降息循环，当时 3 个月存款利率为 7%，到 2015 年初时已降至 1.95%，到第三季度下调至 1.35% 后维持了 7 个月不变，直到 2016 年 3 月大力度降息，3 个月存款利率降至 1.2%，隔夜存款利率从 0.1% 降至 -0.05%，隔夜放宽利率从 2.1% 降至 1.45%。三大基准利率全部创下历史新低。

（三）货币升值压力凸显

货币面临升值压力也是各国采取负利率政策的重要动因之一。各央行实施负利率前的经济环境见表 10.1。丹麦和瑞士央行在实施负利率之前都面临着对欧元升值的压力。丹麦采取盯住欧元的固定汇率机制，因此欧债危机以及随之而来的欧洲央行降息，都给丹麦克朗带来了巨大的升值压力。为了稳定本币汇率，丹麦将 7 天存单利率下调至 -0.2%。瑞士央行在 2014 年底降息 25 个基点的直接原因，也是俄罗斯的货币危机导致的瑞士法郎升值压力骤增。

表 10.1 各央行实施负利率前的经济环境

经济体	丹麦	欧元区	瑞士	瑞典	日本	匈牙利
实施时间	2012.6 与 2014.9	2014.6	2014.12	2009.7 与 2015.12	2016.2	2016.3
实际通胀（%）	0.5	0~1	-0.3	-0.12	0.2	-0.20
实施手段	分级利率（存单票据）	隔夜存款利率	活期存款超额部分	回购利率与存款利率	分级利率（政策利率余额）	隔夜存款利率
实际利率水平（%）	0.05	0	0.25	0	0	0.1
实施目的	本币贬值	刺激通胀、本币贬值	保持汇率稳定	缓解升值压力	刺激经济和通胀	通胀目标
经济增长率（%）	-0.2~0.8	0.2~0.4	-0.4~0.7	-5	-0.3~0.2	-0.7

资料来源：Trading Economics。

二、迈出困境需内外施策

当前全球经济陷入低迷的因素有很多。对于各经济体来说，首先要面对的是各种结构性问题，包括内需不振、创新缺乏、老龄化等问题。同时，也面临着国际环境日益复杂的不确定性所带来的风险。随着政策边际效用的递减，短期内负利率政策对于经济的刺激作用会被逐渐削弱。相比于财政政策而言，货币政策更多时候带有一些"以邻为壑"的意味，而非常规的货币政策更加剧了引起"货币战争"的可能性。那么负利率国家在面临内部根本性的结构问题、外部不确定性的冲击时，采取负利率政策是否可以发挥其作用？解决长期性经济困境，是否还应选择负利率政策？如何以其他政策维护经济平稳发展？

(一) 解决内部结构性矛盾

1. 内需不振

内需不振是影响欧元区和日本经济回暖的重要因素之一。在消费需求方面，私人消费一直以来是推动欧元区经济复苏的主要因素。但近年来受到欧洲难民危机、恐怖袭击等因素的影响，加上全球经济增长前景普遍不明朗，欧元区消费需求不振。2019年9月欧元区消费者信心指数为–6.5（如图10.1），整体来看，欧元区消费者信心是有所上升的，但是上升幅度微小，上升基础也比较薄弱，私人消费水平的零售额销售指数在2019年8月环比增长0.16%，零售销售指数的增长在零值附近上下波动（见图10.2）。

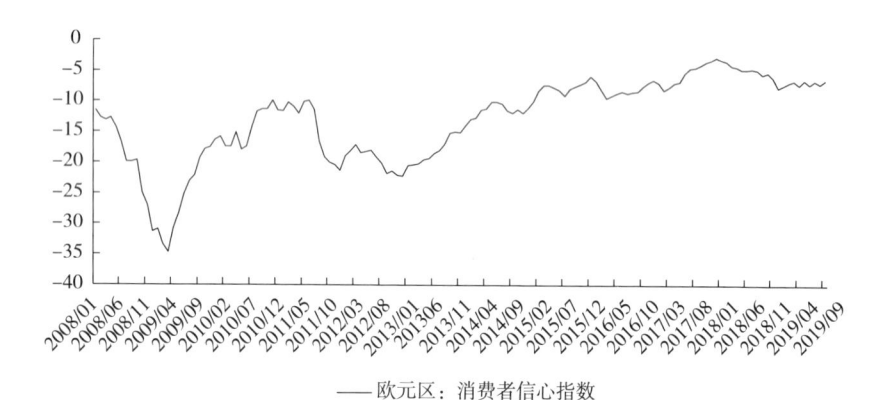

图 10.1 欧元区消费者信心指数

资料来源：Wind。

第十章 负利率经济体的未来

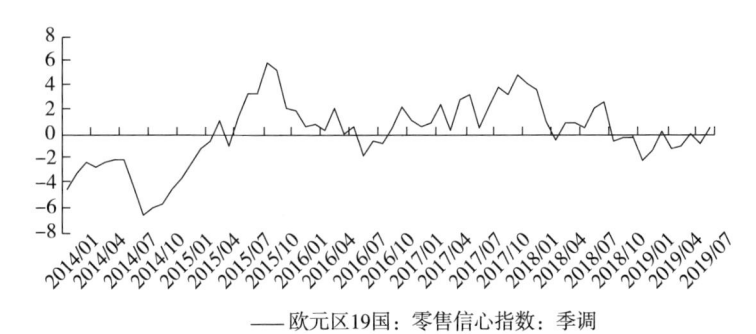

——欧元区19国：零售信心指数：季调

图 10.2 欧元区环比零售销售指数增长

资料来源：Wind。

同样，日本政府在刺激消费需求方面的表现也乏善可陈。日本大企业与工会以及政府对峙多年，社会总工资水平也没有得到提升。收入无法提高，在经济前景不明朗的情况下就会导致私人消费水平的下降。私人消费占日本 GDP 的六成左右，消费不振，就无法推动日本进入自律性复苏的轨道。

从投资需求方面可以看出，欧元区和日本投资者自金融危机后信心一直处于不稳定的状态（如图 10.3、图 10.4）。2015 年 4 月欧元区 Sentix 投资者信心指数（衡量经济活动中投资者信心水平的指标）达到 20.0，为金融危机爆发以来最高，但是一年半以后又回落至 1.7，2017 年又增长至历史新高 34.00，之后又开始急剧下滑。显然投资者对于欧元区的投资信心一直处于剧烈波动之中，各种经济政治因素都会影响投资者的预期。中美贸易摩擦、欧洲难民问题、英国脱欧问题以及各地地域冲突等问题越发激烈，全球不确定性的增加，预计会给欧元区投资者信心带来更大的波动。2019 年 10 月，欧元区 Sentix 投资者信心指数跌至 –16.8，创 6 年来新低，主要在于市场担忧英国脱欧前景。

负利率

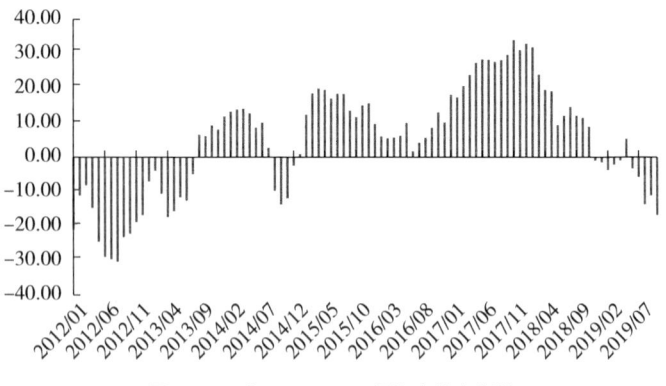

图 10.3　欧元区 Sentix 投资者信心指数

资料来源：Sentix。

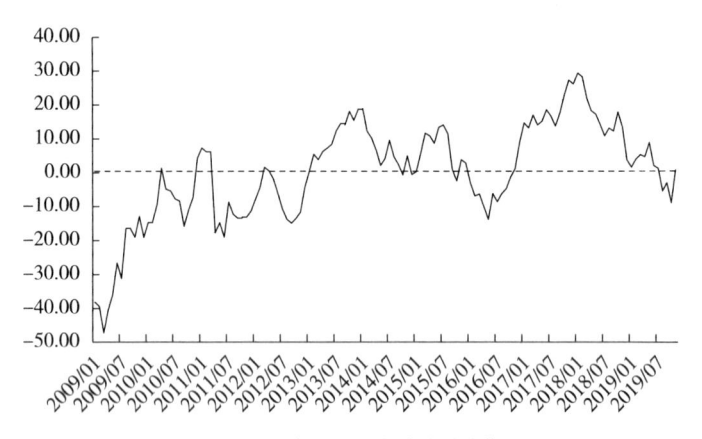

图 10.4　日本 Sentix 投资者信心指数

资料来源：Wind。

日本的投资信心也呈现出同样的规律。日本投资者信心指数 2012 年后基本保持在正值区间，但 2016 年上半年或受负利率等政策因素影响，投资者信心指数又跌至负值。2016 年日本政府公共投资增长较快，但民间企业设备投资下降，之后 2017 年虽然有所上升，但在 2018 年开始快速下降，2019 年投资者信心指数再一次跌入负值。

2. 技术与创新缺乏

20世纪七八十年代，日本经历了经济的高速发展时期。虽然当时日本的GNP已跃居发达国家的第二位，但是与老牌发达国家相比，在公共基础设施和社会福利等方面，日本还有很大的发展空间，因此通过改善消费结构，提高消费层次，释放了巨大的有效需求。1976年日本超大型集成电路研制成功，1980年日本产业用机器人占全球市场份额的70%，汽车产量居世界第一。技术的创新进步极大地刺激了日本居民的潜在需求和有效需求，使经济能够良性循环增长。但是随着日本各方面与发达国家差距的缩小，居民消费趋于稳定，又缺乏科技创新的刺激，消费结构升级变得缓慢，潜在需求的下降使各种货币财政政策无能为力。可见，科技进步与创新的缺乏是经济复苏缓慢的重要原因之一。

3. 严重老龄化

日本和欧洲是全球老龄化程度最严重的两个地区，老龄化问题对人口结构、消费需求、风险偏好变化、养老金偿付等都有深远影响。2018年日本总务省发布的国家情势调查显示，日本年龄超过65岁的人口占全国总人口的28.1%，连续六年居全球第一；另外，年龄不足15岁的人口总数仅占12.2%，为全球倒数第一。

人口因素对经济结构的制约体现在供给和需求两个方面。从供给方面来看，一方面，人口数量减少以及年龄结构的变化最先制约了劳动力供给。日本劳动力数量从1996年开始就进入了负增长，近年来劳动力减少的速度显著加快，日本厚生劳动省预测，2030年将比2012年减少821万就业人数，调查显示，28%的企业认为劳动力不足严重限制了企业的经营和发展。另一方面，劳动年龄人口是社会主要物质财富的创造者，他们往往消费小于收入，可以创造社会净储蓄。而老龄人口的增加，意味着社会财富的净消耗增加，福利支出挤压了资本投资的空间。从需求方面看，首先，人口规模的缩减本身就意味着社会消费需求的绝对减少；其次，日本人特别是"二战"后一代的老年人一贯有着"重储蓄，轻消费"的观念，老龄人口的增多无疑会使个人消费需求进一步萎缩。日本家庭年平均消费支出在2013年达到数年来最高，接下来的三年则逐年降低。截至2018年，日本家庭年平均消费支出仍旧低于2011年的水平（见表10.2）。

除了个人消费需求外，老龄化还会对投资需求产生影响。拿住房投资来说，新开工住房投资是各国经济增长的重要推动力量，而随着日本少子老龄化趋势的演进，可预计日本住房需求在未来一段时间内的上升空间有限，由此可以看出未来日本投资需求将呈现平稳下降的大趋势。

表10.2　2011—2018年日本家庭年平均消费支出

时间	消费支出（日元）
2011年	2 966 673
2012年	2 971 816
2013年	3 018 910
2014年	3 017 778
2015年	2 965 515
2016年	2 909 095
2017年	2 921 476
2018年	2 956 782

资料来源：日本总务局。

4. 政府债务困境

欧元区实施统一的货币政策和自主的财政政策，而其19个国家的经济发展状况和利益诉求却各不相同。若统一的货币政策无法实现各个国家的政策目标，就难以促进经济的平稳发展，甚至可能造成国家间差距的进一步拉大。在失去货币政策调控空间的时候，各国只能转向财政政策。欧元区在2008年普遍采取扩大支出的财政措施应对金融危机，以防止经济进一步下滑，这在当时起到了稳定经济的作用，但是其后遗症就是显著增加的政府债务。过高的政府债务不断累积，最终导致2009年希腊主权债务危机的爆发。西班牙、葡萄牙、爱尔兰等国也相继出现债务问题。2009年希腊政府债务占国内生产总值的126.7%，并且其2006—2010年发行的国债中71%由海外机构持有。同期西班牙、葡萄牙、爱尔兰政府债务占GDP的比重分别为52.7%、83.6%和61.8%。2010年欧盟批准7 500亿元的希腊救援计划，但也给欧盟的未来发展留下了较大的遗患，严重影响了欧洲整体的经济复苏进程。分散的财政体系与统一的货币体系之间的矛盾，是欧洲经济发展缓慢、频频陷入危机的根本原因。这种结构性的政策困境，即使是负利率这种非常规的货币政策也无法解决。

日本的财政风险也一样令其烦恼，老龄化带来的更多社会保障支出，以及中央向地方的转移支付，都加重了日本政府的财政负担。2018年日本政府债务占国内生产总值的238%，居全球最高且呈现继续增长的趋势（如图10.5），日本每年用于偿还国债的费用就已接近财政预算的1/41，加上转移支付等支出，真正可支配的财政资金不到一半。相对于欧元区来说，日本拥有独立自主的货币政策，以银行为中心的金融体系在战后日本经济体制中占主导地位。但是在20世纪90年代，日本前后经历了泡沫破裂以及亚洲金融危机的打击，金融机构不良债权问题突出，整体陷入萎靡。这直接导致其货币政策传导机制不畅、各种利率手段效果不佳、货币政策面临失灵的窘境。同时，日本近20年来的政局一直不稳，先后更换了16任首相，政权的频繁更迭，使经济政策的实施缺乏连贯性，往往前一任的政策效果还未显现，政权又面临更替，政府无法针对本国经济形势实施有效的中长期振兴政策，对外部冲击也难以做出妥善应对。这种制度上的根源性问题才是制约日本经济无法持续发展的原因。

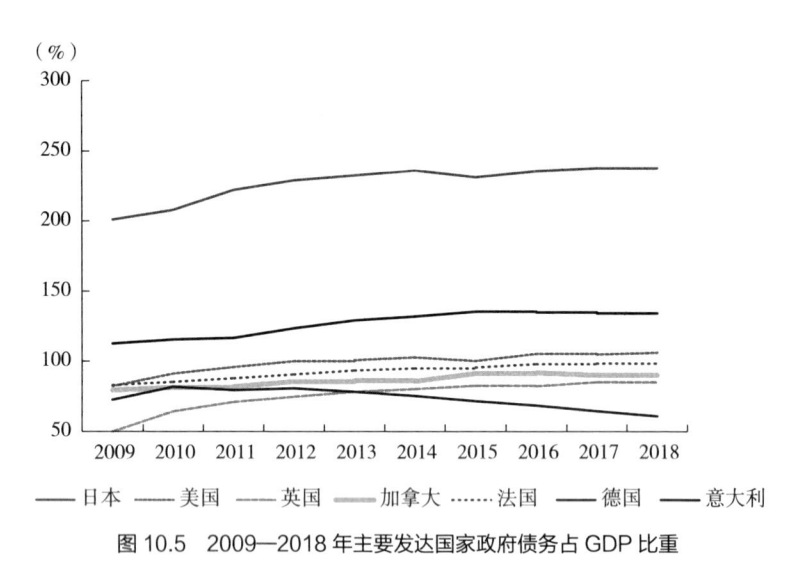

图10.5　2009—2018年主要发达国家政府债务占GDP比重

资料来源：Trading Economics。

（二）应对外部不确定性冲击

世界范围内频发的"黑天鹅事件"，以及反全球化、民粹势力的抬头，也从长期影响全球经济的复苏。面对日益复杂的经济环境，负利率政策的实施效果在短期内也许初显成效，但从长期来看负利率政策的实施效果不仅会大打折扣，甚至可能与政策初衷背道而驰，把经济体带入更加复杂、更加难以解决的困境，对其长期的发展产生不良

第十章　负利率经济体的未来

影响。

1."黑天鹅事件"与反全球化

2016年全球"黑天鹅事件"频发，2018年中美贸易摩擦愈演愈烈，从英国脱欧公投到美国总统选举，出人意料的政局变动层出不穷。但在这些看似巧合的突发事件背后，都可以看到民粹主义以及反全球化力量的推动。将英国投出欧盟和将特朗普送入白宫的选民本质上是同一批人，即随着全球化而失去工作的美国工人阶级，以及同样被全球化巨轮碾压的英国中部老工业基地的选民。这可以看成工人阶级对抗精英阶级一次出人意料的胜利。

美国未来一段时间内具有从全球化捍卫者向贸易保护主义转变的趋势。特朗普上台后宣布退出美国曾签署的诸如北美自由贸易区一类的自由贸易协定，以便使制造业回流，特朗普先后以巨额税收优惠和高额关税威逼利诱美国空调设备制造公司开利公司和汽车制造商福特、通用等，将就业岗位从墨西哥移回美国；考虑对美国海外进口商品征收5%的一致性关税，关税措施如果真的落实，很可能引起美国贸易伙伴国家的报复性措施，进而引发全球贸易战。这些对于复苏基础仍然脆弱的全球经济来说不是什么好消息。

同时，欧洲的形势也不容乐观。英国脱欧在短期内对英国本身经济增长会有较大的负面影响。尤其是在2016年10月，英国首相特蕾莎·梅宣布将同时退出欧盟和欧盟市场特惠准入条款。这种"硬脱欧"的模式在短期内会给市场带来更大的动荡，增加经济成本，抑制投资与消费。虽然在2017年正式启动了脱欧程序，但是在经历了近三年的脱欧谈判之后，2019年英国脱欧协议依旧没有通过。2020年1月，英国国会投票通过脱欧协议。1月30日，欧盟正式批准了英国脱欧。这场拉锯战严重消耗了英国民众的投资消费需求，同时其他欧盟成员国也受到了很大的影响。根据世界银行的数据统计，2018年英国经济增速较2017年将下降0.42个百分点，降至1.40%，英镑的名义有效汇率从脱欧以来屡创1996年以来的新低。

从长期来看，英国脱欧对欧洲的影响可能更加长远，不仅造成欧洲一体化的倒退，而且给当下分裂主义与民粹主义兴起的欧洲产生了示范效应。法国国民阵线、德国选择党、荷兰自由党、丹麦人民党等多国脱欧党派都对英国脱欧热烈响应。这也使欧盟内部的不稳定性加剧，欧盟作为一个经济体在全球的影响力将会下降，同时欧盟的自由贸易进程也会受到影响。

2. 政治不确定性增加

步入2020年后，全球政治方面都将面临更大的不确定性，这些不确定因素的走向也将对未来全球经济的发展造成重要影响。

从各国内部政治形势来看，英国脱欧以及特朗普当选后，民粹主义政党在多国选举中的表现不俗，这种趋势以后将更加明显。近年来欧洲的政治局面更加动荡，各种民粹主义不断崛起，不断冲击着现在的欧洲一体化进程。英国脱欧之后，对其他国家也会产生极大的影响。德国的政治走向增加了更多的不确定性，意大利总理伦齐修宪公投失败后请辞，民粹主义政党"五星运动"兴起。法国经济社会矛盾日益凸显，法国右派民粹主义政党国民阵线也在崛起，国民阵线主席玛丽娜·勒庞推崇极端民族主义，通过反移民、反欧洲、反全球化的民粹主义口号，在总统选举中一路高歌猛进。而法国的"黄背心"运动也愈演愈烈，国民对于法国政府的不满情绪逐渐高涨，这给法国总理马克龙的改革政策增加了很多阻力。

在英国完成脱欧之后，法国、德国、意大利等国家的极右政党的支持率越来越高，这对于欧洲的一体化进程是很大的冲击。欧洲的

第十章 负利率经济体的未来

"碎片化"发展前景使欧洲经济发展进一步缓慢，犹如雪上加霜。美国新政府的战略选择，也会给未来全球地缘政治带来更大的变数。美国与俄罗斯关系的变化，会影响欧洲未来十年战略的选择。

从各国国内改革走向来看，在后金融危机时代，无论是发达国家还是发展中国家，都曾寄希望于通过改革解决国内经济社会矛盾，改革也往往伴随着政治局势的变化而变化。资本市场对改革的反应通常十分显著而灵敏，如安倍经济学的新旧三支箭的实施，给市场带来了极大的动荡，尤其是其"第一支箭"的实施效果可谓立竿见影，日元迅速贬值，对需求也有明显刺激，但其主导结构性改革的"第三支箭"效果却还不显著，需要进一步关注日本经济的未来走向。印度作为新兴国家的代表，近年来也实施了频繁的改革措施，诸如莫迪的土地和劳工改革方案，以及2016年末备受争议的废除大额货币的行动。2019年金融改革的失败以及经济增长的快速下滑等，也都给印度未来的经济社会发展带来了更多的挑战。类似的还有法国的一揽子结构性改革和印尼、巴西的市场化改革等。这些国内政治经济的改革走向，也会对全球经济产生难以预料的影响。

第十一章

全球负利率时代的新考题

在目前的经济增长环境下,(美国采取)负利率是不合适的。

——鲍威尔(美联储主席)

一、质疑货币中性

传统主流经济学认为，中长期来讲货币是中性的，不影响实体资源配置的效率。自然利率由基本面因素，比如人口、技术进步等决定，货币扩张带来的唯一危害是通胀，只要通胀可以控制，央行引导利率下行以促进经济增长就是合理的。根据货币中性理论，货币供给的增长将导致价格水平的同比例增长，对于实际产出水平不会产生影响。中立货币的概念，最早是由瑞典经济学家维可塞尔提出的，保持货币中立性的条件是，必须使市场利率等于自然利率。但事实上，二者却常常相背离。当它们不一致时，货币就将失去中立性，货币因素将通过生产和物价来引起经济波动。因此，要使货币保持中立性，就必须使市场利率等于自然利率。这样，货币对于相对价格体系和产量就不会产生实际影响。可见，一般物价水平稳定，经济保持均衡是货币中立的重要标志。金融体系或银行体系的任务，就在于使货币供应量随生产的扩大而增加，不断地调整市场利率，使之接近并等于自然利率，从而保持货币中立性，维护物价稳定和经济均衡。因此，维可塞尔中立货币概念的实质，是用调节市场利率的办法来保证货币的中立性，阻隔货币对于经济的重大影响，消除货币经济与实物经济的重大差别。从这个意义上讲，货币政策只能影响名义经济增长，而无法改变潜在经济增长，货币政策不宜过度使用。而且，当前有关经济体面临的通货紧缩威胁是长期的结构性问题，而不是临时的流动性问题。

一方面，负利率进一步引发对货币中性假设的反思。全球金融危机后，人们反思货币在中长期是不是中性的，货币和金融的波动实质性影响到实体资源配置，自然利率不仅受实体基本面驱动，还受货币金融市场影响。按此逻辑，利率对货币政策来讲并非外生变量，可能存在央行引导市场利率下行，导致自然利率本身下降，由此甚至形成恶性循环，这表明货币政策可能缺少自我稳定的机制。低利率甚至负利率政策，可能对于因货币紧缩、资产负债衰退引起的通货紧缩是有帮助的，但对于因为生产能力过剩、人口老龄化等结构性问题导致的通货紧缩却帮助较小。负利率政策——旨在鼓励消费者花钱、鼓励银行向实体经济发放更多贷款——已拯救了欧元区，使之没有跌入灾难性通缩，但仍没有决定性证据能够证明这一点。

另一方面，负利率无疑是不受欢迎的。负利率执行时间越长，带来意外后果的风险也就越大（沃尔夫，2016）。普遍的负利率当然能起到上述效果，尽管也会产生其他副作用。但问题在于，存款准备金利率为负，并不必然降低居民和企业所面对的利率。负利率政策的有效性主要依赖于三个机制：一是鼓励银行放贷和企业投资，二是刺激居民消费，三是减轻负债者的债务负担。目前几家央行所谓的负利率只是商业银行在中央银行存款的利率为负，如果其不能传导至居民和企业，那么上述三个机制就难以发挥作用。"如果负利率政策无法影响面向家庭和企业的贷款利率，那么它们在很大程度上就失去了存在的意义，"国际清算银行经济学家莫滕·本奇和艾泰克·马尔霍佐夫说，"另外，如果负利率政策传导至面向企业和家庭的贷款利率，那么将对银行的盈利能力产生连锁效应。除非对存款也实行负利率，而这会对零售存款基础的稳定性造成问题。"尽管中央银行对商业银行的准备金可以征收负利率，但商业银行能否对所有的储户征收负利率，决定了负利率政策的实施效果。对于普通储户来讲，现金的保存成本并不高，同时他们可能更加看重负利率带来的损失，相对较少考虑自己管理现金的不便以及成本。因此，负利率难以传导至家庭和企业。从这个角度而言，负利率空间就非常有限。另外，随着互联网信息技术的不断发展，各种节约成本的金融创新不断推出，互联网金融为我们带来了更为广阔的想象空间。在此背景下，负利率效果随着时间的推移将出现递减的趋势，并且有可能导致金融市场的加速脱媒。

二、制约利率调控

负利率政策的确会使批发端资金成本降低，引导银行间市场的利率落入负区间，并推动银行存贷款利率的下行。但存款利率降低的效应并不均等，对于在欧元区需要宽松货币却存在一定信用风险的南欧国家，存款利率仍然处于较高水平，比如意大利存款利率约为1.37%，西班牙和法国约为0.35%~0.4%。零售存款利率存在一定刚性，尽管央行可以对商业银行征收负利率，但在现实中银行出于自身经营的考虑，通常不会轻易对储户实施负利率，因为这可能会引发挤兑的风险，导致银行破产。这使央行进一步维持甚至下调利率的空间被制约，整个金融系统的成本上升。

从实施负利率的欧洲几个经济体的实践经验来看，商业银行的现金持有量并没有明显提高，这意味着其利率水平尚未达到下限。并且在实践中，适用负利率政策的并非商业银行在中央银行的全部准备金。目前，在实施负利率政策的几家央行，方式各有不同：一种是对商业银行存放在中央银行的过剩流动性征收负利率；另一种是设定分级利率，仅对存放在中央银行的部分超额准备金征收。分级利率的设定主

负利率

要是为避免过度影响银行的利润率，保持操作的灵活性，降低政策实施成本。目前，欧洲央行和瑞典央行是对所有存放在中央银行的超额准备金统一实行负利率。瑞士、丹麦和日本央行采取了分级利率的制度设计，即仅对银行一部分超额流动性收取负利率。目前在分级利率下，日本仅有占其总量 0.6% 的准备金适用负利率政策，瑞士有约 75% 的存款并不适用负利率政策，在丹麦这一比例为 20%。尽管欧元区尚未采取分级利率，但中央银行对商业银行发放贷款的利率仍大于零（再融资利率目前为 0.05%），占金融机构央行存款约 15% 的法定准备金收益率仍然处于正区间。

三、潜存金融隐患

负利率在金融市场中可能引发较多的负面冲击，导致隐患变成真实的金融风险。例如为弱化银行中介功能，降低国债市场流动性，使公债价格大幅波动，危及金融稳定。过度使用货币政策，忽略财政政策及结构改革的重要性，大国的货币政策透过资本移动会影响到其他国家，经济规模较小的国家受到的冲击与压力更大。

首先，会压缩金融机构发展空间。负利率政策在很大程度上压缩了金融机构的生存空间，冲击了金融机构存在的价值。且欧元区实施负利率以来，各大银行盈利能力持续缩水。一方面，央行以 0.4% 的利率对近 7 000 亿欧元的准备金征收的管理费接近 30 亿欧元。另一方面，超低的利率环境也使信贷利差核心利润来源不断缩水。长此以往必将造成银行利差的持续收缩。2019 年上半年瑞银集团营业收入与 2018 年同比下降 8.13%，德银债券交易和股票交易各下降 29%，渣打银行上半年收入同比上升 2.2%，汇丰和巴克莱银行下降 1.13% 和 4.83%。银行成本的提高和盈利能力的下降，迫使银行寻找更多样的增收途径。但是由于"挤兑"风险的存在,银行无法将负利率的成本转嫁给储户,因此各银行通过层出不穷的"息转费"方式将负利率的成本向私人部门转移,例如提高企业贷款门槛,提高贷款利率,上调转账费用等。另外,日益宽松的货币政策刺激越来越多的国家加入"放水竞赛"之中,使未来汇率的走向更加难以预测,银行经营风险和管理难度也与日俱增。而市场对金融机构前景的担忧最直观的表现就是银行类股价的暴跌:进入 2019 年,德意志银行股价累计下跌 5.72%,瑞银集团股票累计下跌 10.74%。银行收益的下降会促使银行转向更多风险资产的配置,这会进一步加剧银行系统的风险。

其次,负利率对养老金和储蓄存在危害。欧洲和日本的人口老龄化、少子化问题,意味着在今后一段时间内支付养老金的保险机构将要给出比以往更多的金额。为了能够履行偿付义务,保险机构必须赚取一定数额的最低名义回报。但是随着利率跌破零并长期保持在负区间,获取正的最低名义回报或许会越来越艰难。随着退休基金面临的现有资金与待支付资金两者间的缺口越来越大,有些雇主别无选择,只能注入更多资金以维持养老金的正常运转,这是雇主公司资金充裕的乐观情形。否则,养老金只能转向更多元化的投资,甚至会被一些回报较高的风险资产吸引。养老金的收益变得越来越不确定,十年期国债的收益率也处于负值,银行账户极低的利率反而成了最具吸引力的投资——人们将钱更多地转向普通储蓄,导致银行在资产负债表的负债项目上出现了更大的流动性。日本 2016 年 1 月实施负利率,2 月存款余额反而增加了 6%,到 6 月更是猛增至 46.1%,欧元区也面临着同样的问题(见图 11.1 与图 11.2)。这是投资、消费向储蓄的回流,恰与央行的意愿背道而驰。可以看出,负利率对于刺激消费投资的目的来说影响有限,有时候可能反而会得不偿失。

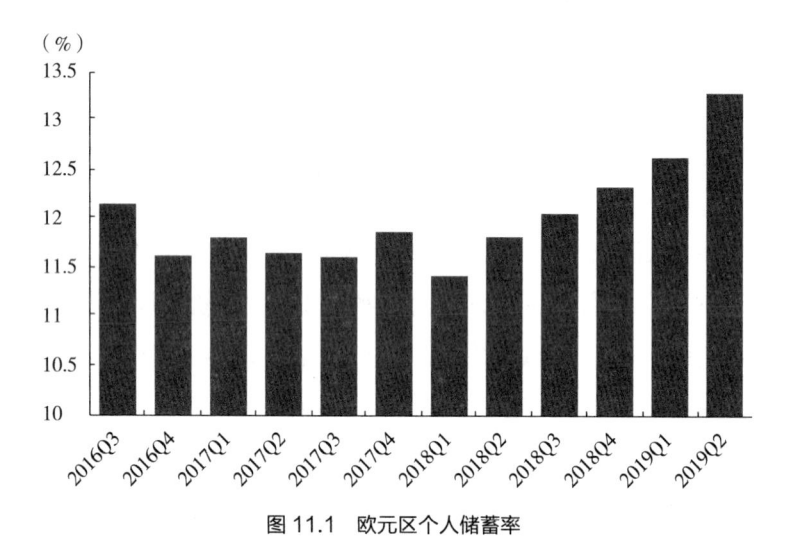

负利率

图 11.1 欧元区个人储蓄率

资料来源：Trading Economics。

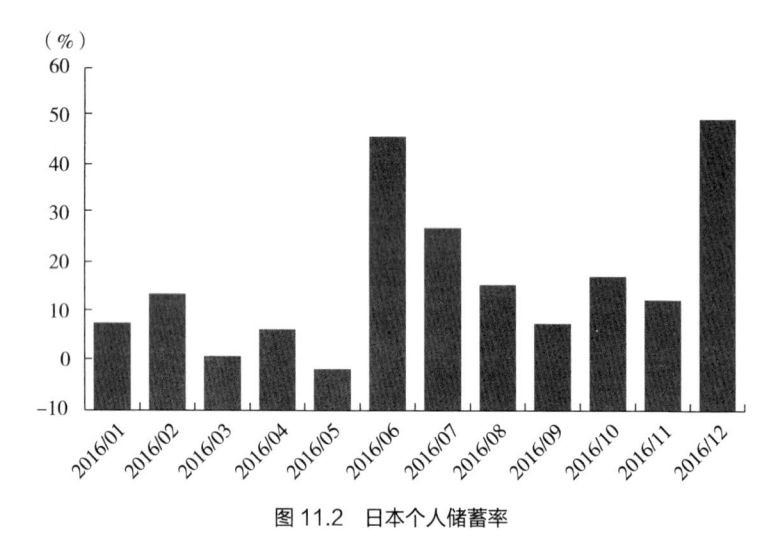

图 11.2 日本个人储蓄率

资料来源：Trading Economics。

第十一章　全球负利率时代的新考题

最后，负利率作为一种非常规的利率形式，扭曲了资金价格，不利于社会资源的有效配置，对经济发展的负面影响是毋庸置疑的。负利率对金融市场的威胁首先是风险偏好的上升和市场上杠杆使用过度，国债收益率的显著下滑让投资者越来越倾向于高风险资产的逐利。这进一步推高了资产价格：瑞典的基金、房地产、艺术品等销售额大增，丹麦OMX20股指和瑞典OMXSPI股指在负利率的影响下也出现了明显的上涨。另外，负利率环境下投资者的回报压力不断增加，股市价值被扭曲，债券和股价的传统走势关系被打破。传统上，股票与债券价格呈反方向发展，但是随着投资者对收益的渴求，二者却呈现同方向发展的趋势。2019年7月标普500指数收盘连续上涨至31 025.86点，创下历史新高（如图11.3），美国十年期国债在2017—2018年也呈现明显上涨趋势（如图11.4）。这让投资者意识到，在市场全面开启低利率和大规模量化宽松购入债券的近十年来，市场已被扭曲。

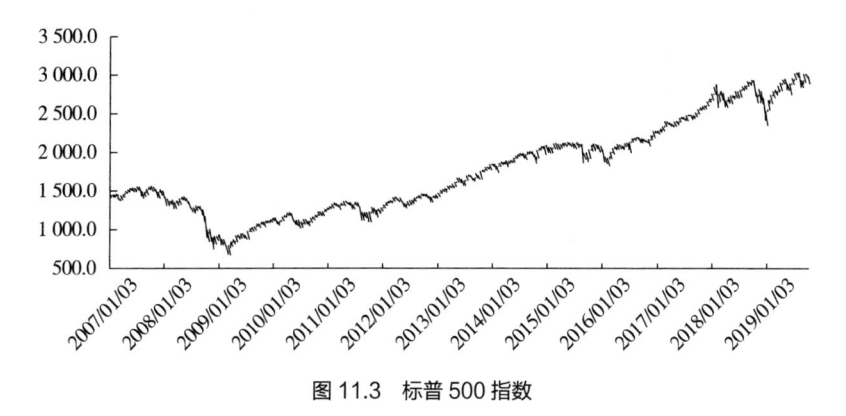

图 11.3　标普 500 指数

资料来源：Wind。

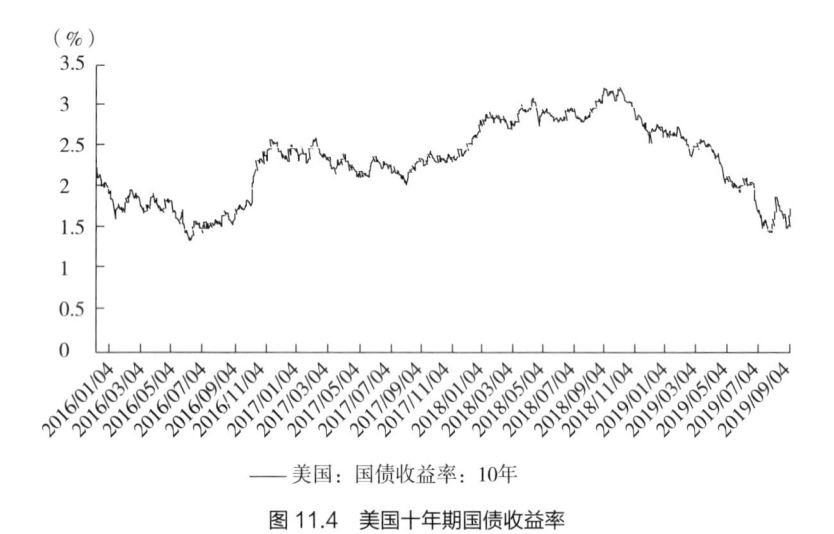

负利率

图 11.4 美国十年期国债收益率

资料来源：Wind。

四、弱化财政政策

金融危机之后，包括日本、美国和欧盟内越来越多的经济体把货币政策作为应对经济困境的重要手段。近年来全球已经出现了货币政策财政化、结构化趋势，货币政策对财政政策、结构性改革政策的替代明显加强。

债券市场收益率下行甚至为负的情形，带来了挤出效应——商业银行在债券市场上的地位被央行取代，那么就会形成国债市场的新循环渠道。就国债存量而言，包括银行、保险等金融机构对国债持有意愿开始下降；就国债增量而言，将主要由央行以低利率甚至是负利率的方式买走。最终的循环结果，将是由实施负利率的经济体的央行印钞，以零利率或者负利率向财政直接透支。长此以往，央行货币政策自主性大大削弱，财政不能向央行透支的原则将被动摇，货币政策越来越政治化，和财政政策的界限日益模糊。

第十一章　全球负利率时代的新考题

　　货币政策的过度使用，既与其固有特点有关，也与复杂的国际经济环境有关。财政政策的实施往往会受到政府债务水平及赤字率的"刚性"限制，在一些国家，财政政策已经没有进一步实施的空间；而结构性政策效果的检验，往往需要较长一段时间，而且过程比较痛苦；比较而言，货币政策灵活性较强、政治阻力较小、见效较快，自然地成为各国应对危机首先考虑的政策工具。中央银行具有创造货币和货币政策工具的便利，市场经济越发达，货币政策的空间和回旋余地越大，平衡其资产负债表的手段和便利就越多。这也是危机后中央银行政策工具创新增多的重要原因。同时，与其他公共政策相比，货币政策具有相对独立性和自主性，无须经过严格的行政和法律程序，也没有强制性约束，可以根据变化的情况进行预期管理和相机抉择。尽管各经济体在危机爆发后迅速实施了很多及时且适当的政策措施，有效缓解了危机，但是在金融危机之后，一些国家却出现了过度依赖货币政策的倾向。宽松的货币政策不断推出——从降息、央行资产购买计划到货币贬值、负利率政策等，而财政政策却没有跟上。

　　根据货币政策中性的经济学理论，从中长期来看，一味宽松货币政策并不会带来实际产出的增长。事实也说明，如果依赖印刷钞票能够解决问题，那么津巴布韦、委内瑞拉就应该发展得最好。即使是货币政策在短期内的使用，也有明确的条件，即宏观经济受到外部冲击，存在大量失业或者产能闲置，生产潜能没有得到充分发挥，导致实际经济增长率低于潜在经济增长。此时，通过扩张的货币政策确实能弥补产出缺口。作为2008年金融危机以来临时流动性消失的临时性补救举措，宽松的货币政策功不可没，在美国这个金融危机的发源地成效显著，但是不应长期使用。

　　后危机时代，各经济体在推出各种政策措施来提振经济的同时，也应考虑到各自经济体特有的经济背景、人口结构和资产结构、经济规模、金融成熟度、产业结构的差异等。首先，对于欧元区，其经济乏力的重要原因在于，无力解决制约增长的两大结构性难题——财政分立和统一货币的矛盾。其次，人口老龄化趋势越来越严重。近年来，欧元区人口老龄化明显加速，并且生育率持续偏低。老龄化问题会使全社会劳动要素的投入下降，从经济增长的角度来讲，会使增长源泉枯竭。

宽松货币政策对于带动全球经济走出金融危机起到了积极的作用，有力地避免了重蹈20世纪"大萧条"的覆辙。但任何政策的实施都要考虑特定的经济条件，不能盲目一味依赖货币政策。货币政策虽然能在一定程度上改善金融机构和非金融企业的资产负债表，改善债务—通缩恶性循环，但无法从根本上解决实体经济中存在的创新活力缺乏、收入不平等、要素市场固化等结构性问题。目前，市场上并不缺乏流动性，问题在于如何让流动性传导至实体经济、恢复市场信心，刺激社会总需求。

五、冲击新兴市场

负利率的实施通过国际金融市场带来的外溢效应，还表现为影响新兴经济体的独立性。随着宽松货币政策的推出，尤其是在负利率的作用下，大量资本流向新兴市场，对其政策独立性带来严重冲击。大多数新兴市场国家几乎都采取接近于固定汇率制，在国际资本冲击下，央行不得不干预外汇市场，结果使本国基础货币增加，央行被迫采取冲销式的干预措施。根据蒙代尔"三元悖论"，货币政策的独立性、汇率的稳定性、资本的完全流动性不能同时实现，最多只能同时满足两个目标，而放弃另外一个目标。对于新兴市场国家而言，维持汇率稳定和货币政策独立性的唯一办法就是，避免资本自由流动。然而，在经济金融全球化背景下，国际资本总是通过各种渠道在新兴市场国家流动，冲击这些国家的资本市场，给其国际收支管理、资本管制带来了巨大挑战。

除此之外，较低利率的实施使本国货币贬值，给别国货币带来的升值压力，还会给新兴市场国家带来资产泡沫的问题。印度、巴西、中国这些具有强劲的经济增长势头、利率水平较高的国家，越来越成为国际资本追逐的"避风港"。这种不利冲击，将会推高其房地产和股票市场的泡沫，给新兴市场国家资本市场的管理带来极大挑战。除股市、房市之外，近年来大宗商品市场的回暖也主要源于越来越多的经济体实施的负利率。国际大宗商品市场的上涨通过生产者价格指数传导至国内居民消费价格指数，带动国内物价上涨，外围国家面临输入型通胀风险。货币的贬值使其购买力下降，还会使持有这些经济体债券的国家外汇储备大幅缩水。这些问题对新兴市场国家下一步的发展都形成了新的难题。

六、负收益债券风行

2019年10月，IMF进一步下调了全球经济增速至3.0%，在全球经济低迷的环境下，越来越多的国家迫于经济稳定的压力开始采取宽松货币政策，被迫进入负利率时代。截至2019年10月底，全球收益率为负的主权债规模已超出20万亿美元，占全球市场30%以上的规模，较2016年负利率债务规模高出近一倍，创历史新高。13个国家的债券收益为负利率，至少19个国家的2年期国债收益率都出现负值，13个国家的5年期国债收益率为负，包括瑞士、丹麦、日本和德国、法国等欧元区国家，而德国、瑞士、日本的10年期国债也出现了负利率（见表11.1）。2019年9月欧洲央行再次将存款利率从-0.4%下

负利率

调至 -0.5%，同时丹麦日兰德银行推出首例利率为 -0.5% 的抵押贷款。由此可以看到，负利率已经开始蔓延全球。

表 11.1　欧洲、日本、美国等的"负收益"国债

经济体	2 年	5 年	10 年
欧洲央行	-0.76	-0.72	-0.43
丹麦	-0.90	-0.84	-0.60
德国	-0.89	-0.88	-0.61
芬兰	-0.84	-0.76	-0.33
法国	-0.81	-0.73	-0.31
比利时	-0.80	-0.63	-0.27
奥地利	-0.79	-0.69	-0.36
瑞典	-0.61	-0.63	-0.25
西班牙	-0.56	-0.30	0.21
意大利	-0.36	0.29	0.90
日本	-0.31	-0.35	-0.26
美国	1.53	1.43	1.57

资料来源：彭博，光大证券研究所，Wind，时间截至 2019 年 9 月 15 日。

2016 年 6 月，德国 10 年期国债收益率首次降至 -0.001%，引发市场强烈震荡，10 年期国债自 20 世纪 60 年代开始发行以来，成为德国最重要的财政收入来源，数十年来，它一直被视为欧元区长期资金市场回报率的指南。其回报率降为负数，反映出市场对未来经济发展的悲观预期，投资者考虑更多的不再是如何实现收益最大化，而是寻求损失最小化。虽然之后 10 年期国债利率有所回升，但是在 2019 年 3 月，德国 10 年期国债收益率再次跌入负利率范围，并逐渐下跌，2019 年 8 月德国 10 年期国债收益率一度跌至 -0.63%。同期，德国发行了世界首个负利率 30 年期国债，反映出市场对于未来经济增长及通胀预期都不太乐观。

第十一章　全球负利率时代的新考题

随着德国 10 年期国债突破零的防线，瑞士 30 年期国债也在 2016 年 7 月 11 日跌至历史最低点 -0.142%，至此瑞士所有国债收益率都跌至零下。至 2019 年 8 月，瑞士 10 年期国债收益率已跌至 -0.98%。而日本 10 年期债券早在 2016 年 2 月就跌入负值。如果德国、日本长期保持国债收益率为负值，甚至进一步降低利率，那么美国国债进入负利率区间也不是不可能的事情。2010—2012 年，美国的 2 年期国债收益率一度逼近零值，虽然之后美国的国债收益率有所上升，但是自 2018 年 11 月起，美国的 2 年、3 年、5 年、10 年期国债收益率急剧下滑，2019 年 9 月，美国 5 年期国债一度降至 1.32%，同时现阶段美国的经济处于加速下行的阶段，市场对于美国经济增长的预期较为悲观，因此未来美国国债收益率的走势不容乐观。

随着匈牙利将隔夜存款利率降至 -0.05%，负利率不再是发达国家的专属，新兴市场国家也开始进入负利率"俱乐部"。造成多国长期国债收益率竞相下跌的原因有以下几点。首先，2008 年后全球超大规模的量化宽松，导致发达经济体至今经济增速不超过 2%，通胀一直处于低位的尴尬局面。另外，债务问题日益膨胀，而随后各国央行的负利率政策可以说是雪上加霜，使借贷成本屡创新低。其次，根据欧洲《巴塞尔协议Ⅲ》的规定，欧洲银行必须持有一定比例的国债，因此无论收益率跌至多少，国债市场仍会有一定的买盘。最后，全球经济放缓带来的投资者预期持续衰退，使投资者避险情绪加重，在没有其他更稳妥的投资渠道时，美国、日本、德国等传统大国的国债仍是避险天堂，受到投资者的青睐。

由于货币政策具有滞后性，从决策、实施、传导到产生效果是一个漫长的过程。负利率政策自实施以来时间还很短暂，全面评估其实际效果还需要很长时间。并且任何政策选择都有利有弊，政策实施的效果会受到复杂的国际经济环境的影响，同时也因各个经济体不同的国情而异。为实现全面的经济复苏，在各经济体推出各种宽松货币政策的同时，也应考虑到相应配套的财政政策措施，综合考虑宏观经济环境，逐步弱化利率管制，使利率在市场机制的作用下回到正常水平。

七、国际竞争以邻为壑

负利率政策是一种以邻为壑的政策。短期名义利率下降至负值，由于经济运行中价格调整的过程长而缓慢，这意味着短期内，真实利率降低。在资本的逐利作用下，个人和企业会将资本投向能够带来更高收益的渠道，从而降低对本国货币的需求，在浮动汇率机制下刺激本国货币贬值。本国货币贬值将会促进出口，带动国内总需求水平的提高，最终导致总产量的上升。然而本国货币的贬值，必然会给别国的货币带来升值的压力，恶化别国的进出口状况以及国际贸易收支水平，将别国的总需求水平通过汇率渠道转嫁到本国，本质上并不能推动全球经济复苏。

从已经实施负利率政策的发达经济体来看，丹麦和瑞士央行的初衷正是稳定汇率。作为小的经济体，其实施负利率主要是为稳定本币币值，减缓国际投机资本流入。不同程度地存在国际投机资本大规模流入的问题，货币面临比较大的升值压力，国际收支不平衡等，是这些实施负利率政策的小型经济体的相似之处。2012 年，欧元区在债务危机泥潭里越陷越深，资本大量外流至丹麦等小型经济体，丹麦克朗面临对欧元的升值压力。由于丹麦央行的首要任务是维持丹麦克朗与欧元的汇率稳定，2012 年 7 月丹麦央行宣布将金融机构在丹麦央行的定期存款利率下调至 −0.2%。瑞士为了遏制海外热钱涌入，在 2014 年 12 月也曾宣布实施负利率。而其他三家中央银行则主要是为了支持实现预期的通货膨胀目标，刺激银行积极放贷，摆脱通货紧缩威胁。

但是，无论是以抑制本币升值为目标的负利率政策，还是以支持中长期通货膨胀为目标的负利率政策，都可能会进一步加剧竞争性贬值，都具有引导本币汇率贬值的效果。这种将稀缺的需求从一个国家转移到另一个国家的做法，都具有以邻为壑的嫌疑。在刺激本币贬值方面，表现最明显的是欧元区，相比于实行负利率政策前，欧元兑美元实际汇率下跌8.2%，名义汇率贬值18%。在2016年2月G20（二十集团）的上海会议上，英国央行行长明确表达了负利率以压低汇率作为目标，是一场"零和游戏"的担忧。而且，在现阶段世界经济复苏乏力的情况下，本币对外贬值对于出口的积极作用有限，反而加强了贸易保护主义倾向。战后建立的国际货币基金组织、世界贸易组织等多边汇兑和贸易协调机制，正是基于解决"二战"之前的竞争性贬值和普遍的贸易保护主义等问题的建设性作为。

八、从"穷途末路"到"另辟蹊径"

对研究者来说，简单评价负利率政策"好"或"坏"还为时过早，亦不应成为讨论之终极目的。重要的是推敲负利率政策及实施细节，分析其逻辑，观察其影响，以对后续经济形势做出客观判断。

在低增长和低通胀的新时代背景下，科技进步、人口老化、资金流动、收入差距等因素深刻地影响着全球一般性商品与服务的供给与需求，当过往这些能够促进物价稳定的深层次因素发生变化时，便会影响央行政策的制定与实现。选择负利率以实现经济增长和物价稳定，既是货币政策的全新实验，也是全球经济深层次变革的必然结果。

理性展望，企业和居民部门在负利率形势下如何应对？企业因为对未来增长的预期不乐观，将进一步收缩其债务规模，降低负债率；资本的边际产出率不断下降，实业投资的信心有很大问题。居民和消

负利率

费者将同样因负利率趋于保守，储蓄不划算但过度消费可能破产——负利率有可能提振住房和长期耐用消费品等需求，但对弹性较大的消费行为则会趋于收敛。在全球总需求不足和低通胀预期之下，消费和投资本身在负利率因素调节中难称乐观。机构投资者的资产配置在负利率时代可能出现以下趋势。一是资产泡沫现象整体可能更为严重。负利率伴随的流动性泛滥，将在世界范围内进一步抬升资产价格，美国和欧元区资产可能因此得到进一步追捧。二是优质资产进一步被抢购，所谓"越白越贵"的趋势可能得到强化。三是另类投资可能显著分化，优质不动产、贵金属等避险资产有机会稳定甚至增长，但风险投资和私募股权投资可能整体性进入休眠期。

负利率对下一阶段的货币形态发展带来新的不确定性，但它也许会为"另辟蹊径"提供某些启发。随着信息技术和互联网的发展，货币及其价值传递方式出现了根本性的转变，以信用卡、网银和移动支付为代表的电子货币，以及数字货币、区块链和加密资产等都在快速发展。特别是以脸书筹备计划推出 Libra 为代表，其目标是发展成一种"不企求对美元汇率稳定而追求实际购买力稳定"的加密数字货币，这使未来数字货币的重要性、演化形态和利率价格等引起全球关注。相信人类借助理性思考和良好协作，在科学技术高度发展的时代，最终有可能让负利率从"穷途末路"走向"另辟蹊径"。

第十二章

中国如何应对负利率

中国的发展根本上是靠改革开放。金融领域的改革始终是朝着市场化、法治化的方向推进……加快推进人民币利率市场化,逐步完善人民币汇率形成机制,鼓励金融创新,促进金融业更高水平对外开放,使金融发展更加有效地服务实体经济增长。

——李克强(中国国务院总理)

近年在国际金融市场中，从零利率到负利率的现象不断出现，备受争议的负利率实践被列入越来越多国家的货币政策考虑范围之中。在这样的全球背景下，中国又该何去何从呢？

2019年11月21日北京举办的"从危机到稳定：应对下一次金融危机"分论坛上，中国人民银行原行长周小川发言称："中国还是可以尽量避免快速地进入到负利率时代，如果能够管理好微观货币政策，可以不用那么依赖非常规的货币政策。"同月，易纲行长发表署名文章称，"即使世界主要经济体的货币政策向零利率方向趋近，我们不搞竞争性的零利率或者量化宽松政策，始终坚守好货币政策维护币值稳定和保护最广大人民群众福祉的初心使命"。在错综复杂的国内外经济金融形势下，中国仍然推进利率市场化改革。利率市场化某种意义上是金融改革的核心内容之一，同时关系到整个资源、资金配置，影响非常广泛深远，对配置效率的提高、对金融市场的格局都会有重大影响。

一、负利率离中国并不遥远

2015年是中国利率市场化改革获得重大突破的一年。继10月放开存款利率上限后，11月国务院常务会议确定深化利率市场化改革，完善利率形成和调控机制。会议指出，要继续发挥存贷款基准利率的参考和指引作用，用好短期回购利率、再贷款、中期借贷便利等工具，理顺政策利率向债券、信贷等市场利率传导渠道，形成市场收益率曲线。在错综复杂的国内外经济金融形势下，中国仍然决定迈出利率市场化改革的历史性一步。2019 年 8 月，经过多年来利率市场化改革的持续推进，我国的贷款利率上、下限已经放开，但仍保留存贷款基准利率，存在贷款基准利率和市场利率并存的"利率双轨"问题。银行发放贷款时，大多仍参照贷款基准利率定价，特别是个别银行通过协同行为以贷款基准利率的一定倍数（如 0.9 倍）设定隐性下限，对市场利率向实体经济传导形成了阻碍，是市场利率下行明显但实体经济感受不足的一个重要原因，这是当前利率市场化改革迫切需要解决的核心问题。这次改革的主要措施是完善贷款 LPR 形成机制，提高 LPR 的市场化程度，发挥好 LPR 对贷款利率的引导作用，促进贷款利率"两轨合一轨"，提高利率传导效率，推动降低实体经济融资成本。

（一）触碰实际负利率

自 1992 年以来，中国多次经历实际负利率阶段，见表 12.1。第一个时期是 1992 年 10 月至 1995 年 11 月，这段时期 CPI 迅速上涨，通货膨胀严重，实际利率一度超出 -10%。第二个时期为 2003 年 11 月至 2005 年 3 月，这段时间 CPI 经历了短暂的急剧上升，之后迅速回落，因而实际负利率暂时为负，影响并不大。第三个时期为 2006 年 12 月至 2008 年 10 月，这段时期受全球经济影响，经济发展受到很大冲击，所以中国因政策原因再次触碰负利率。第四个时期为 2010 年 2 月至 2012 年 3 月，受四万亿计划刺激的影响，CPI 价格大幅上升，但是国际经济环境限制央行无法加息，因而实际利率转为负。在这几个时间段内，CPI 最高达到 27.5%，最低也有 2.4%。一般来讲，当 CPI 大于 3% 的增幅时就已经是通货膨胀，当 CPI 大于 5% 的增幅时称为严重通货膨胀。由此可以看出，这几个时期的实际利率为负是

第十二章　中国如何应对负利率

由高通胀推动的。

表 12.1　1992—2015 年利率与 CPI 情况

年份	基准利率（%）	活期存款利率（%）	CPI（上年=100）（%）	实际利率（%）
1992	7.56	1.80	106.4	1.16
1993	9.27	2.48	114.7	−5.43
1994	10.98	3.15	124.1	−13.12
1995	10.98	3.15	117.1	−6.12
1996	9.23	2.57	108.3	0.93
1997	6.57	1.85	102.8	3.77
1998	9.45	1.58	99.2	10.25
1999	3.02	1.22	98.6	4.42
2000	2.25	0.99	100.4	1.85
2001	2.25	0.99	100.7	1.55
2002	2.12	0.86	99.2	2.92
2003	1.98	0.72	101.2	0.78
2004	2.12	0.72	103.9	−1.78
2005	2.25	0.72	101.8	0.45
2006	2.39	0.72	101.5	0.89
2007	3.33	0.72	104.8	−1.47
2008	3.20	0.54	105.9	−2.7
2009	2.25	0.36	99.3	2.95
2010	2.5	0.36	103.3	−0.8
2011	3.13	0.43	105.4	−2.27
2012	3.25	0.43	102.6	0.65
2013	3	0.35	102.6	0.4
2014	2.88	0.35	102	0.88
2015	2.13	0.35	101.4	0.73

资料来源：中国国家统计局。

注：每年的基准利率与活期存款利率取值为该年的年初利率与年末利率的算术平均值。

负利率

自 2015 年 11 月至 2018 年，CPI 的同比增幅最高达到 2.3%，与以往时期的 CPI 相比，已经处于较低水平，而在同一时期的金融机构基准利率为 1.5%，中国经济再次进入实际利率为负的阶段。而本次负利率发生的主要原因是利率的快速下降，表现为"低利率低通胀"。

（二）转向负利率有动因

第一，中国伴随着经济增长，货币流动性过大。

为应对金融危机，2008 年央行在百日内连降四次利率，一年期定期存款利率由 3.87% 降至 2.25%。2009 年政府推出了四万亿元刺激经济的庞大投资计划，而且当年银行信贷暴增 10 万亿元，创下历史最高纪录。经历了 30 多年的经济高速增长，中国经济已经进入新常态阶段，经济增长呈现下行趋势。为刺激经济增长，增加需求端的消费与投资，央行不断向市场提供流动性。从 2014 年 11 月开始，央行货币政策从定向宽松转向全面宽松，已经经历了 6 次降息和 11 次降准。2015 年 3 月 1 日起，央行宣布下调金融机构人民币贷款和存款基准利率，以进一步降低社会融资成本，之后在一年内央行连续进行了五次降息。

低利率诱发巨大的信贷需求和资金需求，释放出了巨大的流动性，由此也使实际利率降至负的水平。中国正通过逐步降低市场利率，鼓励居民消费和企业投资，降低信贷成本，促进经济发展。由表 12.2 可见，M1 增速始终处于较高水平，2009 年达到 33.2% 的最高值。之后增速有所放缓。但 2015 年以来又表现出了上升趋势，2016 年 M1 增长率达到 21.4%，之后 M1 增长率虽然有所下降，但是从总量来看，市场上的货币供应量已具有很大规模。

第十二章　中国如何应对负利率

表 12.2　2006—2018 年货币供应量与货币供应量同比增长率

时间	货币（M1）供应量（亿元）	货币（M1）供应量同比增长率（%）
2019 年 6 月	567 696.18	4.4
2018 年	551 685.91	1.5
2017 年	543 790.15	11.8
2016 年	486 557.24	21.4
2015 年	400 953.44	15.2
2014 年	348 056.41	3.2
2013 年	337 291.05	9.3
2012 年	308 664.2	6.5
2011 年	289 847.7	7.9
2010 年	266 621.5	21.2
2009 年	221 445.8	33.2
2008 年	166 217.13	9.1
2007 年	152 560.08	21.1
2006 年	126 028.1	17.5

资料来源：中国国家统计局。

注：货币供应量已包含住房公积金中心存款和非存款类金融机构在存款类金融机构的存款。2001 年 6 月起，将证券公司客户保证金计入货币供应量（M2），含在其他存款项内。

第二，负利率时代，全球主要经济体采取的货币政策有溢出效应。

越来越多的经济体推出负利率政策以及各种形式的宽松货币政策，使这些经济体的货币具有贬值压力，较低的利率环境带来较低的投资收益，大量资本开始逐渐流入新兴经济体，相对于美元，正处于升值倾向的人民币资产开始成为资本关注的对象。这些资本的涌入，加剧了中国实施货币政策的难度，宏观调控的难度增加。因此。中国央行采取相对的低利率以控制资本的进一步流入，缓解资本市场和外汇市场的波动。当前中国资本市场羸弱，央行采取了审慎态度对待资本进出，为培育资本市场赢得时间和空间。但在日渐加大的国际压力下，缓解热钱的冲击已经变得越发困难，回旋余地也正在减少。

（三）负利率或在门口长期徘徊

暂无法通过实践来检验负利率政策在长期范围内对经济增长的影响效果。要判断负利率政策能否更长时期存在，只能看世界经济可否获得新的增长动力，迈出低迷困境。

从理论上说，持续实施负利率政策会对经济增长造成损害，负利率政策的实施只能为实体经济的调整和改革争取所需要的修复和改革时间，并不能直接替代结构化改革对经济增长的影响。首先，从消费层面来说，根据弗里德曼的持久收入理论，个人或者家庭长期的消费水平取决于永久收入水平，负利率政策改变个人暂时性收入，带来消费的短期增长。其次，从国际资本流动层面来看，通过负利率货币政策来吸引外资，促进本国汇率贬值，可以用于规避偶发事件引起的汇率升值压力。但若长此以往，在经济全球化的背景下，本国汇率贬值对主要贸易国的出口造成伤害，反而有可能激励各国都下调利率，从而引发货币战争。最后，从社会影响上来看，长期实行负利率政策，会干扰银行、保险、养老和社保机构的正常运行，影响其盈利模式，银行、保险、养老保险机构在负利率的刺激下倾向于从事风险更高的投资，为未来经济发展埋下金融风险隐患。

负利率也在中国门口徘徊。中国经济经历了改革开放40余年的高速增长，逐渐进入慢速增长时代。2019年中国经济全年增速6%，远低于往年经济增长率。2012—2018年，中国CPI指数一直稳定在102左右，不存在明显的通货紧缩压力。综合分析，目前在中国实施负利率政策带来的收益，可能小于其对经济发展和增长造成的损害。一方面，负利率政策的实施，容易引起房地产价格上涨，进一步加大

第十二章 中国如何应对负利率

房地产泡沫,一旦泡沫破灭,终会引发经济衰退。另一方面,中国经济产业结构问题严重,钢铁等制造业行业产能严重过剩,当下亟须政府进行产业结构调整和引导其转型。负利率对投资的刺激作用将进一步恶化目前产业结构失衡和国有企业效率低下等问题,反而使目前的经济增长难以为继。

中国也需要注意其他国家的负利率政策对中国的影响。欧元区和日本等实施的负利率政策会对中国经济产生溢出效应,因此央行有必要采取政策,减少国外负利率政策对本国经济的不利影响。首先,负利率政策使人民币相对欧元升值,影响本国商品出口,政府有必要通过出口退税等政策措施刺激出口,减少国外负利率政策对我国经济的不良影响;其次,国外负利率的实施导致中国实际利率相对于其他国家要高一些,这样会引发短期资本流入中国。虽然资本流入增强了中国资本的流动性,有利于中国经济建设,但在可预期的未来,这部分资本的流出将不利于股票市场和汇率的稳定,会影响中国经济稳定增长,政府可通过加强资本管制减少短期资本流入的危害。

二、利率政策组合与机制抉择

(一)利率调节空间和汇率形成

从已实施负利率的各个经济体来看,其目的或是抑制通缩,刺激商业银行对外提供贷款,提振经济增长。从中国央行情况来看,其货币政策有充足空间应对经济下行风险,以支持供给侧改革和经济转型。2019年9月16日,央行下调金融机构存款准备金率0.5个百分点,之后大型金融机构存款准备金率为13%,中小金融机构存款准备金率为11%,我国的法定准备金率仍然处于相对较高的水平,存在一定的下调空间。降息、降准、公开市场操作,以及中国人民银行于2013

年初创设的常备借贷便利、中期借贷便利等都是央行手中的货币政策工具。因此中国现在的经济环境没有实施负利率政策的必要,央行应对经济尾部风险的政策操作空间很大。

目前中国央行无论从利率、准备金率还是从外汇储备来看,都弹药充足,足以消除负利率出现的可能性。从外汇占款来看,截至2019年9月末,中国外汇储备规模为30 924亿美元,较年初上升197亿美元,升幅为0.6%。因为储备仍充足,可以满足其外部需求和负债。外部流动性资产依然大于对外负债,空间充足,当前的经常账户也依然处于盈余状态,这为中国经济抵御潜在冲击构成了缓冲,也增加了货币政策的腾挪空间。并且,随着全球经济金融一体化进程的推进,对外开放程度不断提高,汇率通过影响对外贸易和国际资本流动来影响货币政策的实施及操作空间,从而对整个国民经济运作的影响越来越大。因此,要加快人民币汇率形成机制改革,增强人民币汇率弹性,来提高货币政策的自主性和独立性。

根据三元悖论,一国货币政策的独立性、汇率的稳定性、资本市场的完全流动性不能同时实现,最多只能同时满足两个目标,而放弃另外一个目标。目前,中国正在实施有管理的浮动汇率制度,资本市场尚未完全开放,国际金融市场货币政策的外溢效应制约央行货币政策的实施,影响中国的货币政策的独立性和操作空间。在人民币升值的情形下,会导致资本大量涌入中国,央行不得不投放大量基础货币,对国内金融机构持续提高存款准备金率,使企业流动资金贷款紧张、货币供应结构失衡、人民币利率上升,进一步吸引国际资本流向中国,推动人民币升值,进一步实施紧缩货币政策、贬值的情形则相反。2014年以来,人民币对美元持续贬值,在美元升值的预期下,跨境资金流出压力上升,并导致外汇储备和外汇占款持续下降,干扰了基础货币的投放。加快汇率制度的改革,会使汇率波动区间增大,意

第十二章　中国如何应对负利率

味着中国在资本自由流动程度逐渐提高的背景下增加货币政策的独立性。

近年来，中国在汇率制度改革方面已经取得重要进展。2005年7月21日晚，中国人民银行宣布，中国开始实行以市场供求为基础、参考一篮子货币进行调节、有管理的浮动汇率制度。人民币汇率不再盯住单一美元，而是形成更富弹性的人民币汇率机制。在人民币汇率改革10周年，2015年8月11日，央行宣布调整人民币对美元汇率中间价报价机制，做市商参考上日银行间外汇市场收盘汇率，向中国外汇交易中心提供中间价报价。这一调整使人民币兑美元汇率中间价机制进一步市场化，更加真实地反映了当期外汇市场的供求关系。2017年5月，为了适度对冲市场情绪的顺周期波动，外汇市场自律机制核心成员基于市场化原则将人民币对美元汇率中间价报价模型由原来的"收盘价+一篮子货币汇率变化"调整为"收盘价+一篮子货币汇率变化+逆周期因子"。引入"逆周期因子"，有效缓解了市场的顺周期行为，稳定了市场预期。2018年1月，随着我国跨境资本流动和外汇供求趋于平衡，人民币对美元汇率中间价报价行基于自身对经济基本面和市场情况的判断，陆续将"逆周期因子"调整至中性。2019年，我国经济稳中向好，经济结构调整取得积极进展，增长动力加快转换，增长韧性较强，人民币汇率有条件在合理均衡的水平上保持基本稳定。近期受美元指数走强和贸易摩擦等因素影响，外汇市场出现了一些顺周期行为。基于自身对市场情况的判断，2019年8月以来，人民币对美元汇率中间价报价行陆续主动调整了"逆周期系数"，以适度对冲贬值方向的顺周期情绪。截至2018年8月24日，绝大多数中间价报价行已经对"逆周期系数"进行了调整，预计未来"逆周期因子"会对人民币汇率在合理均衡的水平上保持基本稳定发挥积极作用。10年间，中国的人民币定价机制、汇率波动幅度等方面都在不断完善。

中国政府应加快金融领域的改革，加快人民币国际化进程，提高人民币的话语权，进一步增加中国货币政策的实施空间，严格执行独立自主的货币政策。第一，加快人民币汇率形成机制改革，增强汇率弹性，在保留资本管制的情况下，让人民币汇率由市场决定，减轻人民币汇率波动幅度、资本管制的压力，从而减少资本管制对市场价格和资源配置的扭曲。第二，开拓资本市场对外开放新格局，深化供给侧结构性改革，提升资本市场服务实体经济和社会发展能力。第三，进入新常态的中国经济，正处于结构调整的转型期，需要充分利用国内外两种资源、两个市场。第四，构建金融业开放新格局，在引入外资的同时，更关键的是引入新的理念和技术，促进当前供给侧结构性改革的深入推进。

（二）构建调控走廊及政策工具箱

随着经济发展进入新阶段，货币政策调控也面临新的经济环境、新的挑战，积极探讨货币政策框架转型问题具有重要意义。很长一段时间以来，中国央行所采用的货币政策工具多是数量型货币政策。数量型货币政策更侧重于对货币量的直接控制，央行货币政策的变化通过对公开市场操作业务、存款准备金率等数量型工具调节货币供应量，从而影响主要经济变量。价格型货币政策更侧重于对价格水平的间接调控，主要是通过资产价格变化，影响微观主体的资产价值、财富构成、财务成本和收入预期，使微观主体根据宏观调控信号调整自己的行为。随着国际经济形势日益复杂，中国利率市场化程度不断提高，仅仅使用数量型货币政策工具并不能很好地达到调控目标，应该加强使用价格型货币政策工具，如利率、汇率等。

随着传统数量型调控工具效力的逐渐下降、新的货币政策工具的不断涌现、金融创新的不断发展、利率市场化进一步推进，金融机构及微观主体利率弹性提高,货币政策正处于从数量型调控转向价格型调控的机遇期。经济结构调整引起金融结构变化,金融结构变化造成货币政策工具有效性的变化。当金融市场发育程度不高时,信用创造渠道相对集中,市场化利率水平难以形成,数量型工具的效果相对更好,反之则价格型工具的效果相对更好。随着中国市场经济体系的不断完善,利率在货币政策传导中的作用将不断增强。因此,应该充分发挥价格型货币政策工具的重要作用,积极推动数量型工具向价格型货币政策转变。

价格型货币政策框架的核心,是通过调节政策利率和利率走廊,来稳定利率与流动性水平,进而影响全社会投资、消费行为,达到稳定经济和物价的目的。因此,如果构建以利率走廊机制为主的货币政策模式,将对经济与金融运行产生多方面的重要影响。中国央行2014年第一季度提出构建利率走廊型调控机制,提升货币政策调控效力。所谓利率走廊调控,是指中央银行通过设定和变动自己的存贷款利率,实现对同业拆借利率的调节和控制。近10年来,国外央行已经普遍使用这种方法操作货币政策。其上限是中央银行对商业银行发放贷款的利率,下限为商业银行在中央银行存款的利率,中间为中央银行调控的目标,即商业银行同业拆借利率。同业拆借市场的利率只能在央行设定的存贷利率范围内波动,该存贷利率的上、下限被称为利率走廊。央行通过直接管制与市场机制相结合的方法,控制商业银行在央行的存贷利率,从而调控资本市场的利率水平,而不是运用公开市场操作买卖国债改变货币供给量来调控市场利率。

2003年1月9日,美联储正式实施了修改后的A条例(即贴现窗口制度)。这次改革重新调整了目标联邦基金利率与贴现利率之间的关系,并以此为基础实行了利率走廊调控(Furfine,2003)。不仅如此,在10多年的时间里,已明确采用利率走廊调控模式的其他国家，还有 G7 中的德国、法国和意大利，在欧洲还有瑞典、瑞士、芬兰、匈牙利、斯洛文尼亚等国家。除此之外，就连亚洲的印度、斯里兰卡，甚至非洲的纳米比亚等也都先后采用了这一调控模式。由此可以看出，通过设定利率走廊来稳定市场利率波动，将是西方乃至世界各国中央银行货币政策操作的发展趋势，所以也理应为中国货币当局借鉴。

中国央行自提出构建利率走廊型调控机制以来，陆续完善了包括常备借贷便利操作、短期流动性工具（SLO）等货币政策工具，初步建立了利率走廊型调控框架。利率走廊不是单一的货币政策，而是一个包含常备借贷便利操作、公开市场操作和前瞻指引的政策框架。其运作方式是：当基准利率到达上限时，先用常备借贷便利操作锁住利率升幅，同时进行公开市场操作调节基准利率，通过这样的方式引导货币市场利率的预期。因为没有人愿意提供比公开市场操作更便宜的流动性，因此公开市场操作的逆回购利率也成为利率走廊的隐含下限。

2019 年 8 月 20 日，中国人民银行授权全国银行间同业拆借中心公布当日贷款市场报价利率为：1 年期 4.25%，5 年期以上 4.85%。2019 年 9 月 20 日，1 年期 LPR 降低为 4.20%。完善了贷款市场报价利率的形成机制，以此提高 LPR 的市场化程度，发挥好 LPR 对贷款利率的引导作用，促进贷款利率"两轨合一轨"，提高利率传导效率，推动降低实体经济融资成本。

（三）完善利率传导和基准体系

通过利率走廊机制来稳定市场拆借利率，需要一定的依托条件。其一，需要有顺畅的利率传导机制。利率传导机制包括横向传导和纵向传导。横向传导是指，央行利用利率走廊变动基准利率，从而在此基础上影响市场其他利率的变动。纵向传导是指利率的变动在经济体系中的传导。在利率走廊操作机制下，如果利率传导机制不顺畅，利率调整在其传导末端已成强弩之末，由于传导"阻力"而失去其效果。货币政策也将因传导机制不顺畅而降低其实际效果。因此，利率传导机制顺畅是实现利率走廊调控的重要条件。其二，需要有完善的基准利率体系。利率走廊调控以变动央行基准利率为基础，从而影响市场其他利率变动，作为中央银行实现货币政策工具的桥梁和纽带，基准利率的重要作用不可替代。如果一国基准利率体系不完善，市场上存在多种基准利率，那么利率走廊调控将采取何种利率为央行调控基准利率？完善的市场基准利率体系一方面有利于利率走廊调控的实施，另一方面也有利于利率政策的横向传导和纵向传导，提高货币政策效果。利率走廊操作必须有完善的基准利率作为基础，才能实现走廊调控与平滑目标，否则，央行利率走廊操作也就失去其本来意义。基准利率机制，从上承接中央银行的货币政策工具，从下反映到货币市场的利率水平，进而通过商业银行存贷款利率水平来影响投资、消费的关系，实现推动经济增长、充分就业、控制通货膨胀等货币政策目标。

完善的市场基准利率体系，也是利率市场化的基础与前提。尽管近年来积极推进利率市场化改革，但基准利率体系尚未清晰。中国人民银行于 2015 年 10 月 24 日放开存款利率，再对商业银行和农村合作金融机构等设置存款利率上限，利率管制基本取消。不过，利率市场化是一项复杂的系统工程，存款利率放开并不意味着利率市场化改革的最终完成。利率市场化改革包括逐步放宽利率管制、培育基准利率体系，形成市场化利率调控和传导机制，建立完善的存款保险制度，以及发展利率风险管理工具等内容。利率传导机制不畅通，使发展各类金融市场，打造基准利率体系，通过确定短期利率进而引导中期利率，形成反映流动性偏好与风险溢价的收益率曲线的任务似乎更为紧迫。而在基准利率体系打造尚不完善、利率传导机制存在障碍之时大举推进中期利率指引，可能会出现我们不愿意看到的结果，即以往利率市场化努力出现反复与市场化改革方向模糊。

新的 LPR 由各报价行于每月 20 日（遇节假日顺延）9 时前，以 0.05 个百分点为步长，向全国银行间同业拆借中心提交报价，全国银行间同业拆借中心按去掉最高和最低报价后算术平均，向 0.05% 的整数倍就近取整计算得出 LPR，于当日 9 时 30 分公布，公众可在全国银行间同业拆借中心和中国人民银行网站查询。与原有的 LPR 形成机制相比，新的 LPR 主要有以下变化。

一是报价方式改为按照公开市场操作利率加点形成。原有的 LPR 多参考贷款基准利率进行报价，市场化程度不高，未能及时反映市场利率变动情况。改革后各报价行在公开市场操作利率的基础上加点报价，市场化、灵活性特征将更加明显。其中，公开市场操作利率主要指中期借贷便利利率，中期借贷便利期限以 1 年期为主，反映了银行平均的边际资金成本。加点幅度则主要取决于各行自身资金成本、市场供求、风险溢价等因素。

二是在原有的 1 年期一个期限品种基础上，增加 5 年期以上的期限品种，为银行发放住房抵押贷款等长期贷款的利率定价提供参考，也便于未来存量长期浮动利率贷款合同定价基准向 LPR 转换时能平稳过渡。

三是报价行范围代表性增强。在原有的 10 家全国性银行基础上增加城市商业银行、农村商业银行、外资银行和民营银行各两家，扩大到 18 家。新增加的报价行都是在同类型银行中贷款市场影响力较大、贷款定价能力较强、服务小微企业效果较好的中小银行，能够有效增强 LPR 的代表性。

第十二章 中国如何应对负利率

四是报价频率由原来的每日报价一次改为每月报价一次。这样可以提高报价行的重视程度，有利于提升 LPR 的报价质量。2019 年 8 月 19 日原机制下的 LPR 停报一天，8 月 20 日首次发布新的 LPR。

通过改革完善 LPR 形成机制，可以起到运用市场化改革办法，推动降低贷款实际利率的效果。一是前期市场利率整体下行幅度较大，LPR 形成机制完善后，将对市场利率的下降予以更多反应。二是新的 LPR 市场化程度更高，银行难以再协同设定贷款利率的隐性下限，打破隐性下限可促使贷款利率下行。监管部门和市场利率定价自律机制将对银行进行监督，企业可以举报银行协同设定贷款利率隐性下限的行为。三是明确要求各银行在新发放的贷款中主要参考 LPR 定价，并在浮动利率贷款合同中采用 LPR 作为定价基准。为确保平稳过渡，存量贷款则仍按原合同约定执行。四是中国人民银行将把银行的 LPR 应用情况及贷款利率竞争行为纳入宏观审慎评估（MPA），督促各银行运用 LPR 定价。

因此，中国应加快打造健康的基准利率体系，建立和完善基于价格调控的货币政策调控框架，营造良好的金融市场环境，改变过去那种金融资源配置严重受到政府行政干预，持续向低效率企业"输血"的格局。央行还将会同有关部门，综合采取多种措施，切实降低企业综合融资成本。一是促进信贷利率和费用公开透明。严格规范金融机构收费，督促中介机构减费让利。二是强化正向激励和考核，加强对有订单、有信用的企业的信贷支持，更好地服务实体经济。三是加强多部门沟通协调，形成政策合力，多措并举推动降低企业融资相关环节和其他渠道成本。这些措施将加快利率市场化改革步伐，建立由市场供求关系决定金融机构存、贷款水平的利率形成机制，让资金能够在市场机制的引导下流向那些高回报的企业和项目，从而创造出最大的价值，通过中央银行运用货币政策工具调控和引导市场利率，使市场机制在金融资源配置中发挥主导作用。

(四) 均衡组合适应国际新环境

　　政策制定者往往承诺使用货币、财政和结构性政策等一切工具来强化复苏。但在现实中，许多国家却暂缓实施艰难的改革，寄希望于由其他国家来肩负起财政扩张的重担。尽管改革创新是治本之策，并且财政政策更有效，但改革面临重重困难，政治成本过高，日本和欧元区外围经济体的财政政策空间也受限。展望未来，尽管货币政策有效性存疑，但在决策上却是最容易的。数国央行实行负利率源于一个经济信条，即降低利率能够刺激消费和投资。这一信条是货币政策的理论基础，多数中央银行家对此深信不疑，于是在危机之后纷纷采取了宽松货币政策。负利率政策大概率将持续甚至加深。

　　依赖货币宽松政策，只能延缓去产能、去杠杆的痛感，无法替代供给侧改革的必要性，不能解决本质问题。货币政策放松在释放积极效应之后，对资本市场度的负面影响正在显现：利率工具用到极致后，货币竞相贬值，融资货币套利资金在全球的腾挪，资产泡沫增加，贫富差距扩大使经济问题在向社会问题扩散，不利于产能供求的出清，扭曲资源配置，损害银行体系盈利能力等。从实践来看，美国量化宽松政策是奏效的，经济稳步回升。在宽松策略下，美国的股市和房市大幅回暖，居民财富增加，并且通过财富效应促进了消费，失业率也降到了5%以下。但宽松效果对欧洲、日本并不适用，其央行不得不进一步祭出负利率"撒手锏"，以扩张信贷，刺激经济。从日本央行来看，其不得已推出负利率，是出于对QE效果的失望，指望-0.1%的负利率可以迫使商业银行把钱贷出去，而不是"躺"在央行账户上获取无风险利息。如果实施负利率，仍然不能"挽救"经济，央行将面临黔驴技穷、无工具可用的尴尬局面。

第十二章 中国如何应对负利率

发达经济体货币政策的变化,将使处于新常态阶段的中国面临较多的外部不确定性。目前,外部政策环境复杂,全球普遍强调货币政策实施宏观调控,为综合研判负利率的政策效果及其溢出影响,要认真分析这些经济体实施负利率政策的宏观经济背景、负利率政策实施中的具体措施。目前,美联储已经再度开启加息之门。尽管欧洲和日本的货币宽松仍有必要,但鉴于近期新政策的效果呈明显边际递减之势,继续宽松的收益可能不会大于成本。对于欠发达的经济体来讲,资本市场尚不成熟,仍然以间接融资为主,过度的货币刺激还可能会带来股市的非理性繁荣,而暴涨的后果往往就是暴跌,2015年的中国股市异动就是前车之鉴。就中国而言,汇率、资产泡沫和通胀压缩了货币宽松加码的空间。总体来说,过分依赖货币政策无法实现经济的彻底复苏,货币政策左右全球经济和金融市场的时代已经过去。各国应实施更均衡、更有力的政策组合,这也是近年来二十国集团、七国集团多次在会议上强调的。

从对外投资的角度来讲,全球较低的利率水平反而会给中国企业"走出去"带来机遇,宽松的货币政策环境意味着融资成本的降低。政府可在跨境投融资、增信担保等方面为企业提供便利,使企业得以利用境外资本市场(特别是欧元区)较低的资金成本和充足的流动性取得廉价融资,优化资产在全球的配置,更好地布局"一带一路"等国家倡议。

总之,要结合中国经济社会发展的实际情况,保持良好的战略定力,明确单纯的货币刺激并不能替代经济结构性改革,加强宏观经济政策间的协调配合,综合运用财政政策和货币政策,积极稳妥推进供给侧结构性改革,实施创新驱动发展战略,政府进行合理的引导,更多地让市场发挥作用,从而真正实现经济平稳健康发展。同时通过扩大基础设施、促进技术升级等领域的公共支出的方式,增强经济内生动力。

三、供给改革、开放共赢

面对全球经济低迷以及国外政治不确定风险日益严重的情况，中国现有利率改革虽然取得了一定的成就，但是还需要对整体的金融市场、利率体系以及产业结构进行深层次改革，以便更好地应对国际风险对我国经济的冲击。

在全球通缩的大环境、主要央行货币政策分化的背景下，以及在以市场供求为基础、参考一篮子货币进行调节、有管理的浮动汇率制度的条件下，中国的货币政策将面临考验。要想达到较好的政策效果，央行既需要有一种长期的规则性的价值追求，又需要有一种短期的相机抉择的工程智慧，根据国内外经济金融运行形势的变化，稳妥地调控货币政策。

在全球经济复苏疲软的背景下，应注重通过结构性改革，注意货币政策和财政政策的协调配合，解决实体经济的供需平衡矛盾，并大力推动去产能等供给侧改革。首先，提高生产力和潜在产出，结构性改革在实现强劲、可持续和平衡增长以及促进创新增长方面发挥着关键作用。结构性僵化和市场的不完善，会降低需求侧政策的有效性以及资源配置的效率，推行可靠的结构性改革，能在短期内建立信心并在长期内改善经济韧性。其次，加快推进利率市场化改革和人民币汇率形成机制改革，统筹协调对内对外两个价格体系，完善货币政策调控机制。最后，改革并完善适应现代金融市场发展的金融监管制度，有效防范和化解金融风险，推动完善全球经济金融治理秩序，维护、促进国际金融市场稳定。

第十二章　中国如何应对负利率

（一）提高货币导向效能

近年来，中国的经济整体上稳中向好，正处于从高增长向高质量发展的转变期，经济改革进入攻坚阶段。目前经济"三期叠加"阶段——增长速度换档期、结构调整阵痛期和前期宏观刺激政策消化期重合出现，产生叠加效应。现阶段我国经济的主要特征是速度趋缓、结构趋优、动力转换和风险挑战并存，具体表现就是经济增速由此前的高速增长转向中高速增长，经济结构逐步调整，经济增长动力转换，由要素驱动、投资驱动转向创新驱动，经济发展中的不确定性风险逐步显现，诸如政府债务、房地产库存、金融政策等潜在风险渐渐浮出水面，中国经济转型升级面临能否抓住机遇并妥善处理各类风险的严峻考验。

经济新常态就是在经济结构对称的基础上实现经济的可持续发展，新常态意味着常态下（即不考虑临时性的经济波动而只考虑经济增长问题时）中国已不再是一个"需求决定型经济"，而是"供给决定型经济"。供给决定型经济是指，经济增长主要由劳动力、资本设备和技术等生产要素所决定的生产能力决定，而不是由投资、消费和出口这"三驾马车"决定。如果一个经济体是供给决定型的，那么在给定的技术条件下，其生产要素的供给是产量的约束，基本上接近充分就业水平。经济结构僵化、不完善的市场机制，也会降低需求管理的有效性以及资源配置的效率。科学的结构性改革能够比较有效地建立市场的信心，并在长期内改善经济基本面。正因为如此，供给侧成为推动经济增长的主要源泉。借鉴和比较西方发达国家管理经验可以发现，从提高供给质量出发调整经济结构，使劳动力、土地、资本、制度创造、创新等要素实现最优配置，加快深化改革，推进结构调整，扩大有效供给，提高供给结构对需求变化的适应性和灵活性，提高全

负利率

要素生产率，以供给侧结构性改革推动经济转型升级，是激发经济活力、促进经济转型升级的有效手段，也是走出金融危机、中等收入陷阱，实现经济可持续增长的关键。

改革开放以来，中国经济一直保持着高速增长。然而，中国经济的快速增长一直是由投资带动的，主要依靠规模扩张及生产要素的不断投入，忽视生产要素的使用效率。这种政府主导下投资驱动的发展方式不可持续，会带来投资和消费的比例失调、产业结构不平衡、资源枯竭和环境破坏加重、投资效益下降等一系列问题。如表12.3所示，全社会固定资产投资占GDP的比重逐年上升。2006年占比50.13%，2016年已经上升到81.95%，之后虽然有所降低，但是整体还是维持在70%以上的水平。再看资本形成总额对国内生产总值增长贡献率，从2006年的42.9%，到2009年的最高值86.5%，之后逐年开始下降；2006年资本形成总额对国内生产总值增长拉动比率为5.5%，2009年达到最高值8.1%，之后开始逐年下降。需求侧宽松的财政政策以及货币政策虽然带来了不断增加的投资规模，但投资的效率却在降低，高投入、低效益的问题较为突出。资金传导至实体经济并未得到充分、有效的运用，在较低的资金成本的刺激下，甚至低至为负的利率，会使得原本不该进行的投资项目变得有利可图。由于资本具有逐利本性，在市场这只"看不见的手"的作用下，会继续获得银行贷款或者是民间资本支持，导致错误的投资决策和盲目投资，导致稀缺资源的重大浪费，增加经济结构调整和转型的难度，供给侧改革的目标也会受到一定程度的影响。在负利率的情况下，正常的市场定价机制将受到干扰，扭曲实体经济，同时会使政府失去结构改革的动力，央行只能继续不断向泡沫化的金融市场注入更多流动性，最终陷入无工具可施的局面，不利于中国目前的结构调整和经济转型。

表 12.3　2006—2018 年投资占 GDP 的比重及其对经济增长的贡献

时间	全社会固定资产投资（亿元）	全社会固定资产投资占 GDP 的比重（%）	资本形成总额对国内生产总值增长贡献率（%）	资本形成总额对国内生产总值增长拉动（%）
2018 年	645 675.00	71.99	32.4	2.2
2017 年	641 238.40	78.13	33.8	2.3
2016 年	606 465.66	81.95	43.1	2.9
2015 年	561 999.83	81.56	42.6	2.9
2014 年	512 020.65	79.51	46.9	3.4
2013 年	446 294.09	74.98	55.3	4.3
2012 年	374 694.74	69.34	43.4	3.4
2011 年	311 485.13	63.66	46.2	4.4
2010 年	251 683.77	60.94	66.3	7.1
2009 年	224 598.77	64.34	86.5	8.1
2008 年	172 828.4	54.09	53.2	5.1
2007 年	137 323.94	50.82	44.1	6.3
2006 年	109 998.16	50.13	42.9	5.5

资料来源：中国国家统计局。

（二）开放金融支持转型

提高金融服务实体经济的效率和支持经济转型的能力，是供给侧改革的重要内容之一。从这个角度看，破除金融抑制和优化金融治理是对立统一的。处理好这一关系的重点，是金融机构既要积极创新又要"拥抱监管"。银行等主要金融体系必须加快创新，才能适应经济新常态和产业的发展需要。但同时也必须加强监管，只有"拥抱监管"才能基业长青。金融监管的变化，时刻影响着许多行业的发展，"一抓就死，一放就乱"就是其典型的表现。如这几年出现的打着互联网金融的名号行诈骗之实的行为，给整个行业带来了比较恶劣的影响。当然监管也离不开行业的发展，需要在行业的发展中逐步更新，因为监管的最终目的是在未来行业更加良性发展。

第一，优化金融治理，强调金融基础设施建设。首先，所有金融机构要充分加强信息披露，包括产品的设计、募集、投向等都应该充分披露。其次，全社会应当持续完善信用体系建设，政府应该加大力度建设开放性的信用体系，为从业人员和机构、交易对手的信用评价提供依据。最后，全市场要加强投资者教育，提高投资者的辨别能力，规则制定出来了，不仅要让被监管者受到规则的约束，更要让投资者懂规则，应用规则维护自己的利益。

第二，增强金融供给侧，要丰富和健全金融机构体系。2015年度A股约50家上市金融类公司的利润总和超过了2 000多家非金融类上市公司的利润总和，我国金融机构的强势由此可见一斑。惊人的盈利能力折射出了传统金融机构一家独大、缺乏竞争力的痛点。现有金融机构体系的不健全，造成金融服务供给总体不足，特别是基层金融服务还不能满足"三农"和小微企业的需求，经济转轨过程中，在商业性和公益性业务之间还存在着金融服务的空白。未来应持续扩大民间资本能进入的领域，发展多业态中小微金融组织及普惠金融，同时规范第三方支付、众筹和P2P（个人对个人）借贷平台等互联网金融业态发展，推动民间融资阳光化。

第三，加速金融开放。2019年以来在金融业对外开放方面，国务院发布关于进一步做好利用外资工作的意见，全面取消在华外资银行、证券公司、基金管理公司等金融机构业务范围限制，丰富市场供给，增强市场活力。此前，国务院修改外资银行、保险公司管理条例，进一步放宽外资银行、保险公司准入门槛，取消多项业务限制。开放政策也加快了境内金融机构改革发展。对外开放给中国金融业营造了更好的制度环境，境内金融机构通过学习国际同业经营的经验，有利于业务拓展能力的提升。

第十二章　中国如何应对负利率

(三) 丰富资本市场和权益金融

我国银行"有钱没处花"与中小企业"融资难、融资贵"形成了强烈的矛盾。未来应大力促进直接融资市场的发展，积极培育公开透明、健康发展的资本市场，发展多层次股权融资市场，深化创业板、新三板改革，规范发展区域性股权市场，大力培育和发展权益金融部门是重要的解决方案。

中小企业是金融服务与实体相脱节的焦点，构建复合性的直接融资供给体系，对解决中小企业融资难、深化"产融结合"、促进经济转型有重要意义。我国中小企业产值约占国内生产总值的60%，缴税额约占税收总额的50%，提供了近80%的城镇就业岗位。由于金融体制向国有经济倾斜，以及法律法规和银行设置等原因，中小企业一直面临着融资难的困境。服务于中小企业必须依靠直接融资，发挥其在融资时间、数量和期限等方面的灵活性。由于中小企业的担保能力不足，银行往往不愿将大量资金贷给中小企业，经常对其实行所谓的"信贷配给"。商业银行提供的中小企业流动贷款期限一般较短，而企业债券期限一般为3~5年，创投资金投资周期一般长达5~10年，股票融资则为企业提供了一笔可供无限期使用的资金，更容易结合中小企业的实际需要，为其提供匹配的发展资金。

未来权益金融应当以债券、股票和股权投资(PE/VC)这三个市场为切入点，从政策引导、机构准入、制度建设、税收优惠等方面，促进直接融资的复合性"供给"体系建设。特别是股权投资，在直接融资方式中最具灵活性，更能满足经济转型和实体经济发展的需要，发展空间巨大。直接融资为中小企业带来了长期而有效的资金，同时也带来了治理结构的改善，带来了创新和管理能力的提高。债券融资相比于银行贷款，对企业来说具有更强硬的约束，信息披露更为透明，更能有效地激励中小企业的规范经营。股权融资则能够直接改变企业的股权结构,引入机构投资者,有效改善中小企业的法人治理和现代企业制度。相比贷款层面的监管,直接融资的出资方对中小企业的监管、融资后的管理更有针对性和强制性,会为其带来先进的管理经验,要求其在技术创新、研发、品牌方面加大投入,有利于企业培育核心竞争力。

(四)促进普惠防控风险

在实体经济出现积极信号的同时,金融风险有上升的迹象。目前互联网金融和普惠金融领域的创新非常多,跨市场、跨机构的各类业务所蕴含的风险更为广泛、隐蔽和复杂,识别和管理的难度显著加大。某种程度上,正是实体经济投资机会偏少,才进一步导致资金进入资产领域,包括房地产以及金融市场,并导致资产价格尤其房地产价格上涨较快。所以金融风险只是表象,背后还是实体企业遇到问题,治标还得治本,关键要让实体企业有更好的利润增长点,营造好的环境,特别是给民营企业更好的营商环境,否则金融风险不可避免。

对互联网金融和普惠金融领域的风险防控应该深化。自 2016 年以来,互联网金融行业向规范化发展迈进。2016 年,互联网金融领域专项治理不断深入,监管政策逐步落地,伪劣平台逐步清除,普惠金融行业自律性管理加强。根据国家金融实验室的数据,截至 2017 年 7 月底,互联网金融平台共有 1.9 万多个,但绝对数量仍创历史新高。同时,互联网金融平台问题暴露更显著,2018 年国内累计发现涉嫌传销平台达到 5 000 余家,活跃人数超过千万;P2P 网贷平台达到 1.2 万家,其中中高风险平台占比约为 68%,较上半年增长了 24%。与此同时,直销企业涉嫌变相传销案件高发,以保本保息、荐股为代表的金融虚假广告诈骗层出不穷,互联网金融安全形势依旧严峻。2018 年,全国工商和市场监管部门共计查办直销违法案件 59 件，罚没金额共计 3 200 万元。有关数据显示，截至 2018 年 12 月 31 日，全国已经获得直销牌照的公司有 91 家，其中外商投资企业占比约 36%。从注册地来看，直销企业主要集中在经济发达地区，广东、山东、上海、天津位居前列，西部省份相对较少。互联网金融和普惠金融产业要以促进发展为主线，重视自律，社会各界不宜全盘否定。各类创新平台都在监管政策指引下，明确自身的业务发展和模式定位，根据自身发展特点，充分发挥对风险预备金、第三方担保模式、"有限"保障模式、分散投资、保险承保等模式综合权变运用；应高度重视信用风险、技术和操作风险、法律合规风险等，改进提升风险管理技术、手段与理念，逐步向竞争有序、健康稳定的规范化方向发展。

（五）大力发展新实体经济

新实体经济企业代表着中国经济的未来和方向。

实体经济是国民经济的命脉和基础，世界主要经济体都把发展实体经济放在了国家战略高度上来对待。近期对国内经济最担心的，一是经济现在处于虚火旺盛的状态，社会中资产泡沫比较严重，都在关心"脱虚向实"、抑制资产泡沫。二是实体经济表现差，很多区域包括传统经济大省，实体经济数据、就业都非常不好。更重要的是，实体经济的不足更多体现在质量的低劣上：社会产品的生产量很大，但是低次劣的现象严重；对技术和装备的渴求非常旺盛，但是企业自主投资和长期研发投入在减少，科技转化不能落地；区域经济和政府的产业政策，特别是基层层面还停留在传统层面上；勤劳而不富裕是对劳动者的描述，资产泡沫中大众的财富观都在不断迷失。

"新实体经济"不是对实体经济从结构层面的重新定义，而是指传统实体经济在新时代背景下的改革发展方向，所以两者并不对立，是一种递进关系。首先，我们一直在说"振兴实体经济"，只有能够转型、升级的传统实体经济才存在振兴的意义。老旧而无进步潜力的实体经济并不值得去振兴。其次，我们应厘清并扩展实体经济的范畴。过去一提到实体经济，就想到工厂冒烟或者中国制造。但事实上有更宽广的角度看待实体，比如说现代农业，比如让农产品跟农业的工业化加工、现代化流通以及客户定制化的服务结合起来。从这个角度来说，现代农业就是新实体经济。再次，在工业领域，今天的工业更大的价值不在于制造，而在于设计、创新和研发。工业服务、生产型服务业，也都是新实体经济。最后，在第三产业，信息通信、运输物流、批发零售、餐饮住宿、科研教育、医疗、保险等，也都应该划入"新实体经济"的范畴，而不是用实体这个老概念，将这些新产业对立起来。

什么是新实体经济？简言之，就是有效满足客户真实需求，科技含量高，容纳现代人才就业，生态环保可持续的新型经济形态。新实体经济有三个方面的特征。第一，新实体经济跟虚拟经济不是对立的，跟新业态也不是对立的。新实体经济不仅包括传统制造业，也涵盖传统第一、第二、第三产业，特别是新生产型服务业。第二，新实体是经济主体的本原意义回归。一个经济主体创立的最核心意义是什么？增加优质产品和服务的供给，对提供足够的税收贡献、容纳足够的就业等经济现象，要打破虚实经济对这些问题的错误认知和判定。第三，新实体经济是面向未来跟先进科学技术结合的经济业态，毫无疑问，今天我们看到的信息技术、生物技术、能源技术改变了很多产业，新实体经济一定要跟新的科技结合。我们不仅要有着眼于当下的传统实体经济企业，更要有放眼未来的新实体经济企业，它们代表着未来和方向。我们有理由相信，它们的能量一旦爆发，无论是盈利数据、纳税数据，还是就业数据、社会效益数据，都远非传统实体经济企业所能企及。

1. 新的技术突破，是新实体经济发展的第一动力

科学技术是第一生产力。催生新实体经济，一定要在一些新技术、新产品的领域得到扩展。在所有的经济要素中，技术几乎是中国企业最重视的一个环节，但也几乎是最薄弱的一个环节。2019年"两会"报告提出，要全面实施战略性新兴产业规划，发展新材料、人工智能、生物制药、第五代移动通信等技术研发和转换。未来新实体经济的发展，要靠新的科技去推动，这很可能就是今天的经济面向未来的一个重要方向。

新实体经济发展必须重视新的科学技术。人工智能可能会成为下一轮新实体经济发展的最大动力。今天在我们的生活中，消费、游戏、金融、制造各个领域里，人工智能都在不断介入，比如智能冰箱、智能自行车、智能手表、智能机器人等，都在改变整个工业领域的一些趋势。人工智能跟工业4.0的结合，将有两个趋势，一个是智能工厂，另一个是智能生产，将对整个工业产生非常大的影响。中国制造业能不能结合人工智能，升级为智能化、现代化，充分提高效率，降低成本，这是催生新实体经济的重点。

2. 新的商业模式，是新实体经济发展的第一逻辑

什么是商业模式？简单来讲就是"做生意的方式"，是"获得盈利的方法"。用学术界的定义，朱武祥教授说，商业模式就是利益相关者的交易结构，即企业在其选择的业务活动环节与互补协同性资源提供者之间的交易结构。这个定义符合企业理论，企业就是合约集合，参与者各自贡献资源能力，组合协同，创造和分享收益。

新实体经济必须要有新商业模式，也就是要考虑转型升级创新。讨论新的商业模式，要重新定义，重塑业态。怎么定义新实体企业的商业模式？第一，必须从你给客户提供的独特价值角度考虑。一个企

业存在的理由是什么？客户愿不愿意买单？从你的用户价值来定义，就可以分析出业态横向扩张性、纵向延伸性、平台衍生性和关联协同性。第二，必须思考有什么关键的资源能力，按照你的能力做好这个事情，需要什么核心的条件，是品牌？是技术？还是渠道？不同的阶段，需要不同的关键资源能力。第三，必须思考企业如何建立业务系统，怎么构建一个围绕定位来建立内外部利益相关者的交易结构，怎么分配环节、角色以及组织方式，在这个系统上谁能够高效率、低成本。第四，必须思考企业的收益及分配方式，怎么给利益相关者分配，最终分配的来源是整个商业模式价值，要考虑以何种方式来获取收益，向谁收钱，如何定价；同时企业必须思考向政府纳税、社会责任、员工福利、股东回报等收益安排，以及差别化的结果。举个例子，随着人口的老龄化日益加重，提高生产效率的需求在很多行业都越发迫切。麦肯锡近期的一份报告对全球 800 多种职业所涵盖的 2 000 多项工作内容进行分析后发现，全球约 50% 的工作内容可以通过改进现有技术实现自动化。当然，技术可行性只能作为影响自动化程度的一个因素，供需关系、研发成本、社会接受程度等因素也需要考虑在内，随着时间的推移，人工智能对商业模式的影响会非常巨大。

3. 新的投资范式，是新实体经济发展的第一推手

新实体经济的发展，要与社会投资改革密切挂钩。今天中国的投资形势非常严峻。一是当前在社会投资中出现了一些问题，比如社会投资的方向和意愿比较模糊，特别是民营部门的投资不积极。二是最近投资效率非常低效，无论是基础设施投资、企业项目投资，还是金融资本的回报，回报率下降得非常厉害。三是投资主导型的增长模式逐渐失去了动力，固定资本产出效率和企业回报率都在下滑。

首先，要大力改善投资环境，增加投资渠道。开放竞争，推动国

企改革，允许民企等不同形式的企业进入更多领域施展，似乎是所有措施中最应优先考虑的步骤。

其次，改善金融市场的环境和生态。这意味着市场的风险定价功能必须逐步建立，相关的债权人的法律保护，有必要逐步完善，权益发行人层面的资本结构需得到清晰的界定。另外，应允许对冲各类风险的金融工具的创立和使用。

再次，要促进直接融资的发展。资本市场作为直接融资的重要载体，参与者众多，影响面广，要让资本市场更好更稳定地服务实体经济，首要任务就是要夯实基础，支持和促进上市公司的发展。另外要提高上市公司质量，优化信息披露，完善公司治理，推进并购重组市场化改革，强化市场的优胜劣汰功能，让市场成为决定性力量，促进市场长期投资、价值投资理念的形成。中国资本市场已经充分肯定了科技革命的前景，A股给予所有科技概念股以超高市盈率。一大波机遇已经袭来，例如共享经济、大健康、人工智能、大数据、云计算、智慧城市、石墨烯、充电桩等，资本都瞄准了这些新兴方向。要重视科技创新，但不要迷失于技术概念炒作；要提倡理性创业，但不要沉迷于寻找风口和"做幸运的猪"。

最后，要优化中国的创业投资环境。没有创业投资，就没有高新产业；没有华尔街的风险投资机构，就没有硅谷的创新企业。放松中国的创业投资机构和创业投资的出资人投资的限制，放宽投资的门槛，让更多的人参与到创业投资的领域，尽量减少放弃政府和公共资本进入创业投资这个领域。虽然这个领域看起来收益最高，但风险也是最大的；应该让买者自负，让投资者风险自担。

4. 新的产权环境，是新实体经济发展的第一保障

新实体经济的发展需要好的产权环境。今天出现的一些问题很复

杂，比如为什么民营部门不在实体领域投资？除了没有好的方向、回报率低，还有没有其他原因？怎么解决投资者的保护和退出问题？怎么鼓励创新者和创业者，让他们得到最大的激励，让更多人投身于创新事业？这些问题要靠社会环境和政策去推动。2016年11月中央出台了《关于完善产权保护制度依法保护产权的意见》，2017年3月国务院又发布了《关于进一步激发社会领域投资活力的意见》，2018年11月26日有关会议通过《最高人民法院关于审查知识产权纠纷行为保全案件适用法律若干问题的规定》，2019年1月1日起施行。这一系列文件、政策的出台，反映了政府对社会投资环境优化的大力支持，但一些区域性、行业性的限制还有待破解。

强化和完善知识产权的保护。新技术领域最重要的资产就是知识产权，如果没有知识产权，就不存在高新技术产业；如果没有知识产权保护，这个领域大概就不会有创新的企业存在。如果我们不加强知识产权保护，大概也不会在世界创新国家中占有一席之地。双创的结果虽然能造福社会，但对创业者而言同时存在着大量风险。有必要给创业者以适当的激励和保护，才会有更多人投身于这些兼具创新性和冒险性的工作。只有全社会去鼓励年青一代发挥他们的创造力和想象力，不断去试错，不断去突破，才能够培育和锻炼出一批有创新能力的人才。

5. 走"天生全球化"道路，是新实体经济发展的第一选择

全球化的进程，推动了各国生产力的发展，全球产业的分工和结构调整，以及互联网的飞速发展，都为年轻人创造了大量的就业岗位。同样，在全球化条件下，人才跟随材料、信息、市场等要素在全球范围内不断流动，为新实体企业的发展提供了广阔的前景。当下新实体企业的发展环境发生了非常大的变化，尤其是年轻人的互动越来越便

第十二章　中国如何应对负利率

利和直接，这就使很多项目需要尽快从国际同行中学习。关起门来转型升级很难，打开国门，在全球发展背景下转型升级，低、中、高端都能找到相关的资源市场。

全球一体化的经济发展趋势，对传统的企业是一种挑战。以往，企业都是先在本国站稳脚跟后，才开始向海外拓展，而且在进军海外的初期都不敢太过冒进。强生公司创立于1886年，但直到1919年，才在加拿大设立了第一家海外子公司。索尼成立于1946年，11年后才向美国出口了首个产品——TR-63半导体收音机。盖普创立于阿姆斯特朗成功登月的1969年，直到"挑战者号"航天飞机失事后一年，也就是1987年，盖普才在伦敦开设了首家海外分店。而如今，许多企业在创立之初就放眼全球：它们不一定从周边供应商处购买原料，也不一定把工厂设在总部附近，而是在全球范围内寻找最佳的制造地点。创业伊始，它们就在全球范围内寻求人才和投资者，并学习如何远距离管理企业运营，因此被称为"天生全球化"。全球市场机会认知与开发，是"天生全球化"企业创立与成长的起点，全球资源整合是"天生全球化"企业的成长模式，全球知识学习是"天生全球化"企业进入国际市场后创造和维持可持续竞争优势的基础。

"天生全球化"时代，年轻人的作用越发独特，青年群体的价值取向与利益诉求也都发生了深刻的变化。全球化使他们的视野更加广阔，思维更加开放，头脑更加灵活，更加乐于接受新观念和新事物，更加向往自由和宽松的氛围和环境。移民创业和"创业全球化"已经成了一个越来越多被提及的话题。2015年全英国的企业中，有14%是由移民创建的，而在美国，这一数字是40%。在劳动力成本上升的背景下，中国企业走出去也成为必然趋势。越来越多的出国留学者选择回国就业或创业，随着人才储备日益完善，中国企业出海的基础已变得成熟。中国企业走出去是扩大销售、创立品牌、增加市场份额和转移过剩产能的重要举措,这也与国内房地产价格居高不下、劳工成本上升、能源相对昂贵以及税费负担沉重等有关系。

一个令人欣喜的趋势是,一些新型企业想通过全球资源实现自身的升级,企业家的发展空间也在打开。伟大的企业家和卓越的企业家精神,最终会造就事业长青的公司和优质的产品。没有盖茨就没有微软,没有马斯克就没有特斯拉,没有乔布斯就不会有苹果。新一代的"天生全球化"企业领袖必须具备前瞻眼光、领导力和激情,同时还得磨炼下列四项能力。一是阐明目标,能够提出非常清晰的全球化依据和方向。二是建立联盟,与总部设在其他国家的大型企业建立合作关系,就能迅速进入全球市场。在与全球合作伙伴沟通时,必须跨越地理距离和心理距离。三是优化供应链,管理复杂的供应网络是一大挑战,全球供应链正是商机和竞争优势所在。四是管理跨国组织,只有具备必要的协调、控制和沟通能力,才能管理好全球化机构,应对管理复杂组织的挑战。

此外,从全球先进经验看,发展新实体经济,必须建设强大的金融和资本市场。与发展新实体经济直接相关的三个问题如下。一是如何调动更多社会投资特别是民营部门投资。二是如何解决投资的退出,加强产权保护,完善法制。完善的产权保护制度,有利于激发社会创新活力,有利于稳定投资预期,有利于提高资源配置和利用效率。三是如何激励创新企业和创业者,大力发展资本市场,给予创业者高度激励。

2016年7月,中央印发了《关于深化投融资体制改革的意见》(以下简称《意见》),是投资体制改革历史上第一份以中共中央、国务院名义印发的文件,是当前和今后一个时期深化投融资体制改革的综合性、指导性、纲领性文件,意义重大,影响深远。《意见》提出了深化投融资体制改革的总体目标:进一步转变政府职能,深入推进简政放权、放管结合、优化服务改革,建立和完善企业自主决策、融资渠道畅通、职能转变到位、政府行为规范、宏观调控有效、法制保障健全的新型投融资体制。《意见》分五个方面提出了深化投融资体制改革的重点工作任务。一是改善企业投资管理,充分激发社会投资动力和活力。二是完善政府投资体制,发挥好政府投资的引导和带动作用。三是创新融资机制,畅通投资项目融资渠道。四是切实转变政府职能,提升综合服务管理水平。五是强化保障措施,确保改革任务落实到位。

2016年11月,中共中央、国务院出台了《关于完善产权保护制度依法保护产权的意见》,对完善产权保护制度、推进产权保护法治化做出了全面部署。它清晰地指出了产权保护的根本方向,即以公平为核心原则,坚持问题导向和依法保护,加快推进产权保护的法治化,妥善处理好产权保护中存在的旧矛盾、新问题。对于如何甄别和纠正涉及产权的错案冤案,如何妥善处理民营企业家"经济原罪",如何有效解决民营企业违法案件中司法不规范问题,如何更加有效地保护国有资产等问题,要切实有效地解决好,这既是当前完善产权保护制度的重点和难点,也是加快推进产权保护法治化的必要前提。

2017年3月,国务院办公厅《关于进一步激发社会领域投资活力的意见》指出,我国社会领域新兴业态不断涌现,投资总量不断扩大,服务能力不断提升,但也仍然存在放宽准入不彻底、扶持政策不到位、监管体系不健全等问题。面对社会领域需求倒逼扩大有效供给的新形势,深化社会领域供给侧结构性改革,进一步激发医疗、养老、教育、文化、体育等社会领域投资活力,着力增加产品和服务供给,不断优化质量水平,对于提升人民群众获得感、挖掘社会领域投资潜力、保持投资稳定增长、培育经济发展新动能、促进经济转型升级、实现经济社会协调发展具有重要意义。该文件提出,要坚持营利和非营利分类管理,深化事业单位改革,在政府切实履行好基本公共服务职责的同时，把非基本公共服务更多地交给市场；坚持"放管服"改革方向，注重调动社会力量，降低制度性交易成本，吸引各类投资进入社会领域，更好地满足多层次与多样化需求。

2019年8月31日，国务院金融稳定发展委员会召开会议，研究金融支持实体经济、深化金融体制改革、加强投资者合法权益保护等问题。会议指出，当前我国经济形势总体稳定，金融体系运行平稳健康，各类风险总体可控。要按照党中央、国务院决策部署，加大宏观经济政策的逆周期调节力度，下大力气疏通货币政策传导。具体如下。第一，要继续实施好稳健的货币政策，保持流动性合理充裕和社会融资规模合理增长。第二，要实施积极的财政政策，把财政政策与货币金融政策更好地结合起来，金融部门继续做好支持地方政府专项债发行相关工作。第三，要充分挖掘投资需求潜力，探索建立投资项目激励机制，支持愿意创业、敢于担当、有较好发展潜力的地区和领域加快发展。第四，要高度重视基础设施、高新技术、传统产业改造、社会服务等领域和新增长极地区的发展。鼓励银行利用更多创新型工具多渠道补充资本，真正落细落实尽职免责条款，有效调动金融机构业务人员积极性，大力支持小微企业，全面加大对实体经济的支持力度。

（六）培育增长新动能

"新常态"下经济结构的调整才是经济增长的内生动力，不同经济结构需要相匹配的政策工具。在经济面临短期问题和周期性问题的时候，货币政策的确比较有效。然而，扩张性货币政策对经济的支持作用只在短期内有一定成效，并且效果正在逐渐减弱。一直以来，中国政府应对经济下行的主要途径都是从需求管理入手，刺激需求的手段或者实施宽松的财政政策，或者实施宽松的货币政策。中国利率市场化的进程尚未完全实现，微观经济主体对资产价格变化不敏感，使

第十二章　中国如何应对负利率

利率政策效果大打折扣。并且，近年来货币政策调控方向频繁发生转变，政策基调依次经历"稳健""适度从紧""从紧""适度宽松""稳健"，加之货币政策的时滞作用，从货币当局采取政策行动到国民收入发生变动需要一个过程。

发展新实体经济，必须有强大的金融和资本市场支持。金融和资本市场需要给予科技创新企业更多的支持，包括提供风险投资、信用融资、较高估值的退出机制。过去对于互联网、生命科学、新能源如此，未来对认知科技更是积极支持。美国的创新企业带给我们什么启发？为何现在的特斯拉，以及曾经的亚马逊和谷歌等在亏损时依然可以享受高估值？为何它们可以吸引那么多高科技人才？因为资本追逐创新的团队，在硅谷成功的背后，是因为有华尔街。中国如果不能建立这样的科技金融机制，就很难推动科研体制改革。只有市场给新产品以极高的溢价，专家才会注重技术研发的产业化；只有技术产业化后有高额的股权回报，研究人员才不会只停留在做交流、拿奖金和评职称上；只有资本市场真正向创新型公司打开大门，各类投资机构才会关注科技领域的项目，各类融资机构才会给予科技人员更多支持，创业者才能有颠覆未来的环境；也只有投资者给予新兴技术类企业高估值，上市公司才会加大科研投入，而不是简单复制落后产能，才会带动产业创新，落后产能的出清也才能真正提上日程。

实体企业家需要多学习各类金融知识，"产业金融"作为加速器，对实体经济意义重大。鲁道夫·希法亭曾提出，"不懂得金融资本的规律和职能，就不可能了解现代经济发展的趋势，同时就不会有科学的经济学和政策"。今天各个产业和金融、资本市场的关系越来越紧密，产业调整和升级中金融资本是最重要的加速器，不少企业家也在转型中选择新的投资机会。比如进入新兴科技产业、服务业和金融产业，这都是正确的，但也必须是具备和掌握金融知识后的选择。对金融机构而言，与各个产业深入结合时也要深入思考。产业与金融结合将带动各具特色的新金融发展，对于完善金融机构和市场体系的作用巨大。传统金融机构的优势在于品牌和资金，但对于行业、需求、资金流规律、行业资产风险特性缺乏理解。如何通过产业链结合不同的行业来拓展？互联网加供应链金融如何变革原有的供应链融资？不具有固定资产的新产业如何多渠道融资？这些情况既是新的问题，也是新的机遇。

中国经济在经历四十年高速增长后，正步入高质量发展的新时代。利率问题作为金融市场的核心命题，对全体经济工作者都是严峻挑战。如何让金融更好地服务于实体经济，从而帮助中国的实体经济走上新路，在国际范围内拥有竞争力，从而摆脱"负利率"的宿命，也是我们必须思考和解决的问题。新实体经济是我们的未来，培育壮大发展的动能，不仅要改造提升传统部门，更要围绕分享经济、认知科技等打造发展"新引擎"。促进新实体企业蓬勃发展，涌现出一批为社会创造财富、为国家创造税收、为人民提供就业机会、提供普惠服务、持续推动技术创新、为传统行业提供新出路的企业，这才是需要大力去扶持和发展的新实体经济。正视负利率，发展更有前途和活力的"新金融"，让金融更好地服务于这样的新实体经济，才是中国经济的光明未来。

参考文献

[1] 伍聪. 负利率效应下的中国经济 [M]. 北京: 中国人民大学出版社, 2015.

[2] Arteta C., Kose M. A., Stocker M., et al. Negative Interest Rate Policies: Sources and Implications [J]. *Social Science Research Network*, 2016.

[3] 吴秀波. 海外负利率政策实施的效果及借鉴 [J]. 价格理论与实践, 2016 (03): 19-25.

[4] 刘义圣, 赵东喜. 利率走廊理论述评 [J]. 经济学动态, 2012 (07): 124-131.

[5] 王宇哲. 负利率时代: 政策创新与宏观风险 [J]. 国际经济评论, 2016 (4): 115-127.

[6] Law J. E., Monetary theory and policy: Second edition [J]. *Computers & Mathematics with Applications*, 2004, 47 (4): 1145-1146.

[7] Walsh, Carl E., Monetary Theory and Policy [M]. The MIT Press, 1998.

[8] Samuelson P. A., An Exact Consumption-Loan Model of Interest with or without the Social Contrivance of Money [J]. *Journal of Political Economy*, 1958, 66 (6): 467-482.

[9] Wallace N. A Modigliani-Miller Theorem for Open-Market Operations [J]. *American Economic Review*, 1981, 71 (3): 267-274.

[10] Sidrauski M., Rational Choice and Patterns of Growth in a Monetary

Economy［J］. *American Economic Review*, 1969, 57（2）: 534-544.

［11］Jorgenson D., Rational Choice and Patterns of Growth in a Monetary Economy: Discussion［J］. *American Economic Review*, 1967, 57（2）: 534-544.

［12］Clower R W. A Reconsideration of the Micro-Foundations of Monetary Theory［J］. *Western Economic Journal*, 1967, 6（1）: 1-9.

［13］Shiller R. J., Huston Mcculloch J., Handbook of Monetary Economicst［M］. Elsevier, 1990.

［14］张雪莹. 存款准备金率调节对市场利率的影响效应研究［J］. 数量经济技术经济研究, 2012（12）: 136-146.

［15］马骏, 施康, 王红林. 利率传导机制的动态研究［J］. 金融研究, 2016（01）: 35-53.

［16］朱世武, 陈健恒. 利率期限结构理论实证检验与期限风险溢价研究［J］. 金融研究, 2004（5）: 78-88.

［17］杨宝臣, 苏云鹏. SHIBOR市场利率期限结构实证研究［J］. 电子科技大学学报（社科版）, 2010, 12（5）: 39-45.

［18］萨伊. 政治经济学概论: 财富的生产、分配和消费［M］. 北京: 商务印书馆, 2009.

［19］凯恩斯. 就业利息和货币通论［M］. 北京: 商务印书馆, 1983.

［20］维克塞尔. 利息与价格［M］. 北京: 商务印书馆, 1982.

［21］维克塞尔. 国民经济学讲义［M］. 上海: 上海译文出版, 1983.

［22］Woodford M., Optimal Monetary Policy Inertia［J］. *The Manchester School*, 1999, 67（s1）: 1-35.

［23］Bech M L, Malkhozov A. How Have Central Banks Implemented Negative Policy Rates?［J］. *BIS Quarterly Review*, 2016（3）.

［24］Clarida R H. Japan, China, and the U.S. Current Account Deficit［J］. *Cato Journal*, 2005, 25.

［25］凯恩斯. 就业、利息和货币通论［M］. 北京: 商务印书馆, 1983.

［26］郭红玉. 储蓄过剩时代的宏观政策选择［J］. 广东金融学院学报,

2005，20（6）：35-39.

［27］王佳佳."负利率"条件下我国货币政策的选择［J］.经济纵横，2010（10）：81-84.

［28］娄鹏飞.国外央行实施名义负利率政策的原因与利弊分析［J］.金融发展研究 2016（7）：45-51.

［29］Cecchetti，Stephen G. The Case of the Negative Nominal Interest Rates：New Estimates of the Term Structure of Interest Rates during the Great Depression［J］. *Journal of Political Economy*，1988，96（6）：1111-1141.

［30］Redding L S. Negative Nominal Interest Rates and the Liquidity Premium［J］. *Economics Letters*，1999，62（2）：213-216.

［31］伍聪.负利率与中国经济增长的关系研究［J］.福建论坛，2013（1）：43-50.

［32］杜相乾.中国低利率政策研究［D］.中共中央党校，2012.

［33］王宏伟.利率干预股市：理论与实践的背离［J］.贵州财经大学学报，2011，29（5）：36.

［34］陈志强.负利率对房地产市场的扩张效应研究［D］.湖南大学，2008.

［35］王家庭，张换兆.利率变动对中国房地产市场影响的实证分析［J］.中央财经大学学报，2006（01）：56-61.

［36］徐建国.低利率推高房价：来自中国、美国和日本的证据［J］.上海金融，2011（12）：7-15.

［37］钟伟，张明，伍戈.负利率时代：是大幕甫启还是昙花一现［J］.中国外汇 2016（13）：19-21.

［38］刘琳.利率对资产价格的影响［J］.中国投资，2011（03）：105-106.

［39］杜恩源.中国通货膨胀与资产价格之间的关系及政策启示［D］.吉林大学，2014.

［40］马骏，王红林.政策利率传导机制的理论模型［J］.金融研究，2014（12）：1-22.

［41］管涛. 负利率能够治通缩吗？［J］. 金融论坛，2016（8）：7-10.

［42］Borio C, Zhu H. Capital Regulation, Risk-taking and Monetary Policy: A Missing Link in the Transmission Mechanism?［J］. *BIS Working Papers*, 2008, 8（4）：236-251.

［43］Borio C, Disyatat P. Unconventional Monetary Policies : An Appraisal［J］. *The Manchester School*, 2010, 78（Supplement s1）：53-89.

［44］魏鹏. 在泥沼中挣扎的欧洲银行业——欧洲四行2015年经营业绩分析［J］. 银行家，2016（5）：94-97.

［45］默里·罗斯巴德. 美国大萧条［M］. 上海：上海人民出版社，2009.

［46］Gianni D N, Giovanni D, Laeven L A, et al. Monetary Policy and Bank Risk Taking［J］. *Social Science Research Network*, 2010.

［47］薛宏立. 金融市场动态开放中的利率-汇率联动：以中国为例的研究［M］. 北京：中共中央党校出版社，2006：24-26.

［48］陈漓高，齐俊妍. 信息技术的外溢与第五轮经济长波的发展趋势［J］. 世界经济研究，2007（7）：26-33.

［49］孙寅浩，黄文凡. 主要发达国家货币政策分化背景下的全球短期资本流动——美联储、欧央行、日本央行货币政策溢出效应的实证研究［J］. 投资研究，2016（02）：120-130.

［50］Eggertsson G B, Mehrotra N R, Summers L H. Secular Stagnation in the Open Economy［J］. *American Economic Review*, 2016, 106.

［51］Eggertsson G B, Mehrotra N R, Singh S R, et al. A Contagious Malady? Open Economy Dimensions of Secular Stagnation［C］.Palgrave Macmillan UK，2016：581-634.

［52］熊鹏，陈辉. 开放经济下利率对汇率的影响：一个新的理论框架［J］. 财经理论与实践，2005（3）：24-28.

［53］张合金，杨充，范旭东. 我国存款负利率的经济影响及对策研究［J］. 河北经贸大学学报，2005（4）：41-45.

［54］张慧莲. 负利率能否帮助全球经济走出困境？［J］. 金融与经济，2016（4）：35-39.

［55］刘明彦.负利率货币政策能否拯救欧洲经济？［J］.银行家,2014（7）：72-73.

［56］吴晓灵.负利率有较大副作用［J］.金融客,2016（7）：12-13.

［57］羊振雪.负利率对我国社会贫富差距的扩大作用［J］.甘肃科技,2012,28（9）：9-18.

［58］王苹.负利率容易助推房市或股市泡沫［J］.上海证券报,2007（8）：1-2.

［59］徐紫宜.论新常态下的供给侧改革［J］.经营管理者,2017（08）：181.

［60］吴秀波.全球宽松货币政策的负面影响及回归常态的前景分析——G20杭州峰会难以成为政策常态化的一致性拐点［J］.价格理论与实践,2016（10）：10-16.

［61］余丰慧.养老金管理漏洞［J］.中国经济信息,2014（14）：44.

［62］钟伟,郝博韬.负利率时代：能走多远？离中国有多远？［J］.国际金融,2016（11）：3-8.

［63］王书琪.存款负利率的成因及对策［J］.改革与战略,2012,28（8）：74-76.

［64］刘文文,杨娟,冯唐人.货币政策与收入差距——来自中美加德四国的比较研究［J］.宏观经济研究,2016（3）：149-159.

［65］李金.贫富差距扩大的负效应及其对策［J］.中共太原市委党校学报,2016（5）：66-68.

［66］货币政策缘何过度使用［J］.中国金融,2016（7）：3.

［67］陈婷.负利率与中国货币政策［D］.华东师范大学.

［68］潘海峰.全球经济一体化背景下负利率政策实施效果及借鉴［J］.海南金融,2016（12）：4-7.

［69］田珍荣.我国数量型和价格型货币政策工具有效性研究［D］.山西财经大学,2015.

［70］宋汉光.经济结构调整背景下货币政策工具有效性分析［J］.浙江金融,2016（4）：9-16.

［71］曹凤岐.利率市场化进程中基准利率在货币政策体系中的地位与构建［J］.中央财经大学学报，2014，1（4）：26.

［72］刘尧飞，沈杰.经济转型升级背景下供给侧改革分析［J］.理论月刊，2016（04）：7-11.

［73］龚刚.论新常态下的供给侧改革［J］.南开学报（哲学社会科学版），2016（2）：13-20.

后　记

销金时代与货币狂潮

负利率对社会和大众将产生显著影响，其力度不可估量——如同从"掘金"时代迈到"销金"时代，应对如此巨变，我们更需要冷静地深思。

黄金因其稀少昂贵和稳定可塑之特性，在数千年的历史上，为人类的经济行为充当着等价物的角色。"美人首饰侯王印，尽是沙中浪底来"（刘禹锡），人们一直习惯和沉迷于"掘金时代"。例如在我国，黄金开采和使用的历史超过四千年，考古工作者发掘出的各种金器，如北京平谷出土的商代金臂钏、四川广汉出土的周代金手杖、湖南长沙出土的汉代金缕玉衣等，件件文物展示了中华民族采金历史的悠久、制金工艺的高超，以及对黄金制品的价值崇拜。

在东西方经济史上，人们不约而同地将黄金当作财富的象征，广泛发挥了其储备、投资、交易媒介等金融功能。这一现象在马克思的《资本论》里表述得十分清晰和精辟："货币天然不是金银，金银天然就是货币。"直至一百年前，"金本位"仍然是世界主要国家的货币制度基础。即使布雷顿森林体系建立及崩溃以来，货币信用由国家主导，黄金仍然是公认的特殊有价商品。人们因其良好的物理属性、稳定的化学性质，充分发挥了它自由铸造、自由兑换和输入输出等特性，无论采用何种工艺对黄金进行加工——"销镀织披、泥嵌裹缕"——大众通常的共识都是，黄金持久保值且稳定可信。

今天的负利率让人们必须直面新的现实：即使是黄金也在自我销蚀、自觉减值、自动缩水——因为利率是负的，存款越丰所获越细、借债越多应偿越少——这与传统认知完全相悖。除了微观消费和投资的迷茫，在宏观经济政策和金融市场上，负利率也将带来更多的未知后果——人们在不知不觉中走进"销金时代"，负利率在当下大规模出现，对传统经济学和金融理论形成了巨大的挑战。

"折戟沉沙铁未销，自将磨洗认前朝"（杜牧）。在高负债和低通胀的大背景下，经济发展的逻辑不再一脉相承：科技进步、人口老化、信息流动、收入差距等深刻影响着全球商品与服务的需求与供给。当这些因素发生变化时，政府经济政策将最终选择负利率——持有资产还是持有负债？增长还是收敛？这些负利率形成的悖论，既是各国货币调控政策的全新实验，也是全球经济深层次变革的复杂结果，更让全人类在经济价值创造中走向未知迷途。

随着信息技术和互联网的发展，货币及其价值传递方式以"狂潮"形式出现，负利率对储蓄、债券、外汇、投资、居民消费以及未来货币形态的演化等，都带来了不同程度的冲击。面向将来，数字化在相当大的程度上加速了全球资金流动，负利率是否会影响数字货币、信用计算和交易体系，更值得深入探索。

负利率问题已在2014年及2019年两次掀起全球波澜，步入2020年，在全球疫情和安全挑战下，以美联储两次降息至零利率为标志，负利率的"销金时代"全面降临。中国当下正处于经济结构调整、深化改革和社会转型的关键时期，需要调整结构大力发展新实体经济，尽力避免在危机前货币政策就触及零利率下限，因此更应对负利率问题进行研判和考量。

本人对负利率问题长期关注和研究，但管中窥豹，如有不足和谬误之处，恳请读者批评指正。

感谢华软资本的合伙人和同事，特别是集团负责市场和研究的多位同事的帮助。

感谢华夏新供给经济学研究院的各位领导和专家，本书得到众多同人指导，深表谢意。

感谢中信出版集团的乔卫兵总编等人。

感谢朋友。

感谢家人。